西風東漸

晚清民初
上海藝文界

張偉／著

代序
書眉散語

　　這本小書，是我近年所寫文章的結集，因內容多與紙頁有關，又都非學院派的高頭講章，更不是主流之論。書按所涉內容大致分為幾輯：第一輯均有關土山灣。我年輕時供職於徐家匯藏書樓，土山灣正位於徐家匯的西南部。1847年，法國天主教耶穌會士來到上海，在徐家匯一帶開始建立會院居所，在此先後建造起天主堂、大小修院、徐匯公學、藏書樓、聖母院、博物院、天文台、孤兒工藝院等等，在徐家匯——土山灣一帶形成了方圓幾十里的天主教文化社區。一百年間，傳教士們把這裡變成了中國土地上最具規模、影響最大的西方文化中心，土山灣古蹟雖不復可尋，土山灣這個地名卻一直流傳了下來，並因此名垂史冊。如何評價這一切，這是一個複雜艱深的學術課題，值得後人深深思考。土山灣是我一直關注的課題，曾陸續寫過不少文章。去年我和張曉依小姐合作，就土山灣的歷史及其相關人物寫成一部專著，出版後頗受學界和媒體好評，給我很大鼓勵。這裡收錄的文章，為專著出版後所新寫，主要對當年土山灣的畫館和樂隊略作探索，以求教於大家。第二輯的幾篇有些特殊，是我和幾個年輕人合作的成果。2005年，上海圖書館為了整合近代文獻和網路資源，新成立「上海年華」小組，由我具體負責小組業務的開展。經過幾年的磨練，當年從館內外羅納吸收進小組的一些年輕人，如今大都已成為上圖近代文獻研究方面的骨幹，並都有了自己的研究方向，這是我所欣慰的。本輯收錄的文章，即我們合作的部分成果，藉此留下一些這幾年我們工作的痕跡，以為紀念。第三輯內容均有關書刊和圖書館，惟就目前社會關心的熱點來說，所涉人物和書籍可能都較冷較偏，但竊以為他（它）們均對中國文化作出過特殊的貢獻，故不揣淺薄，略作論述，如能引起大家些微注意則

於願已足。第四輯文章所描述的是真正的「紙頁」，薄薄的紙頁，它們是照片、戲單、明信片、電影說明書等等，都是我個人的收藏，所寫也都是私人感受，不登大雅之堂。第五輯的兩篇文章稍長一些，是我對中國早期攝影的一點探索，有一些新的看法和文獻，希望對這方面的研究有所裨益。最後一輯是序跋，係我為近年主編的一些書所寫。研究和文獻類的書不易出也不易找，故附於書尾供大家參考。書中附圖一百餘幅，均係精心挑選，非僅為烘託氣氛，增加所謂的可看性。我一直堅持文圖結合，互有相助的理念，時至今日，圖象文獻的重要性想必已為大家所痛感。

　　不知不覺，這已是我出版的第十本書了，不由感歎時光流轉之快，人已中年了。多年來，我一直沉浸在書堆之中，由於愛好，也由於責任。今後如果能健康地活著，當然我也一定會繼續寫下去。

2013 年 1 月 10 日晚於滬西

目錄
content

1 土山灣畫館歷史溯源

　　在上海徐家匯的南部，有一處曾經的重要地標——土山灣，在這塊土地上誕生的土山灣畫館，是目前所知最早以學徒方式培養中國西洋畫人才的場所。近百年間，大約有三百餘名學生在這裡接受素描、寫生、水彩和油畫的嚴格訓練，其培養人數之眾，是中國歷史上所未有的。畫館的作品遍及中國和世界，影響所及並非僅限於宗教領域，海上畫壇中任阜長、任伯年、沙山春等著名畫家，都曾在同畫館交往中得益，從中感受到西洋美術的薰陶；稍後的周湘、張聿光、丁悚、徐悲鴻等人也都間接受到畫館的影響；從畫館中走出的畫家之中，更不乏中國近現代西畫活動中的先行者和啟蒙者，范廷佐—陸伯都—劉德齋，劉德齋—徐詠青—何逸梅、杭稚英—金梅生、李慕白，劉德齋—安敬齋、田中德—張充仁—哈定，其間的師承脈絡清晰可見。歷史不應忘卻畫館的創建者和眾多默默無聞的中國畫徒，筆者特撰此文，以示紀念。

　　土山灣畫館歷史悠遠，其前身為1852年由西班牙籍耶穌會士范廷佐（Jean Ferrer）在徐家匯創辦的藝術學校（L'École de Beaux－Arts）。范廷佐，字盡臣，西文名叫Jean Ferrer。他1817年出生於西班牙巴賽隆納一個藝術世家，父親是一位曾經參加過裝修艾斯柯里亞王宮的著名雕塑家。范廷佐繼承了父親的基因，自幼喜歡藝術，在雕塑、裝飾畫等方面有較高造詣。為了獲得更好的教育，他後來到羅馬就讀一所由耶穌會士創辦的藝術學校，後進入耶穌會拿波里修道院成為一名輔理修士。1847年，他被耶穌會派往中國，在當時耶穌會中國總部所在的徐家匯任職，任務是在教區設計教堂。短短幾年的時間裡，范廷佐設計了董家渡和徐家匯的教堂（老堂）。在從事教堂建築設計的同時，他還繪製、雕塑聖像，

並指導工匠製作祭壇等宗教用品，其中董家渡教堂中祭台前的兩組雕塑作品：圓雕作品《哀悼基督》和浮雕作品《墓中基督》被收入了高龍鞶的《江南傳教史》；他的另一件木雕作品《耶穌會的聖人與真福》與泥雕作品《依納爵臨終圖》尺寸宏大，至今依然保存在徐家匯藏書樓的閱覽室中。但是，范廷佐並不僅僅滿足於自己的藝術創作，在他心目中，始終有一個夢想：即希望在中國開辦一所專門培養繪畫和雕塑人才的學校，從而培養出一批和他一樣熱愛藝術的學生。范廷佐最初在董家渡設立有個人工作室，1851年，他把工作室搬到徐家匯，並在郎懷仁神父（後任江南教區主教）的支援下，準備擴展工作室，兼作藝術教室，招收中國學生。1852年，在教區經費的支持下，徐家匯的「藝術學校」（L'École de Beaux－Arts）終於開張了，作為校長的范廷佐修士自然當仁不讓地負責教授雕塑和版畫。當時在范廷佐工作室任教授藝的還有一個叫馬義谷（Nicolas Massa, 1815－1876）的神父，他是義大利拿波里人，1846年到達上海，在橫塘修道院教授拉丁文。范廷佐主持設計董家渡教堂時，他曾幫助繪製過聖像。1852年，范廷佐在徐家匯收徒授藝，特請擅長繪藝的馬義谷來講授油畫，馬義谷神父也因此成為在上海向中國學生傳授西方油畫技法的第一位外國人。

范廷佐的這所藝術學校，從今天看來類似進修學校的培訓班，規模很小，只有不多的幾位中國學徒成為他的學生，但那裡卻是上海最早進行西方藝術教育的機構。范廷佐向他們傳授素描技藝，並在雕塑的實際製作中訓練學生，而這些學生也成為他製作雕塑不可缺少的助手。據說當時在滬的西方人中也曾有一些向他學習過雕塑，其中就有英國駐上海領事阿禮國。范廷佐留下來的作品很少，1856年他就因病在上

海去世，年僅39歲。但他的藝術薪火卻後傳有人，他的大弟子、中國人陸伯都繼任學校領導，和義大利人馬義谷、法國人艾而梅一起教授學生。1864年，土山灣孤兒工藝院成立，應院方邀請，陸伯都每月固定從徐家匯到土山灣去，向那些孤兒們傳授西洋美術技巧。從1870年開始，由於陸伯都體弱多病，這項工作由他的得意門生劉德齋接任。1872年，陸伯都和劉德齋將徐家匯的美術學校正式搬到土山灣，成為土山灣孤兒工藝院下屬的一個部門——圖畫部（間），俗稱土山灣畫館。

今年（2012），正好是土山灣畫館成立160週年紀念。土山灣畫館的誕生，意味著中國最早的傳授西洋美術的學校在19世紀中期已經出現，而這個學校中的新、老學生，也成為第一批系統掌握西方繪畫技術的中國人。上海的第一代西畫家，如陸伯都、劉德齋、王安德、范應儒、徐詠青、張充仁等均在那裡學習過，任伯年、周湘、張聿光、丁悚、徐悲鴻、劉海粟、陳抱一、杭稚英等藝術大家也曾間接受到過畫館的影響。1943年，徐悲鴻在重慶撰文回顧中國西畫運動，他對土山灣畫館作了這樣的評價：「至天主教之入中國，上海徐家匯亦其根據地之一。中西文化之溝通，該處曾有極其珍貴之貢獻。土山灣亦有習畫之所，蓋中國西洋畫之搖籃也。」[1]搖籃裡的西畫，雖然尚顯稚嫩，卻業已降生。

---

[1] 《中國新藝術運動的回顧與前瞻》，載1943年3月15日《時事新報》。

清末土山灣畫館內景

2 土山灣畫館的歷任主持

范廷佐、馬義谷時期（1852—1859）

　　1852年，西班牙傳教士范廷佐在教區經費的支持下，在徐家匯創辦「藝術學校」（L'École de Beaux－Arts），招收中國學生。此為土山灣畫館的前身。范廷佐自己負責教授雕塑和版畫，義大利人馬義谷神父講授油。1856年12月31日范廷佐逝世，馬義谷在過渡時期成為這個「藝術學校」業務方面的實際主持人。

艾而梅時期（1860—1862）與董家渡的孤兒院

　　范廷佐修士去世之後，學校的校務由中國修士陸伯都負責，而教學依然由馬義谷神父負責。但是後來由於馬義谷調往常熟、長興、海門等地傳教，教授油畫的任務就落到了另一個法籍耶穌會神父艾而梅的身上。

　　艾而梅，字羹才，法籍耶穌會士，西文名Faustin Laimé，1825年出生於法國南部小鎮勒東（Rédon）。艾而梅小時候即非常喜歡藝術，曾在巴黎美術學校進修過油畫和雕塑。范廷佐修士病逝以後，教會方面對艾而梅寄予厚望，希望他可以為教會培養一些與他一樣可以為教區繪製油畫的中國人。艾而梅全心投入到培養中國的宗教畫家這項事業中，他對美術學校的課程進行了大手筆的改革，並為學生們設置了各種各樣的油畫基礎理論課程。但這卻有違教會的初衷。於是，艾而梅的計畫只能半途而廢，儘管經他管理之後的學校，不論從藝術檔次還是繪畫技巧上確實有了一個不小的飛躍。教會的干涉對虔誠於藝術的艾而梅是一大打擊，他死前

的最後一封信是寫給法國自己教區的本堂神父的，信中有一句話讓人感歎不已：「請不要把太藝術的靈魂派到中國來，那樣對他們將會是痛苦的煎熬。」[2]

1862年，艾而梅在上海病逝。

陸伯都時期（1862—1870）

艾而梅去世後，教授美術的任務再次落到了陸伯都身上。雖然，范廷佐修士並沒有培養出多少學生，而陸伯都正是這為數不多的學生中的一名佼佼者。

陸伯都，字省三，浦東人，聖名伯多祿，1836年6月26日出生於浦東川沙縣城。陸伯都是范廷佐那個美術學校裡的第一個學生，他在那裡用了8年時間學習素描和雕塑以及油畫。由於馬義谷和艾而梅兩位都是神父，按照教會的規定，神父負責傳教而不負責管理具體的事務，因此，雖然陸伯都在美術上並不是很有天賦，但卻勤奮好學，再加上性格也十分溫順，對他人十分體貼，因此，陸伯都這個大弟子很自然地在范廷佐修士去世之後接管了學校的教務。1862年，艾而梅神父去世，陸伯都開始全面負責畫館的教學與教務。

1872年，陸修士在獲得上級允許之後，將范廷佐創建的美術學校從徐家匯搬往土山灣，從此，土山灣孤兒工藝院裡便多了一個圖畫部（後人多習稱土山灣畫館），主任便是陸伯都，副主任是他的學生劉德齋。

陸伯都創作的作品並不多，已知的有：徐家匯老堂主祭台上的聖依納爵畫像、董家渡教堂主祭台邊的聖彌額爾畫

---

[2] A. Colombel:Histoire de la Mission Kiang-Nan, vol. III, p929, 1902.

像，以及教堂內有郎懷仁主教和倪懷綸二主教墓的小房間屋頂上繪製的聖類思像和聖達尼老像等。可惜，這些作品均毀於「文革」期間。

劉德齋時期（1870—1912）

　　陸伯都在范氏過世後擔負起收徒傳藝的重任，土山灣畫館正式成立後他是這個畫館的第一任主持。陸氏為畫館的發展付出了巨大熱情，但他一直身虛體弱，長期患病，遂委託自己的學生兼助手劉德齋代理主持畫館的日常事務。1880年6月，陸伯都因肺結核病惡化而逝世，劉德齋正式上任，執掌館務直到1912年，而這三十年間也正是土山灣畫館發展最輝煌的時期，目前所知出自土山灣畫館的名人，幾乎都是在劉德齋擔任主任期間在畫館學習的。

　　劉德齋，名必振，號竹梧書屋伺者，以字行。1843年3月31日出生於常熟古里。劉家世代皆為天主教徒，19世紀50年代末太平軍進軍江南，劉德齋隨逃難的天主教徒來到上海，不久即進入聖・依納爵公學，畢業後隨陸伯都學畫。1867年加入耶穌會。劉德齋先學中國畫，後改學西畫，以畫水彩風景而知名。劉氏一度曾任土山灣孤兒院圖書館的主任，兼任畫館老師，後由於陸伯都體弱多病，劉德齋作為陸修士「最好的學生」[3]逐漸代他管理畫館的工作。據《江南育嬰堂記》中記載：「同治九年（即1870年），劉相公始每

---

[3] J. de la Serviere（史式徵）：L'Orphelinat de T'ou-Sè-Wè: Son histoire et son état présent（土山灣孤兒院：歷史與現狀），p.26, 1914, Imprimerie de L'Orphelinat de T'ou-Sè-Wè (Zi-ka-wei - Shanghai).

日至土山灣代替陸相公教畫。」[4]1872年，畫館從徐家匯遷
到土山灣後，劉德齋除代陸管理教務外還具體分管水彩畫的
教學。

劉德齋從1870年到1912年長期執掌畫館，既親自教學，
又管理協調，做了大量開創性的工作，為畫館的穩定發展作
出了很大貢獻。

1912年7月31日晚，劉德齋在洋涇浜的醫務室去世，終
年69歲。

劉德齋的作品現已知的有董家渡教堂中的守護天神畫
像，聖依納爵、聖亞納、聖德肋撒等畫像也均為他所作。可
惜，這些作品在「文革」中都毀於一旦。

潘國磐及那彥英時期（1913—1951）

潘國磐，法籍耶穌會士，1886年出生於法國，1913年來
華，主要管理畫館和印書館。也許真是當年艾而梅那封信影響
了耶穌會的總部，所以才會派像潘國磐這樣工科出身的「門
外漢」來管理那些藝術的靈魂——當然，他也不是一竅不通
的「空降兵」，他也懂圖畫，雖然最擅長的是工業繪圖。

也許是前任劉德齋修士的光芒太耀眼，再加上潘國磐並
不懂油畫和水彩畫，只是以謙遜和善的態度為大家服務，故
雖然獲得了眾多工人學徒的愛戴，但在他管理期間，畫館並
沒有什麼大的發展，他是一個守成型的管家。可能是教會方
面發現，「門外漢」式的管理效果並不理想，1936年，畫館
和印書館分家，畫館再次成為一個獨立管理的部門，與印書

---

[4] 《江南育嬰堂記》，p.2503.

館平級。潘國磐修士專職管理印書館，負責畫館的則是教會派來的西班牙雕塑家那彥英。1955年，潘國磐修士由於簽證到期被迫離開大陸前往台灣，1971年逝世。

那彥英，字蒙珠，1910年出生，西文名Marianus Navascués，西班牙籍耶穌會士。曾在西班牙本土學過雕塑和油畫。那彥英1924年來華，原在西班牙耶穌會所在的安徽傳教，後來才被調到上海。他性格陰沉、內向，不像前任潘修士那麼開朗、豁達，這也使學生們普遍感到他「難以接近」。頻頻被人詬病的他，卻意外地對於本來並不屬於他管理的木工間學生徐寶慶傾注了很大精力[5]。他是徐寶慶的啟蒙老師，也是他最早教會了徐寶慶基本的雕塑技巧。在他擔任畫館主任期間，土山灣畫館於1945年在上海大上海電影院二樓的寧波同鄉會舉辦了第一次公開畫展：「宗教藝術展覽會」[6]。正是在這次展覽上，徐寶慶的作品被精印出版，[7]其作品開始走俏。

那彥英修士1951年離開大陸後去了台灣，不久又去了菲律賓，1979年在馬尼拉去世。

畫館的尾聲（1951—1958）

1949年後，由於外國教士大量離開，土山灣畫館的業務和其他工廠一樣迅速萎縮。畫館的最後一任主任是中國修士余凱。他本是安徽人，對繪畫頗有造詣，加入耶穌會之後才被教會派來上海。余凱擅長水彩畫，他當年的朋友和學生

5 徐才寶，徐右衛：《黃楊木雕第一家：徐寶慶黃楊木雕鑑賞》，p132，
　上海古籍出版社，2003。
6 2008年8月12日土山灣老人章俊民口述。
7 徐才寶，徐右衛：《黃楊木雕第一家：徐寶慶黃楊木雕鑑賞》，p132，
　上海古籍出版社，2003。

1903年，土山灣畫館主任劉必振和他的畫館學生

還保存有一些他的作品。余凱執掌期間，正處社會急劇轉型期，畫館業務實際已不可能有所作為，他也成了土山灣畫館的最後一抹斜陽。1958年，畫館正式併入上海五華傘廠[8]，土山灣畫館正式退出歷史舞台。

---

8 王寅：《散落的冊頁——土山灣畫館舊史》，p13，《藝術世界》1998年第3期。

3 畫館主任劉德齋家世探源

　　在中國近代美術史和中外文化交流史上，土山灣畫館雖位於偏僻的上海西南角一隅，卻產生有很大影響，上海的第一代西畫家，如陸伯都、劉德齋、王安德、范應儒、徐詠青、張充仁等均在那裡學習過，任伯年、周湘、張聿光、丁悚、徐悲鴻、劉海粟、陳抱一、杭稚英等藝術大家也曾間接受到過畫館的影響。1943年，徐悲鴻在重慶撰文回顧中國西畫運動，說土山灣畫館是「中國西洋畫之搖籃」，這絕非僅是一句普通的讚譽，而是在基於史實的基礎上發自內心的崇敬。土山灣畫館存世教學一百餘年，先後有過多位主持，其中在位時間最久的是劉德齋，他從1880年6月執掌館務一直到1912年7月過世，擔任畫館主任一職長達三十二年，而這三十年間也正是土山灣畫館發展最輝煌的時期。

　　長期以來，劉德齋的生平及其家世，一直雲遮霧繞，充滿神秘。依劉氏家族的淵源歷史和在常熟的顯赫聲勢，必有家譜傳世；如能找到其譜，很多問題當能迎刃而解。然查閱《中國家譜總目》，其中並無常熟劉家的宗譜，難道此譜已毀於戰火？筆者一次查閱宣統元年《聖心報》，偶然發現有《劉氏傳略》的連載，細閱之下，赫然就是常熟劉氏家譜。編者曰：「蘇州昭文縣罟里村劉氏，係老奉教，先輩敬主愛人，實是出眾，人所共仰。茲閱其家乘，擇其可為後人觀感者，略節其傳，抄錄於左。」原來20世紀初，常熟劉氏家譜還存於人世，然幾十年間就已灰飛煙滅，人間不見蹤影，令人痛惜。《聖心報》所載《劉氏傳略》，雖僅為節選，但已足感欣慰；且此傳略發表之時劉德齋尚在人世，這就更增加了此譜的可信性，洵為土山灣研究之重要發現。此譜再現，罩在常熟劉氏家族身上的神秘雲霧可謂已拂去一半。

劉必振，字德齋，號竹梧書屋伺者（其師劉子逸先生設館於竹梧書屋，故劉德齋自號「伺者」），聖名西默盎，以字行。1843年3月31日出生於常熟罟里村。劉家原籍徽州歙縣，明萬曆三十二年（1604），第二十三世祖劉鶴皋率族遷居常熟東門外五里墩，不久又移往罟里村，鶴皋公遂被尊為始遷祖。常熟是天主教在明末江南傳入最早的地區之一，劉家在罟里村上是一個大族，很早即開始信教，具體時間雖已不可考，但至遲自第二十八世祖劉庭輝（生於清乾隆元年（1736），聖名類思）起，即世代信奉天主教。劉家的西廳即為一小天主教堂，名「有原堂」，源於「萬有真原」這四個字。咸豐九年（1859），罟里村造新堂，名聖母聖誕堂，建堂費用即來自劉德齋祖母唐夫人生前所捐本洋一千元。劉德齋父親劉南圃是劉家第三十世祖劉西棠的幼子，從小拜通州武師習武。咸豐十年（1860），太平軍進軍江南，先後攻陷杭州、丹陽、常熟、無錫等地，所到之處，死傷甚多。當時百姓紛紛從蘇、浙一帶逃往上海，難民達數萬人之多。劉南圃帶領長子德齋雇舟從常熟至上海暫避，道經松江東門時，適與太平軍相遇，合舟之人，各自奔逃，唯劉南圃被擄，並就此失去音信，生死未卜。劉德齋隨逃難人員從常熟逃到上海，由於劉家天主教徒的背景，他直接就來到徐家匯。稍事修整後，進入徐匯公學讀書。1862年5月，由徐匯公學理學（相當於校長）晁德蒞兼任院長的徐家匯耶穌會初學院宣佈開辦，首批學員共11人，其中就有9人來自徐匯公學，劉德齋即其中之一。因劉南圃是在上海松江被擄失蹤的，劉德齋的母親以後就一直住在松江，可能隱約還希望丈夫並未遇難，能有機會在此相遇，直至20世紀初，她還健在人世。劉德齋有一個弟弟名景山，居住在家鄉常熟，也擅

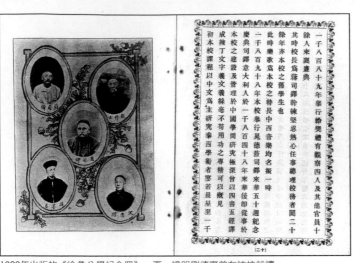

1920年出版的《徐彙公學紀念冊》一頁，證明劉德齋曾在該校就讀，
照片右上角即劉德齋

畫。兩人來往密切，景山曾應其兄之請，為畫館的孤兒們教
授過中國畫。景山身體虛弱，1901年病逝，終年僅53歲。其
子劉文英，因大伯的關係，也曾在畫館學習過。

　常熟劉家虔誠信教，對傳教事業也多有貢獻。1847年3
月，法國耶穌會梅德爾修士在上海徐家匯地區購置了第一塊
土地，開始建設耶穌會住院，其經費就來自常熟劉家，即劉
德齋的祖父輩。日後，徐家匯和土山灣地區發展成為遠東最
大的文化事業機構，常熟劉家的首助之力功不可抹。正因為
有著這樣一層關係，1860年劉德齋躲避戰亂，從常熟逃到上
海，落腳地才會選在徐家匯；而徐家匯的耶穌教會也及時伸
出援手，接納剛滿17歲的劉德齋，安排他到徐匯公學讀書，
並進耶穌會初學院學習，然後跟陸伯都學畫，直至執掌土山
灣畫館，奠定了他一世的人生走向。2008年5月，常熟市人
民政府將劉德齋故居敦厚堂列入首批市級名人故居名單，常
熟劉氏重新走入人們的視野。遺憾的是，20世紀初，常熟劉
氏家譜還存於人世，然百年間就已灰飛煙滅，人間不見蹤
影，令人痛惜。

附：劉家世係略表

第28世祖：劉文思，字庭輝，聖名類思。乾隆元年生。娶妻
　　　　　王氏。終年81歲。

第29世祖：劉用霖（庭輝獨子），字雨望，聖名伯多祿。乾
　　　　　隆二十五年生。娶妻孫氏。終年55歲。

第30世祖：劉潮，字西棠，聖名西滿。乾隆五十六年生，道
　　　　　光二十七年卒，終年58歲。娶妻唐氏，育有七子
　　　　　（三、四兩子早亡）。西棠早歲出仕，官至浙江
　　　　　布政司使經歷，後因父母之喪而棄官。

第31世祖：劉應雷（西棠長子），字迅雷，聖名若亞敬。嘉
　　　　　慶十六年生，道光二十四年卒，終年35歲。娶妻
　　　　　錢氏，有二子一女。

劉應星（西棠次子），字朗軒，聖名西滿。嘉慶十七年
　　　　　生，咸豐八年卒，終年47歲。娶妻錢氏，有四
　　　　　子二女。善弈圍棋，世稱國手。咸豐七年主持
　　　　　分析家產。

劉應昇（西棠五子），字煥亭，聖名若望。嘉慶十八年生，
　　　　　同治八年卒，終年50歲。

劉應魁（西棠六子），字杓卿，聖名達陡。嘉慶二十二年
　　　　　生，光緒十八年卒，終年76歲。

劉應箕（西棠幼子），字南圖。道光二年生，咸豐十年卒，
　　　　　終年38歲。

——據1909年6月《聖心報》第23年第6期－1909年9月《聖心報》
第23年第9期載《劉氏傳略》整理

4 劉德齋的教學活動

　　土山灣畫館存世逾百年，先後有多位多位中外人士主持，如范廷佐、馬義谷、艾而梅、劉德齋、潘國磐、那彥英、余凱等。其中，劉德齋是執掌時間最長、影響也最大的一位。大約在19世紀60年代中期，劉德齋即隨陸伯都學畫，他先學中國畫，後改學西畫，以畫水彩風景而知名。畫館畢業後，劉氏一度曾任土山灣孤兒院圖書館的主任，並兼任畫館老師。後由於陸伯都體弱多病，劉德齋作為陸修士「最好的學生」[9]逐漸代他管理畫館的工作。1880年6月，陸伯都因肺結核病惡化而逝世，劉德齋正式上任，執掌館務直到1912年，而這30餘年間也正是土山灣畫館發展最輝煌的時期，目前所知出自土山灣畫館的名人，幾乎都是在劉德齋擔任主任期間在畫館深造的。

　　土山灣畫館遺留的文獻很少，其教學生產的詳細過程今天已很難復原，但通過近年發掘出的一些殘存史料，我們還能從中瞭解一二，而這些史料所涉及的也基本都是在劉德齋執掌期間。畫館以孤兒進館時間為序分級分班上課，教學方法採用工徒製，課堂作業大多用範本臨摹。教學十分嚴格，畫館的整個學畫過程長達六年。新入畫館的學生練習畫線條就要學半年，從直線、橫線、斜線一直到弧線、圓圈，要能用粗細、深淺、疏密等不同的線條畫出物體的形狀，特別是要畫出物體的質感來。等線條畫熟了，才開始畫石膏幾何模型，臨摹宗教名畫，學習鉤稿、放大，並外出寫生，畫人物模特兒。到第五年開始畫水彩，有出息的，最後一年才讓學油畫。學生還要學習算學、歷史、宗教等基礎知識及練

---

9 J. de la Serviere（史式徽）：L'Orphelinat de T'ou-Sè-Wè: Son histoire et son état présent（土山灣孤兒院：歷史與現狀），p.26, 1914, Imprimerie de L'Orphelinat de T'ou-Sè-Wè (Zi-ka-wei - Shanghai).

清末土山灣畫館一景，後排左二為劉德齋

習體操和唱歌。一年考試兩次，前三名有獎賞，頒獎時各位
神父均會到場，十分隆重。學徒期間有少量津貼可拿，滿師
後則可計件享受薪酬。畫館對外承接訂單，山水、花草、人
物及宗教故事畫等均可受理，按畫件的尺寸大小和難易程度
定價，而又尤以各類油畫最受歡迎。因油畫複雜難學，繪製
時間長，而當時畫館只有王安德、范殷儒、徐詠青等7位師
生能夠承接油畫訂單，故常常供不應求。他們的作品曾多次
參加各類中外博覽會，屢獲獎牌。由於最初執教畫館的是范
廷佐和馬義谷，後有人據此認為畫館教師主要由外籍人士擔
任，此實不確。在畫館任教的其實大都為中國人，現存的幾
張畫館教學照片可以清晰地證實這一點。我們現已確知的就
有：教授油畫的王安德、范殷儒，教授素描的王思福、李德
和，教授勾稿放樣的溫桂生，教授書法的姚子珊等等。擅長

素描，精於水彩的劉德齋則長期擔任畫館主任，統率全域。

劉德齋從1880年到1912年長期執掌畫館，既親自教學，又管理協調，做了大量開創性的工作，為畫館的穩定發展作出了很大貢獻：如主持制定切實詳盡的學習章程；按照各人的天賦條件和領悟能力因材施教；在承接對外訂單時，也依照各人不同的水準和名聲，定出不同價碼。為提高學生水準，擴展學生視野，他親自帶領學生到龍華、外灘等處寫生，還帶他們去新創辦的美術學校觀摩；並為學生爭取盡可能高的待遇，為同事和學生的家事、婚事盡心盡力，排憂解難。劉德齋還十分注意總結教學經驗，主持編撰了不少著作，我們今天知道的就有《畫館記略》、《繪事淺說》、《鉛筆習畫帖》、《畫館繪鐫錄》及《畫館中興記》等，除《繪事淺說》和《鉛筆習畫帖》由土山灣印書館公開出版外，其餘幾種均未見有人提及，各大圖書館館藏目錄中也未見著錄，很有可能並未正式出版。當時海上畫壇的很多著名人物也都或多或少受到他的影響，如海上畫派的開創者任伯年就是通過劉德齋接觸到西洋繪畫的。19世紀中晚期，任伯年與劉德齋過從甚密，在他的影響下，任伯年學習素描，也畫過人體模特兒，任使用的3B鉛筆，也得自劉德齋，任伯年因此而養成了鉛筆速寫的習慣。[10]這裡，筆者要特別強調任伯年的人體模特兒寫生，這與中國傳統繪畫明顯不同的習畫技法顯然正是從劉德齋那裡學過來的。土山灣畫館的學生在進入第五學年時就有這門課，叫「畫真人稿」或「打小团活樣」，翻譯過來就是人體模特兒寫生。這也說明，任伯年當年從繪畫理念到具體技法，都受到劉德齋的較大影響。與

---

[10] 沈之瑜：《關於任伯年的新史料》，載《文匯報》1961年9月7日。

此同時，劉德齋也帶領畫館的學生走訪任伯年，學習中國畫藝，並畫有聖像白描，以中堂形式掛於教會場所。我們現在還能看到的劉德齋所繪《家庭垂訓》等圖，正是這樣的白描中國畫；而他早期所繪的《中華聖母子像》，也是綜合了中西方文化元素的作品，人物面容雖是高鼻子、凹眼睛的西方特徵，而所著服飾則是典型的中國式樣。其實，除了任伯年之外，劉德齋與當時其他海上畫家也都多有交往，如「海上三任」之一的任薰，甚至還為畫館繪製過《利徐談道圖》等作品。任薰在肖像畫上有很高成就，形象刻畫精妙入微，善於傳神，土山灣邀請他繪圖絕非偶然。其他像以人物畫著稱的沙馥、知名山水花鳥畫家陸韻樵、陶松溪、姚叔平、汪仲山、陳伽仙等等，也都與畫館和劉德齋個人有所交往，而徐詠青、張充仁、顧言等土山灣培養的人才，與上海美術界更有著非常密切的來往。土山灣畫館與海上畫壇的互補關係以往一直缺少研究，是美術史上的一個空白，值得我們進一步探討。

有關劉德齋的生平活動，鮮有文獻可資引證，近年發現的一張照片，記錄了他70虛歲生日之際和畫館新、老學生在百步橋合影的瞬間，彌足珍貴。百步橋位於龍華，當時有河直通徐家匯，教會中人經常泛舟郊遊。劉德齋這天正是借此寶地舉行七十大壽的生日宴會，圍繞四周的除了個別幾位教師如安敬齋外，都是他的新、老學生，其中後排右一戴圓帽者即為其得意門生、民國初年以畫水彩畫和月份牌畫而出名的徐詠青。這張師生合影照，非常難得地為後人保留了土山灣畫館當年的盛景。

經過一百餘年的歲月磨洗，當年畫館師生的繪畫作品現在已難得一見，只能根據零星記載和殘留的少量歷史照片、書籍插圖來依稀回想他們辛勤創作的情景。1887年，土山灣

清末土山灣畫館一景

慈母堂刊印出版《道原精萃》，全書共7卷8冊，每卷均附有木版插圖，共有圖像300幅。此書就是由劉德齋率領畫館學生繪製插圖，刻版工匠也是由土山灣孤兒工藝院培養出來的美術人材。《道原精萃》一書中的插圖，代表了土山灣畫館全盛時期的神采風貌，我們從中正可瞭解、欣賞劉德齋及其畫館學生的繪畫水準。

當時類似《道原精萃》這樣的書，還有1892年出版的《古史像解》及1894年出版的《新史像解》等著作，均為用圖像講解《聖經》的書籍，前者收圖107幅，後者收圖103幅，皆由劉德齋率徒所繪。其中，既有畫館油畫第一高手王安德的的手筆，也有劉德齋本人的作品。這些圖書已成為後人考察土山灣畫館的珍貴文獻。

一般來說，畫館的活動多侷限在教會之內，繪畫內容也以宗教題材為多，1910年，他們參展南洋勸業會並以教外人物肖像畫等榮獲多枚獎牌，當是少見的例外。1910年6至11月（宣統二年四月至十月），晚清中國的第一次全國博覽會－南洋勸業會在江寧（今南京）召開。全國各地除蒙古、西藏、新疆外，二十二個行省全都提供了展品。會場展館總數達32個，陳列的展品達一百多萬件，分二十四部、四百二十類。此外，東南亞等國和英國、日本、美國、德國等也多有展品參展（不參加評獎）。整個博覽會歷時近半年，參觀人次達30多萬。其規模與影響，實不亞於世界博覽會。土山灣方面獲知相關資訊並準備參展已是1910年7月，此時勸業會早已開幕。當時剛上任土山灣孤兒工藝院院長不久的法國神父步雲程執意想借此擴大土山灣的影響，經過一番周折，勸業會方面考慮到土山灣的名聲，同意他們中途參展，條件是因品物甚多而場地窄小，希望控製展品的件數和面積。鑑

N. D. DE CHINE　　　劉德齋繪中華聖母子像

於此，步雲程神父決定：銅鑄木器，概行不送，全部由畫館方面來挑選展品。於是，畫館主任劉德齋便成為了這次活動的主角。他很重視這次機遇：為熟悉勸業會的情況，他想辦法借閱了很多相關的書；挑選好展品後，他又親自撰寫展品目錄和說明書，還為每件展品標上了出讓價格；勸業會官員來灣審查展品時，他親自陪同，還主動帶領他們參觀畫館。到勸業會閉幕最後評獎時，由於土山灣畫館選送的繪畫作品技藝精湛，整體水品較高，因此獲得了多項獎憑，作為一個統一的出展方，土山灣孤兒工藝院可以說大獲全勝。以往論文在談到土山灣參加勸業會並榮獲獎牌時，大都語焉不詳，無法說清。筆者在這裡略作梳理。首先須理清勸業會的評獎等級。南洋勸業會共分五種獎項：一、一等獎為奏獎（只評給機構單位）。二、二等獎為超等獎（個人最高獎）。三、三等獎為優等獎。四、四等獎為金牌獎。五、五等獎為銀牌獎。土山灣畫館此次共榮獲19項獎牌，具體獎項為優等獎4枚，金牌獎2枚，銀牌獎13枚。其中，徐詠青的師兄、劉德齋最欣賞的學生之一范殷儒，一人榮獲優等獎一枚，金牌獎一枚，獲得獎牌等級最高。還必須提及的是，徐詠青送展的

水彩畫《松鼠風景》榮獲個人最高獎：超等獎。雖然徐詠青當時已畢業離開了土山灣，但自己的得意門生能榮獲大獎，作為老師的劉德齋，心情之欣喜是可以想像的。1911年1月17日，在領得獎牌的當天，劉德齋就將這些獎牌集中陳列在散心間，晚飯後召集學生一起欣賞；而作為院長的步雲程也格外高興，他甚至破例讓廚房拿出果酒為劉德齋和他的學生們慶功。還有個插曲值得一敘：南洋勸業會閉幕後，土山灣畫館的名聲愈加響亮，當時有一家寧波育德工藝學校，仰慕畫館的成績，特趕來瞻仰，並希望畫館能選派教師赴甬上課，傳授繪藝。雖然，寧波方面的這一願望當時不可能實現，但無論是步雲程還是劉德齋，這時的心情想必一定是非常愉悅的。

劉德齋一直患有頭痛的痼疾，隨著進入晚年，頭痛病的發作越來越頻繁，病情也越來越嚴重。然而，他始終沒有放棄工作，只是工作的性質和以往相比有較大改變。晚年的劉德齋，將很大一部分精力放到了回憶上面。在他的「訃告」上有這樣幾行字：「雖然他年事已高（在徐家匯已經為他慶祝了七十大壽），他依然在工作，他以極大的使命感一直堅持做他所有份內的事，他正在寫土山灣的歷史。」[11]筆者認為：從內容看，現藏於台灣的《江南育嬰堂記》應該就是劉德齋在晚年所寫「土山灣的歷史」之一部分，其中有大量的親歷敘述，現已成為我們研究土山灣的資料寶庫。

1912年7月31日晚，劉德齋在洋涇浜的醫務室去世，終年69歲。此後一百年間，劉德齋成為了土山灣孤兒工藝院的一個標杆人物，他的名字更成為土山灣畫館的象徵。

---

[11] 光啟社：《lettres de jersey》，載《澤西島神學院信函》1914年卷。

5 劉德齋領銜編繪的三部著作

經過一百餘年的歲月磨洗，當年土山灣畫館師生的繪畫作品現在已難得一見，只能根據零星記載和殘留的少量歷史照片、書籍插圖來依稀回想他們辛勤創作的情景。1887年，土山灣慈母堂刊印出版《道原精萃》，全書共7卷8冊。主編倪懷倫在該書《序》中介紹其內容組成並作者：「是編所列凡七部：一、《萬物真原》。由物類印證天主是道出諸於物者。二、《天主降生引義》。詳記耶穌先兆。三、《天主降生紀略》。專述耶穌言行，是為道之淵奧天主親告人者。以上皆艾子儒略撰。四、《聖母傳》。聖母乃保道者。五、《宗徒大事錄》。六、《諸宗徒列傳》。宗徒乃傳道者也。七、《歷代教皇洪序》。教皇乃道統所繫也。《宗徒列傳》為高一志原本，餘皆李司鐸軼翻譯西著，附綴於後。猶恐人未易領會，屬劉修士必振繪圖列入篇中，總其名書曰《道原精萃》。諸君子細讀而玩味之獲益必非淺鮮，而余區區之望亦得矣。」如《序》所言，該書每卷均附有木版插圖，共有圖像300幅。擅長繪畫的法國傳教士方殿華神父在卷首撰有《像記》一文，介紹《道原精萃》一書圖像的來源及流變的過程，其中特別寫道：「江南主教倪大司牧輯《道原精萃》一書，囑劉修士必振率慈母堂小生，畫像三百章，列於是書。其間百十一章，仿法司鐸原著，餘皆博採名家，描寫成幅。既竣，雇手民鐫於木。夫手民亦慈母堂培植成技者也。予自去歲以來，承委督繪像等藝，恐閱是書者，不知是像之由來，爰志此於卷首云。」綜上所述可知，《道原精萃》一書乃1887年由當時的江南教區主教倪懷倫（Valentinus Garnier）集萃主編，由劉德齋率領畫館學生繪製插圖，刻版工匠也是由土山灣孤兒工藝院培養出來的美術人才。《道原精萃》一書中的插圖，代表了土山灣畫館全

盛時期的神采風貌，我們從中正可瞭解、欣賞劉德齋及其畫館學生的繪畫水準。另據新近發現的《教皇大慶倪主教貢獻略記》一文記載，《道原精萃》一書的編撰很可能另有背景。[12] 1887年12月31日是當時的羅馬教皇良第十三聖鐸品後五十年大慶，梵第岡為之舉行盛典，世界各地都有禮物進獻，「普世善信皆竭誠孝敬之忱，貢獻禮物為數甚巨，且珍奇奪目。中國各省主教悉隨本省土產方物預備為貢獻者亦復不少。」當時的江南教區主教倪懷倫當然也有所表示。早在一年前，他就命徐家匯聖母院拯亡會的修女「繡紅、白、紫、綠、黑五色祭披各一付為貢獻」；又命土山灣畫館畫一幅巨大的聖母聖心油畫掛屏進獻。此畫高六尺七寸半，寬三尺九寸，由劉德齋安排油畫水準最高的王安德執筆，掛屏上刻繪梅、蘭、竹、菊等中國傳統花紋。另一件獨特的禮物就是《道原精萃》了。倪懷倫動員土山灣孤兒工藝院全院力量，以最高技藝水準彫刻成書，「裝以錦套綿匣」，成為一冊卷帙浩繁，裝幀豪華，天下獨一無二的特裝本。所有這些禮物，都於1887年8月裝箱運往羅馬，參加盛典。今天的梵第岡宮內，應該還保存著這些來自上海土山灣的精美禮物。

當時類似《道原精萃》這樣的書，還有1892年出版的《古史像解》及1894年出版的《新史像解》等著作，均為用圖像講解《聖經》的書籍，前者收圖107幅，後者收圖103幅，皆由劉德齋率徒所繪。這些圖書已成為後人考察土山灣畫館的珍貴文獻。

1892年，劉德齋率徒繪《古史像解》，這是根據耶穌會神父沈則寬編譯的《古史參箋》改編並配圖的一本宗教通

---

[12] 筆者2011年7月購自孔夫子網。

俗讀物。《古史參箴》由沈則寬據《舊約》改編，共四卷，發行於1884年。因「卷帙頗繁，非盡人所能置備；文詞雖俚而間有絢爛語，非婦孺所能共知」，1891年，「同人有修飾其像而作問答以解之者」，這個問答體版的《古史參箴》就是《古史像解》。[13]該書於1892年夏出版，署名「土山灣慈母堂畫館圖繪」，劉德齋和他的學生們第一次得以作為著者出書。沈則寬對他們的工作十分讚賞，評價很高。他在該書序中寫道：此舉「是於古人詩教、書教之外益之以像教矣」！《古史像解》以問答體行世，共106段文字，每段配一圖，從「天主於六日中化成天地」到「黃緣權貴得占茹達王位」，共106幅圖，全部黑白版刻，均無署名。書首另置《訓蒙圖》一幅，表現中國傳統的私塾教學場景，而圖上端卻有耶穌在雲中省視的形象。其「圖贊」云：「幼歲學習，壯用無窮。作心師傅，功績殊隆。耶穌默鑑，降福靡終。」中西融合的跡象頗濃。這幅《訓蒙圖》同樣未署名，但我們現在已知道它出自劉德齋之手，劉德齋後來至少曾兩次改繪此圖。

　　《古史像解》出版之後，「不脛而走」，大獲好評，這讓劉德齋頗感欣慰，同時也信心倍增。於是主動出擊，馬上籌措第二部著作。[14]這次他率畫館諸生根據《新約》內容「繪圖百則」，請沈則寬神父「繫之以解，彙為一帙，名《新史像解》，乃古與新正相呼應，而信士按圖授經，先後一貫，可無闕如之憾」。[15]此書仿《古史像解》，同樣是問答體，共100段文字，每段文字占一頁位置，每段配一圖，

13　沈則寬：《古史像解》序，土山灣慈母堂，1892年版。
14　沈則寬：《新史像解》序，土山灣慈母堂，1894年版。
15　沈則寬：《新史像解》序，土山灣慈母堂，1894年版。

垂訓家庭

無論何處二三
人因我名而會集
我亦在其中　凡
瑪竇聖經第十八
篇甲午一陽月
劉必振
寫

1894年《新史像解》插圖，劉德齋繪《垂訓家庭》。

1892年《古史像解》插圖，劉德齋繪《訓蒙圖》

從「匝加利亞在堂焚香」到「耶穌登山眾前升天」，共一百
圖。較之《古史像解》，這本《新史像解》在回目文字的安
排上更整齊劃一，明顯有了改進；而圖像則更加細膩傳神，
造型栩栩如生。值得注意的是，這次不少圖像上有了繪者
的署名，如在第一幅圖「匝加利亞在堂焚香」的左下側，
有「王安德謹繪，A.Wang」的署名，其他圖也約有一半或
有「A.Wang」的署名，或有「A.W.」的署名，顯然都出自畫
館第一高手王安德之筆。只是，這些署名的字跡都極其細
微，且和圖案線條混雜在一起，不注意細看是難以辨別的。
這背後很可能隱藏有難以明言的奧秘。書首另置《耶穌像》
和《耶穌宣言》兩圖，另外，在《新史像解》的末尾，附有
《垂訓家庭》一圖。此圖實是《古史像解》一書中《訓蒙
圖》的改繪，畫上有「劉必振」的署名和其名與字陰文及陽
文的印章，圖的右下角還署有他的西名「S.Lieou S.J.del」。
此圖並有題詞，曰：「人生幼而學，壯而行，古今無二致。
故詩言教誨式穀，禮重常視無誑。自來名賢碩彥，其出於家
訓之嚴明者，往往而然。顧禮義學術，皆當傳授，而立身最
要事，莫過於敬天主，畏罪戾，知經文，明教理，此不特救
靈所不可少，即在世作家立業為先人光，不遺父母羞，亦於
是乎賴夫？然而為父母者以教理訓子，誠亟亟乎？是圖乃
《訓道圖》，用為寓目醒心之一助，閱者其鑑而誌之。」
這是對《古史像解》之《訓蒙圖》「圖贊」的更深一層次
解說。

　　《新史像解》出版之後，以其通俗易懂，形象易解而獨
樹一幟，在當時很受歡迎，曾屢次再版，到1932年已經出到
第五版。它的印量也很可觀，1894年初版時就印了三千冊，
這對線裝古籍來說是一個很大的數字了。然而，為該書出版

耗費了大量心血的劉德齋，此時的心情卻並不愉快，起因就是為了《新史像解》中畫像的產權歸屬問題。這是一個老問題了，畫館和印書館之間曾為此屢起爭執。在方殿華神父主管孤兒工藝院時，曾作過規定：畫館畫像，印書館印書，兩者合作，各用其心，各分其勞，各受其益。書出版之後，總的權益歸印書館，但必須向畫館支付畫像部分的收益。為分攤成本，避免書價太過昂貴，印書館可以分幾次支付這部分的收益。支付完畢之後，印書館可以視需再版印刷，但畫像原作仍歸畫館收藏。本來，這對雙方的權責已經規定得很詳細了，但在方神父離職以後，事情就有了微妙變化。1896年，主管印書館的法國神父向日華就曾為徐光啟畫像原作的歸屬問題和劉德齋發生過爭執。向日華認為：印書館既已為印刷徐像支付了錢款，畫像原作就應歸印書館自行保存。而劉德齋則堅持認為，畫像原作是畫館的財產，絕不出賣；印書館支付的只是畫像的使用權費用，絕無保存畫像的道理。雙方爭執了兩個多月，各不讓步，一直爭到孤兒院院長那裡。最後，院長拍板：像稿當存於畫館。此事才告一段落。《新史像解》出版後，向日華曾就像稿歸屬問題再次提出爭端，後因調任而不了了之。1897年春，繼向日華之後接管印書館的法國耶穌會修士夏維愛又舊事新提，並堅持認為：印書館既已向畫館支付了費用，則當然就算「買」下了畫像。劉德齋只能再次耐心解釋，並表示：畫館師生為《新史像解》一書畫像達103幅之多，費心費力，絕非易事，理應獲取自己的勞動收益，以利今後培養畫生。雖然印書館為此擬分批支付400元，但也只是略微補貼而已。畫館和印書館是一家人，今後印書館如自己需要再印此書，畫館當分文不取；然如外人委託刷印，則應另需向畫館支付一定費用。劉

德齋開出的價碼是：如印二千本，畫像租價十五元；三千本，二十元。顯然，此價也只具象徵意義，劉德齋無非只是想借此強調畫館方面的權益而已。然而，夏維愛並不認同劉德齋的意見和他的這一建議，於是爭端再次提交院長決斷。這次，院長給出了最後決定，並為表鄭重，親自手書了這一決定：1.印書館支付給畫館的400元未付部分應馬上付清。2.畫像原稿由畫館保存。3.欠款付清之後，印書館可隨便印用此書，畫館不得收取費用。這一決定尚比較公允，兼顧了畫館和印書館雙方的權益，再加上院長的位高權重，劉德齋當然只能聽命而已。然而，他對夏維愛宣稱的「買下畫像」的言論始終耿耿於懷，表示：自己甘心聽命，但「賣」之一字絕不應承。這也顯示了他心中淤積的不滿情緒。自《新史像解》之後，畫館再無大部頭作品問世，這可能也是因素之一。

1887年慈母堂印《道原精粹》之版權頁

6 劉德齋的兩個得意門生：

范殷儒與徐詠青

　　相比徐詠青，范殷儒可謂籍籍無名，幾乎無人知曉；但要論起輩分來，徐詠青還應叫范殷儒一聲師哥。當年徐詠青結婚時，代表畫館將禮物送去他家的正是范殷儒和王安德兩人：一個是其師兄，一個是其師傅。從土山灣畫館畢業的學生，一般有三種前途可選：其一是繼續讀書深造，將來有望以知識分子的身分立世。這種機會很少，但也確實有此可能，如王建生、李德和進初學院，殷楚寶、汪懷德入徐匯公學等等。其二是離開畫館，到社會上去選擇適合自己的職業，如徐詠青、王希賢、沈兆嘉等；其三則是繼續留在畫館，繪一幅畫，取一分錢，以此維生。走第一條路可能性太小；第二條路風險頗大，但只要有過硬的水準，作品受社會歡迎，就完全有可能名利雙收；選擇第三條路則毫無風險，可以吃一碗太平飯，然水準再高也不可能揚名社會，只能一輩子做一個無名畫家，這似乎有點像中國的宮廷畫家。范殷儒選擇的正是這第三條路。

　　范殷儒，又名應儒，字古卿。約1870年生。他大約在1882年進畫館學習，1888年滿師，其時徐詠青尚未進入土山灣孤兒工藝院。范殷儒在畫館學習刻苦，成績優異，是少數幾個被批准進修油畫的學生。滿師後他留在畫館，成為了一名職業畫師。范殷儒畫技高超，性格溫順，又懂得報恩，對畫館、對老師都忠心耿耿，像他這樣的水準和資歷而又勤勤懇懇甘願留在畫館效力的，大概僅此一個，故深得劉德齋的喜愛。1909年，經劉德齋說合，教會方面同意范殷儒的大兒子范慶安進畫館學畫，免除了他的後顧之憂，范殷儒因此而感激萬分。丁悚說：「畫館向不對外招生，學生都是孤兒院

裡撫養長大的孩子。」[16]此話並不準確。畫館學生確以育嬰堂出身的孤兒為主，但也有不少例外。當時有不少家庭託人向教會的神父求情，希望能把自己的孩子送進畫館學一門手藝。歷年累積下來，畫館中普通人家的孩子也有不少；何況當時還經常有徐匯公學的學生到畫館學畫的。區別在於，孤兒們在畫館的生活和學習費用全部由教會方面負責，而非孤兒則要向畫館支付一定的食宿費用。如范殷儒的兒子在畫館學六年，前三年的飯錢須自己支付，每年三十元（這個標準以後提高到六十元）。三年後如學習成績不錯，尚可造就，就可享受免費待遇了。

范殷儒1888年從畫館畢業，之後一直留在畫館工作，數年後，他晉身成為畫館的老師，主教油畫。王安德不在後，他成為畫館中的大師兄，也是水準最高的畫師，劉德齋將其視為自己的左右膀，業務上的主要助手。1907年，范殷儒罹患重症，病倒在床，幾天未到畫館。劉德齋得悉後焦急萬分，一週內連續三次上門看望，並親自審視藥方，為其延醫。1908年，畫師溫桂生、宋德林相繼離館，外出高就，導致畫館一度人心浮動。此時，范殷儒堅定站在老師一邊，並為其出謀劃策，以大師兄的身分，幫助劉德齋穩定了隊伍，度過難關。范的畫技在畫館中是最高的，尤其是油畫。受西方影響，當時上層人士中非常熱衷肖像畫，這些人地位高，影響大，故劉德齋不敢怠慢，熱心接待，並主要安排范殷儒承接定單。現已知曾鑄、馬相伯、唐文治、詹天佑等名人的肖像油畫都出自范殷儒之手；特別是宣統登位之年，清皇室慕名委託土山灣畫館繪製的宣統皇帝和攝政王載灃兩幅油畫

---

[16] 丁悚：《上海早期的西洋畫美術教育》載《上海地方史資料》（五），上海社會科學院出版社，1986年1月版。

徐詠青肖像

肖像，也都由范殷儒親手繪製。法國人史式徽在《土山灣孤
兒院：歷史與現狀》一書中將這些畫作為土山灣畫館的精品
特地作了介紹：「土山灣的世俗題材作品，主要包括主教、
傳教士、著名教友以及官員的肖像畫。在1910年1月，一幅
攝政王和小皇帝的巨幅油畫，被作為駐京法國公使的禮物進
貢，人們可以在北京皇宮的大廳裡找到這幅畫。」[17]如果不
出意外，今天的故宮裡應該還保存著這幾幅油畫，若能欣賞

---

[17] 土山灣印書館1914年出版。

到這幾幅作品，則對范殷儒的油畫水準，乃至土山灣畫館的教學水準，都能作出比較客觀的評價。劉德齋對范殷儒的畫非常看重，同樣一幅畫，如果其他畫師對外標價八元，范殷儒的作品就要十元。對劉德齋親自標的這個價目，其他畫師也都心服口服，無人異議；而范殷儒繪製的精品，劉德齋甚至捨不得出售。范殷儒畫過一幅《聖母莫尼加》，非常精湛，被劉德齋視為傑作。1908年，重慶三德堂的神父到土山灣畫館，點名要范殷儒的這幅畫。劉德齋不肯，只答應對方再臨摹一幅，最後客人只能悻悻而歸。因范殷儒油畫技能高超，劉德齋常指定他單獨教授某人，現已知楊達明、徐松林、顧杏生和王希賢等人的油畫均由他教授。

徐詠青是劉德齋最欣賞的學生，也是畫館諸生中成就最大者，但有關他的生平卻一直模糊不清。筆者通過多年的查閱勾稽，整理出一些線索。

徐詠青本姓王，名永青，出生於1880年。松江泗涇人。他自幼失去父母，由繼母和祖母帶大。後被送入土山灣孤兒院，先在慈雲小學讀書，1893年正式進畫館隨劉德齋學畫，在畫館當學徒時他使用的就是「王永青」這個本名。光緒二十四年（1898）正月初八，徐詠青滿師畢業，兩天後就是他的結婚吉日。因為他的孤兒身分，按當時比較普遍的習慣，他成了一名招女婿，入贅的女家姓范。在經過一番神思熟慮、並取得女家同意之後，他為自己取了一個新名字：徐宗范。徐，當喻意徐家匯，以示不忘根本；而范，自然喻意女家之姓，范字前面一個「宗」字，已經將對女家的尊敬之意表露無遺。他又為自己取字坪生，喻一生平安妥帖之意。出道以後他改名徐詠青，但又為其兒子取名范基平，遵循了自己當年對女家的承諾。

徐詠青光緒十九年（1893）正月進畫館學畫，二十四年（1898）正月滿師，為時整整五年。當時畫館的學製一般為五年，如加學油畫，則再延長一年，但資質差的，也有學五年仍不讓學油畫的。徐詠青在畫館學習時，由於天資聰慧又刻苦努力，故成績出眾，門門課都出類拔萃，被公認為畫館中繪畫水準最高，故能享受特例，提早滿師。

徐詠青是劉德齋最為喜愛的學生，劉曾屢屢為他單獨講課；在畫館的諸項科目考試中，如畫真人稿（人物寫生）、臨石膏像、臨五色花鳥畫、花卉寫生、書法等，他幾乎每項都考第一，因此而屢獲獎勵。徐詠青1896年開始學油畫，次年三月，劉德齋又親自安排油畫水準最高的王安德向他單獨傳授油畫技法。1898年徐詠青滿師後，因繪畫成績好，得以和王安德等一起成為畫館中有資格對外承接油畫定單的少數幾人之一，劉德齋為報王安德的傾心教育之情，還自己掏出兩塊銀元表示酬謝。1912年4月，劉德齋70歲生日，畫館在龍華百步橋為其祝壽，徐詠青以老學生的身分特地趕來為老師祝壽，並留下了一張非常珍貴的祝壽合影。三個月後，劉德齋就因病辭世了，這張照片，很可能是這對師生唯一的一次合影。劉德齋和徐詠青堪稱土山灣畫館中的師徒雙子星座：他們一個是畫館承前繼後的關鍵人物，一個則是眾多學生中聲譽最隆的傑出代表。

徐詠青1898年畢業後，在畫館整整服務了九年。1907年，他離開土山灣進商務印書館，從事美術工作。徐詠青敢於走向社會獨身打天下，自有其過人本領作支撐。畫館培養人才的一個弊端是注重描摹而缺少創造，技巧可以非常嫻熟，而自己的東西卻比較缺乏。的確有這樣的學生，讓他臨摹，畫作栩栩如生，但一旦脫離了樣本就束手無策了。徐詠

徐詠青繪水彩畫

青是一個例外，他既有精湛的臨摹技巧，又有出眾的創作才能，堪稱全能型的畫家。上世紀初，徐詠青在商務主要從事封面和插圖的繪製，同時，他和鄭曼陀合作，主畫風景，繪製了大量當時流行的月份牌畫，時稱「鄭家人物徐家景」。20世紀20、30年代，他還頻頻參加文化界的聚會和活動，經常外出寫生，創作了大量水彩風景畫，被畫壇譽為是他的最佳作品。張充仁曾評價：徐詠青「是中國第一個自己的水彩畫家，在此之前在中國土地上也曾創作過水彩畫，但那全是歐洲人的作品，在他之後中國才開始有了真正的水彩畫家。這時是1909年，即本世紀初。其後不久，在日本留學的李叔同回國，亦開始繪製水彩畫，但他只有少量作品，不如徐詠青以水彩畫為主，並達到了很高的水準，與當時世界上所已經達到的水準不相上下。」[18]

徐詠青受老師劉德齋的影響很深，土山灣畫館的十餘年生活是他難以忘懷的。他的一生，除了自己創作外，可以說把最主要的精力都放在培養美術人才上。

1909年，徐詠青就在上海南門外設立技藝學堂，招收學生，教授鉛筆畫和水彩畫。以後，他又在上海組織繪人友（練習生）美術進修班（1913年）、藝友社（1930年）；在香港設立詠青畫院（1937年）；抗戰勝利後到青島，在青島市業餘美術學校開班授徒，一生桃李滿天下；他還編輯出版有《中學用鉛筆畫帖》、《水彩畫風景寫生法》等書籍，為發展中國藝術教育事業作出了重要貢獻。1953年，因高血壓病發，徐詠青在青島逝世，終年73歲。

---

[18] 張充仁：《中國水彩畫》（董興茂1983年3月10日整理），載董興茂編《張充仁研究》，上海人民出版社，2005年版。

7 晚年劉德齋

　　劉德齋一直患有頭痛的痼疾，隨著進入晚年，頭痛病的
發作越來越頻繁，病情也越來越嚴重。然而，他始終沒有放
棄工作，只是工作的性質和以往相比有較大改變。晚年的劉
德齋，將很大一部分精力放到了回憶上面。在他的「訃告」
上有這樣幾行字：「雖然他年事已高（在徐家匯已經為他慶
祝了七十大壽），他依然在工作，他以極大的使命感一直堅
持做他所有份內的事，他正在寫土山灣的歷史。」[19]這是一
條重要提示，但是他寫的「歷史」是什麼？在哪裡？長期以
來卻始終是個謎。近年，台灣利瑪竇圖書館所藏《江南育嬰
堂記》（原藏徐家匯藏書樓）傳到了大陸，從文章內容看，
這正是一份比較完整的「土山灣史」，其中蘊含史料非常豐
富。它會不會就是劉德齋晚年所寫的「土山灣的歷史」呢？
粗翻一過，從筆跡看，出自幾人之手，這應該是一份抄本；
然敘述語氣則延續一致，貫穿全稿，當為一人所撰。文中所
述土山灣史實，早期情景多引述他人回憶，自19世紀70年代
之後事則顯係作者所親身經歷。文中涉及年代下限為「1912
年新正月」，數月之後，劉德齋在土山灣病逝。這還只是表
面印象，細讀原稿，更有鐵證。第2546頁述西曆1869年，土
山灣育嬰堂中有三人擬往南洋濱浪嶼修道的坎坷遭遇。文章
結尾寫道：「此三人事蹟係陳克昌所述。振憶昔在徐家匯
會院親見此位老神父，亦聞見此事。」這不正是劉德齋（必
振）親筆撰文的口吻嗎？第2553－2560頁為《誌翁壽祺相公
病終始末》，文中多次出現「振臥在隔壁聽之必明」、「振
見勢已不佳」等字樣，顯見文章出自劉德齋之筆。另外，第
2604－2605頁為《誌於土山灣畫館近事錄》，其中記錄了載

---

[19] 光啟社：《lettres de jersey》，載《澤西島神學院信函》1914年卷。

於《慈母堂亡孩觀感錄》或《聖心報》中死亡孤兒的信息，如楊德康、吳祥生等，而這些男孩都曾就學於畫館。當時醫療條件很差，木工部、印書館等孤兒院其他部門都有孤兒病亡，有誰會飽含感情單單錄下這些曾在畫館學習的死亡男孩的資訊呢？答案應該不難猜測。綜上所述，筆者認為：《江南育嬰堂記》應該就是劉德齋在晚年所寫「土山灣的歷史」之一部分。

劉德齋晚年還有一件大事一直縈繫在心，即寫作小說《燭仇記》。關於這部作品，提到的人不多，看過的就更少了，以至有輾轉引用，寫錯書名的。[20]劉德齋寫作此書是為了紀念恩師晁德莅。劉德齋少年時為避戰亂從家鄉常熟逃到上海，先入徐匯公學，再進耶穌院初學院，一生中印象最深、影響最大的幾年基礎學業，都是跟隨義大利神父晁德莅打下的，成為修士後還奉晁德莅為神師。五十年後，劉德齋回憶當年的苦讀生活：晁公「嘗見余初學十數輩，操業之餘，無所事事，為述芮而松言行，為消遣記，亦以為內省之標準」。[21]《燭仇記》這部書寫的即是劉德齋當年在耶穌會初學院期間聽晁德莅講述的芮而松故事。故事敘述「天主降生三百年後，西里亞國有名芮而松者」，「初放浪而竣改」的故事，書名取「洞燭俗欲魔三仇計也」。這部書其實早已寫成，只是「數十年來，藏諸笥篋，未嘗一示外人」。後因沈則恭神父「聞是記而索觀」，閱後大為讚賞，才使劉德齋有信心修改此書，付梓出版。他對此頗為重視，曾屢屢改寫，並請多位中外神父審閱，聽取他們的意見。因擔心自己

---

[20] 如萬青力先生的《並非衰落的百年——19世紀中國繪畫史》是部填補空白的著作，但在介紹劉德齋的這部作品時，卻錯將其寫成《獨仇記》。
[21] 《燭仇記》序，土山灣印書館，1911年仲春出版。

劉德齋著《燭仇記》封面，
土山灣印書館宣統三年春出版

不善文辭，劉德齋還自己出錢，請震旦學院的潘神父和鄒瘦鶴先生潤飾文字。教會方面對此書也很看重，沈則恭神父特賦感懷詩七十四絕附於書後，張漁珊神父則對書中涉及的中外典故一一加以注釋，並注明出處。1911年4月，《燭仇記》由土山灣印書館正式出版，劉德齋非常高興，給很多朋友都寄了書，讓大家分享快樂。關於此書，有兩點值得一提：1.《燭仇記》一書，無論是封面還是版權頁，都無作者署名，只是在該書序的末尾署有「琴川竹梧書屋伺者自序」幾個字，顯然，不是較熟的朋友是無法知道此書作者到底是誰的。此舉到底為何？頗費猜疑。劉德齋很可能認為自己只是一個畫家，文字寫作不是自己的本行，寫《燭仇記》只是為了紀念和教化，書出版了就達到了目的，故不願署名。2.《燭仇記》的封面是一幅彩色石印圖，熟悉的人一眼就能看出，這是《古史像解》之《訓蒙圖》和《新史像解》之《垂訓家庭》的又一次改繪。劉德齋平時接觸的多是缺少家庭之愛的孤兒，對他們身上因此而產生的毛病也耳濡目染，感觸頗深，他三番五次筆繪此圖，正說明他對「嚴明家訓」和「立身為首」的重視與提倡。

8 土山灣畫館的師生名錄

　　土山灣畫館的美術教學活動，很早就引起學術界的注意，民國年間，潘天壽、徐蔚南、徐悲鴻等人就曾在自己的著作中進行過介紹，徐悲鴻並予以極高評價，稱其為「中國西洋畫之搖籃」[22]。近年出版的美術史專著，也都闢出篇幅，對土山灣畫館有專門介紹。由於缺乏史料支撐，這些著述大都只能輾轉援引，少有新意，甚至拿不出一份大致的畫館名錄，以致有學者認為：「徐悲鴻所言『土山灣（畫館）……蓋中國西洋畫之搖籃也』有失中肯。就有畫家名字可查的人數而言，土山灣與活躍於其之前的18世紀中期至19世紀中後期的廣東西洋畫家群（有四十餘人有名可查）比較起來，相去甚遠。」[23]這個論斷有失偏頗。萬青力先生曾對此進行補正：「土山灣畫館是目前所知最早以學徒方式培養中國西洋畫人才的場所，估計不下百餘名中國孤兒曾在那裡接受過六年（學徒期限）的素描、水彩、油畫及版畫的訓練，他們的作品遍及中國各地的天主教堂。」[24]這個估計的數字其實也過於保守。根據我們現在掌握的材料，土山灣畫館的一個完整學期是6年，但學習不到6年或超過6年的學生也為數不少，原因很多：有因不學油畫而5年即畢業的，有因水準過差而被要求多學幾年的，也有因情況特殊而屢次出入畫館的：如最初僅每日學畫一小時，再逐漸過渡到半日學畫和全日學畫，這樣，學習時間就很長。學生入館的年齡大致在12－14歲之間，多數是畢業於慈雲小學的孤兒，也有少部分來自於正常家庭的少年。由於不斷有新人介紹進來，故畫館

---

[22] 徐悲鴻：《中國新藝術運動的回顧與前瞻》，載1943年3月15日重慶《時事新報》。

[23] 胡光華：《美術留（遊）學生與中國近現代美術教育的發展》，載潘耀昌主編《20世紀中國美術教育》，上海書畫出版社，1999年9月版。

[24] 《萬青力美術文集》，人民美術出版社，2004年版。

的學生年齡始終處於參差不齊的狀態，據此，劉德齋把他們
分為大班、中班和小班，分開教學，也分開來考試。學生畢
業時的年齡大約在18－20歲之間，多數人在畢業後即結婚成
家，孤兒出身的學生入贅的不在少數。畫館一個完整學期的
學生數目大致在30－40名之間，即以6年30人計，在劉德齋
主持畫館的32年間就至少畢業有150餘名學生，加上范廷佐
與陸伯都期間的二十餘年，和潘國磐、那彥英、余凱期間的
三十餘年，土山灣畫館在近一百年間畢業的學生保守估計也
在三百名以上。下面將筆者收集到的部分畫館師生名錄附錄
於下，以印證上述論斷：

土山灣畫館1897年師生名錄

主任
劉德齋

教師
王安德、王思福、李德和、溫桂生、姚子珊、范殷儒、施金
海、宋德林、夏升堂、童善臣、潘逢時

學生
胡阿海、王永清、王鑑生、孟杏棠、陸錦章、楊德康、陳海
棠、姚元烱、陸慶榮、朱明寶、傅蘭生、顧玉生、朱桂生、
唐桂秋、朱俊甫、張浦生、姚元炳、侯良生、許錫元、李陽
瑞、陸祥生、陸雲生、顧保根、朱墨村、李錫畊、黃松林、
胡德良、莊茂全、秦阿陶、王小寶、周世平、藍三棠、張根
芝、李洪海、陳阿金、朱春芳、陳增咸、徐根法、錢永福

畫館1904年師生名錄

主任

劉德齋

教師

李德和、溫桂生、姚子珊、范殷儒、施金海、宋德林、夏升堂、童善臣、潘逢時

學生

姚元炳、唐桂秋、王小寶、李錫畊、陸慶榮、李雪根、莊茂全、黃松林、張根子、陳韻蘭、鮑達夫、顧保生、徐松林、金茅朗、張柏生、馬義生、錢永福、翁俊文、王松漁、楊達明、李愛生、陳友壽、嚴葭官、施秉生、莊景生、顧杏生、楊德友、石興、潘友生、王榮宗、徐林法、田一郎、王松茂、王榮祖、汪懷德

畫館1909年師生名錄

主任

劉德齋

教師

范殷儒、潘逢時、夏升堂、溫桂生、宋德林、顧玉生、張柏生、王小寶、翁俊才

學生

汪惟德、王榮忠、許秋揚、楊得友、顧杏生、顧保生、徐阿小、倪異呈、舒雪元、周才生、金友生、彭以生、沈菊生、陶來寶、丁星喬、顧寶卿、顧阿土、李掌卿、沈貞德、莊景堂、趙焦金、吳慶令、袁占秋、陳白英、金保生、張祥生、徐雙福、張琴川、周鑑祥、姚元龍、徐焦福、張本初、馬義生、施秉生、楊達明、胡德生、孫阿全、顧記祥、曹全生、凌柏英、黃根榮、王根全、陶善郎

1912年4月，土山灣畫館掌門人劉必振修士和畫館新、老學生合影於龍華百步橋，中坐撐手杖著長衫者即為70壽翁劉必振，旁邊拿帽者為安敬齋，後排右一戴圓帽者為其得意門生徐詠青。

9 追尋土山灣樂隊的悠久歷史

　　他們，是一群中國孩子，但是手中卻拿著西洋的樂器，奏著西方的音樂。即使時光已流逝了幾十載，但他們說起那些樂器，首先躍入腦海的卻是流利的法語名稱。他們並沒有接受過專業的音樂訓練，最高的學歷不過初中；他們的老師也只是教會裡普通的神父和修士，他們的職業也與音樂並沒有什麼關係。但是，就是由這些人組成的樂隊卻頻頻受到邀請，有資格到上海灘的各個學校和機構演出；每次有貴賓到訪徐家匯，負責奏樂迎賓的也總是這支樂隊。它們——就是聞名遐邇的土山灣樂隊。

　　土山灣樂隊名聲在外，論歷史也頗有淵源。西方音樂走進土山灣的時間，最早可以追溯到太平天國戰爭期間。當時為確保上海的安全，很多外國雇傭軍開進這個城市，而法國人和中法聯隊的軍隊則駐紮在徐家匯一帶，這是法國人的天下。當時，法籍耶穌會會士蘭廷玉神父（Franciscus Ravary, 1823－1891，1856年來華）在徐家匯組建了一個管弦樂隊，這也是上海第一支西樂樂隊。他從法國運來了西方的樂器，訓練孩子們演奏。樂隊的組成者包括徐匯公學的學生和土山灣的孤兒。這裡有一個細節：一次演出前，蘭廷玉神父拿出一塊銀元，讓兩個最大的孩子去買些糕餅，結果他們買了近十斤的饅頭。這些小樂師們不到半小時就把這些饅頭全吃光了，而一個半小時後卻又餓了。[25]據此我們可以猜測：這些樂師很可能來自貧寒的家庭或孤兒院。這支樂隊最早的演出是1864年11月22日，聖女則濟利亞瞻禮時在洋涇浜天主堂表演《晨曲》和《彌撒曲》。結果大獲成功，法國駐滬總領事葛篤對樂隊大加讚賞，並附贈了三十元銀洋以獎勵青年演

---

[25] 原文摘自蘭廷玉神父：《通訊》1864年11月18日，轉引自史式徽《江南傳教史》第二卷，p.291頁，上海譯文出版社，1983年出版。

奏者。從此以後，每逢天主教的四大瞻禮日，洋涇浜總要請這支樂隊去參加演奏。而在一些特殊場合，也經常會看到這支樂隊的身影，如在蔡家灣育嬰堂收滿孤兒逾三百人時，蘭廷玉神父就曾率領這支樂隊前往「奏樂唱經，以志慶幸」。[26]1871年，奧地利駐上海領事于布內（Hubner）參觀上海土山灣孤兒工藝院，陪同的谷振聲會長盛情邀請他聆聽孤兒院這支管弦樂隊的演奏。當樂聲響起的時候，這位領事先生驚訝地發現，他們演奏的竟然是海頓的交響樂曲。于布內無法相信自己的眼睛，但是眼前分明是四個中國人在演奏，連擔任指揮的也是一個「架著奇怪眼鏡」的中國神父。於是在回國後，他不無激動地寫道：「海頓的作品在中國演出，而且由中國人演奏！有什麼理由能讓我們不深深陶醉其中？」[27]

　　管弦樂隊成立較早，人數不多，對外活動也很少；真正讓土山灣音樂揚名海上的是土山灣軍樂隊。說起土山灣軍樂隊，有一群人不能不提，那就是1900年義和團運動期間負責保護上海法租界的那支法國部隊。當時，這些法國海軍士兵曾經利用週日中午的休息時間，來土山灣和孤兒們進行「交流」活動，比如和孤兒們做遊戲，對孩子們進行軍事訓練等等；同時，他們還利用閒暇時間教孩子們吹奏軍樂。雖然這些法國海軍士兵們並沒有在土山灣組織起一個軍樂隊，這件事本身也並非是土山灣與西方音樂的最早結緣，但是他們卻把西方最流行的音樂和最易學的樂器帶給了土山灣的普通孩子們。從此，西方音樂在土山灣普及起來。

---

[26] 《蔡家灣育嬰堂繼遷徐家匯土山灣之歷史》，載1914年《善導報》第15期。
[27] D. J. KAVANAGH, "Zikawei Orphenage", 1915, San Francisco, p.14.

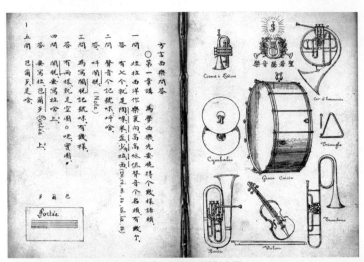

1903年5月出版的土山灣樂隊教材《方言西樂問答》內頁

　　土山灣軍樂隊的真正創辦者是葡萄牙籍耶穌會士葉肇昌，時間是1903年。葉肇昌（Francesco Xavier Diniz, 1869－1943），字樹藩，葡萄牙人。1869年生於上海，早年就讀於虹口聖方濟學校，後從英籍建築師多德爾學習建築工程學。1896年進耶穌會，被派往徐家匯，是當時幾個著名的讀書相公之一。1905年晉升為神父，旋被派往安徽水東傳教，一年後回上海，專務教區建築，並被上海震旦大學聘任為工程系建築學教授，負責設計監造了徐家匯大教堂（1910年）、佘山山頂教堂（1935年）以及震旦大學、徐匯公學校舍等。除了建築專業外，葉肇昌還精通樂理，能演奏多種樂器。他在土山灣組建這支樂隊的目的，是為了讓孤兒院的孩子們多學一些本領，擁有豐富多彩的業餘生活，用他的話來說就是：「乃朝後散起心來，可以作作樂，快活快活，免脫多化厭

氣咾啥。」[28]其實他心裡很清楚：這些孩子不可能走專業道路，他們最終都會成為一名普通的工人。但是他希望能夠用藝術來彌補這些孩子童年心靈的創傷，同時陶冶他們的情操，讓這些孩子們在藝術的陽光下變得樂觀開朗起來。樂隊奉聖若瑟為主保，故葉肇昌將這支樂隊命名為聖若瑟音樂班；又因樂隊使用的都是銅管樂器，對外一般又叫聖若瑟軍樂隊，簡稱土山灣樂隊。協助他訓練孩子的是土山灣木工間主任、德國籍修士葛承亮和五金間主任、葡萄牙籍修士笪光華，他們也都擅長音樂，會演奏圓號、小號等管樂器，能夠勝任這一工作。就從這時開始，音樂正式成了土山灣孤兒們課餘生活的重要部分。

把孩子們組織起來教會他們吹奏樂器並不算太難，難的是讓他們在吹奏的同時懂得一些必要的樂理知識，即不但要知其然，而且要知其所以然。葉肇昌在準備組建軍樂隊的同時即開始撰寫一本適合孩子們閱讀的樂理普及書籍。考慮到孤兒院的孩子大都是土生土長的上海人，故他決定這本書就用上海方言來寫。土山灣素有以方言撰書出版的傳統，僅19世紀末出版的就有1883年的《松江方言練習課本》、1889年的《土話指南》、1894年的《法華上海方言松江方言詞典》等等。1903年5月24日，葉肇昌將自己編撰的這本音樂教科書命名為《方言西樂問答》，由土山灣慈母堂用石印正式出版；與此同時，土山灣聖若瑟軍樂隊也宣告正式成立。《方言西樂問答》的第一部分為中、法文序，葉肇昌在序中記述了編輯此書的起因和目的：「話咾下頭幾章書，是專門為土山灣聖嬰會窮苦嬰孩做拉個。徐家匯幾位讀書相公，望伊拉

---

[28] 《方言西樂問答・序》，土山灣慈母堂，1903年5月石印出版。

清末土山灣孤兒院聖若瑟音樂班合影，
中坐為葉肇昌，後排右一為葛承亮，右五為笪光華

常常欣欣勤勤做好小囝，願意伊拉學西洋音樂，拉伊拉當中撿一排出來，求聖若瑟做主保，因而叫聖若瑟音樂班，就拉散心個時候，起頭教伊拉學幾隻調子。既然要教伊拉作樂，必罷弗得要但作樂裡頂要緊曉得個規矩咾法子，聚聚籠來做一本書。為此緣故，相公拉特特里做第本問答，撥拉伊拉看之，學起作樂來，更加便當。」[29]《方言西樂問答》的第二部分為十章，共151問加兩章敘述，在一問一答間介紹五線譜的識譜知識，如音階和調式的定義和分類、音樂強弱和快慢的識別等等，完全口語，文字淺顯，通俗易懂。如第一章講「為學西樂，先要曉得個幾樣話頭」，開篇介紹「音階」：

一問：垃拉西洋作樂裡向，高高低低聲音個名頭，有幾個？

　　答：有七個，就是陶、唻、米、歪、少、拉、西（Do、Re、Mi、Fa、Sol、Lai、Si）。

二問：聲音個記號味，叫啥？答：叫鬧脫（Note）。

三問：為寫鬧脫記號味，有幾樣？答：有兩樣，就是空圈○咾實圈●。

四問：鬧脫，要寫拉啥上？答：要寫拉包爾歹（Portée）上。

五問：包爾歹是啥？答：是五條一並排個橫線。

　　像這樣完全用日常簡單的口語教學，加以形象豐富的圖表作標記，有時還用樂器當場演示，故土山灣的孩子們學起來一點也不困難，教學效果非常出色。

　　土山灣孤兒院在教授音樂知識時一向使用法語和五線譜，2008年，筆者採訪多位土山灣老人，在問到樂隊問題並涉及一些音樂專業名詞時，他們脫口而出的就是法文，拿出的當年樂譜也都是五線譜。中國音樂史學界一般都認為：沈

---

[29]《方言西樂問答・序》，土山灣慈母堂，1903年5月石印出版。

心工1904年5月編輯的《學校唱歌集》、曾志忞1904年8月編輯的《樂理教科書》及李叔同1905年編輯的《國學唱歌集》等，是「現見中國近代最早出版的音樂教科書」，為最早用中文介紹西方樂理的文字[30]。但這本原為土山灣孤兒普及樂理知識撰寫的《方言西樂問答》的發現，卻打破了這一傳統說法，不經意間成為了近代中國大地上出版最早的介紹西方音樂的書籍，在中國近代音樂史上理應占有重要一頁。當然，身為葡萄牙人的葉肇昌雖然生在上海並一直在此生活，但卻並不擅長滬語，此書是他口述，而由上海籍修士張石漱用上海方言翻譯筆錄的，故這本《方言西樂問答》的另一特色，是保存了20世紀初部分滬語的發音和文字記述，對研究上海方言演變亦有一定意義。

土山灣的樂隊在社會上影響很大，經常有人來邀請他們出席各種節慶的活動，而葉肇昌也在相當長的一段時間內作為領隊和指揮始終陪伴著這支他一手培訓起來的樂隊。在一些歷史文獻中我們能找到相關的記載，如：1909年3月19日，土山灣樂隊在葉肇昌神父率領下，應常熟本堂舒神父邀請，赴常熟塘角堂參加聖若瑟主保瞻禮，在迎聖母儀式上「一路唱經奏樂」，並在當日晚，「應常熟縣署之請，登大堂，環奏西樂數章，祝其上壽高升」[31]。1910年9月21日，徐家匯大教堂舉行盛大開堂儀式，典禮上「土山灣軍樂全隊，由葉神父管領作樂：天文台上放大炮三聲，新堂大小二鐘，洪聲大吼，軍樂全隊，三十二洋招軍，八大銅鼓，皆鏗鏘合

---

[30] 參見張靜蔚編選：《中國近代音樂史料彙編》，人民音樂出版社，1998年12月版；伍雍誼主編《中國近現代學校音樂教育（1840-1949）》，上海教育出版社，1999年6月版；孫繼南編著：《中國近代音樂教育史紀年（1840-2000）》新版，上海音樂出版社，2012年1月版等書。

[31] 《土山灣西樂隊到常熟》，載1909年8月《聖心報》第23年8期。

奏」[32]。土山灣樂隊使用的樂器全部都是西洋樂器，主要由小號、大號、圓號、長號、大管、薩克斯、軍鼓等組成，都從法國進口。樂器雖然高級，而樂隊則完全是業餘性質，不論是學徒還是工人都可以報名參加，且費用全免，類似於現在學校裡的興趣小組或社團。樂隊的訓練時間全部都放在下班或放學之後，對工作和學習沒有任何影響。有很長一段時間，樂隊沒有固定的排練場所，今天這裡，明天那裡，隊員們疲於奔命，缺乏榮譽感，也影響別人休息。這個棘手問題，由於葉肇昌神父的竭力爭取而得到了解決。沈則寬神父曾兩次出任土山灣孤兒工藝院的院長一職，在他負責期間，都建有供本堂先生、司務休息、讀書和聚會的場所，第一次叫何陋居，第二次則取名友益草堂。1906年，葉肇昌向沈則寬神父提出申請：土山灣樂隊應該有一個固定的排練地方，友益草堂是比較合適的場所。他建議：司務們休息可以移至先生飯間內。沈則寬神父從善如流，同意了他的要求，將友益草堂騰出給樂隊使用。[33]從此，土山灣樂隊告別了「打游擊」的境遇，終於有了理想的排練場所。由於葉肇昌對土山灣樂隊具有開創之功，並在相當長的時間內一直為此而努力，故社會上和教會內部都牢記著他在這方面作出的貢獻。1943年8月6日，葉肇昌神父在上海病逝，教會的訃告除了提及他「生平最擅建築術，凡上海教區各大建築物，皆由司鐸設計監修，終老不綴；」外，並特地強調他「長於音樂，為土山灣孤兒院樂隊指導。」[34]

---

[32] 《〈徐匯大堂〉開堂誌盛》，載1910年12月《聖心報》第24年12期。

[33] 佚名：《江南育嬰堂記》，轉引自《重拾歷史的碎片》，中國戲劇出版社，2010年2月版。

[34] 《傳教士近亡錄：上海教區葉司鐸》，載1943年11月《鐸聲》第2年第11期。

從現有史料看，葉肇昌神父在1910年以後似乎離開了土山灣樂隊，集中精力去從事建築事業。接他班的是土山灣木工間主任葛承亮修士和五金間主任笪光華修士，其中主要由笪光華（Joseph Damazio）負責，同時他本人還擔任樂隊指揮。笪修士會吹奏圓號，有較高的音樂修養，由他來負責這支聲名遐邇的樂隊，葉肇昌神父應該是能放心的。值得我們注意的是，笪光華修士也是葡萄牙籍，就這一點來說，他們兩人的心靈應該是相通的。從此，每逢土山灣樂隊出來表演的時候，人們總能在隊伍的最前列看到一個矮胖的外國修士（笪光華）在指揮一群中國兒童，而隊伍的最後面，另一個清瘦的外國修士（葛承亮）則永遠是這支樂隊的忠實成員。土山灣的樂隊因為笪修士的良好組織獲得了不少美譽，當時，在一些特殊場合，土山灣軍樂隊的到場助興是一道少不了的風景：如1911年2月20日，法國飛行家環龍在上海進行飛行表演，這是上海人第一次看到飛機在藍天上翱翔。當時在現場為表演助興的就是這支在上海灘享有盛名的土山灣軍樂隊。每年春節期間，土山灣的樂隊也會應邀去廣慈醫院（今瑞金醫院）為醫生和病人演出；樂隊還經常去當時的法商電車公司（原址今為重慶南路上的巴士新新公司）演出。甚至有的教友家有大事，也會和院長神父們商量叫土山灣的軍樂隊來為自己「撐場面」；此外，徐匯公學要辦什麼事情，通常也會把土山灣的樂隊叫去幫忙，而中外貴賓訪問徐家匯的時候，樂隊也常常會站在最醒目的位置為他們表演助興。出於樂隊的公益性，土山灣樂隊所有的演出均不收報酬，邀請方頂多就是給參加演出的孤兒們管一頓飯而已。

　　繼葛承亮於1931年逝世後，笪光華也於1937年因胃癌而病逝。他們去世後，樂隊改由會彈奏風琴的法籍修士潘國磬

（Xavier Coupé）負責。此時，土山灣樂隊已進入夕陽黃昏階段，不再擁有往日的風光。在上海解放前夕的大撤退中，由於缺少人手，導致潘修士一人得負責多個工廠的運轉，於是樂隊逐漸無人管理，前程愈加黯淡；儘管工人和孤兒們依然會拿出樂器來自娛自樂，但是水準已大不如前。樂隊的樂器一直存放在土山灣的倉庫內，上海解放後，在舞會等一些活動場合依然拿出來用過，但此時，樂隊已無存在的環境。1958年，土山灣孤兒工藝院正式退出歷史舞台，而在此前幾年，土山灣樂隊早已名存實亡，成為了一個歷史名詞。

民國初年土山灣樂隊中的鼓樂部分，後排左為笪光華，後排右為葛承亮

10 默片時代的
「配音」與「配樂」 [35]

　　電影雖被譽為「第八藝術」，集合了音樂、美術、詩歌、戲劇等諸多優點，但其誕生之初，卻有著致命的先天不足。從1895年放映第一部電影短片直到1926年第一部有聲影片問世，將近30多年的時間，觀影是在悄無聲息中度過的。有形無聲，未免讓人覺得美中不足，尤其動輒一、兩小時的情節劇誕生之後，長時間觀看靜默無聲的活動動畫無疑是對人心理承受能力的極大挑戰。而在彼時中國，除無聲之外，看電影還有一道語言關。由於當時中國影業尚處於起步階段，製片能力相對落後，國內影院放映的片子多為歐美默片，對於不諳外語的國人而言，更多了一層理解障礙。兩相疊加之下，觀影樂趣大為折損。然而有道是事在人為，技術手段無法讓演員在銀幕上開口說話，無法讓音樂在影片中隨劇情悠然奏響，卻可以依靠人力來彌補。「配音」與「配樂」便在此時應運而生，前者渡自東洋，後者學自西洋，雖來源不同，在中國經歷各異，卻皆是習各家之長之結果，不僅完美解決了觀影憋悶的問題，更成為無聲影片放映時的一大特色。殊為遺憾的是，有關於此的研究卻寥若星辰，作為拋磚引玉之嘗試，本文將就這兩個問題展開分析，力圖為中國早期影業圖卷還原這重要一筆。

配音：彌合語言隔膜之良方

　　早期無聲影片放映之時，為理解之必要，一些無法用肢體語言表現的重要情節或關鍵對話，都會插入字幕予以說

---

[35] 此文和嚴潔瓊合作撰寫。

明。若是本國觀眾欣賞本國影片,除非目不識丁,自然毫無障礙,但若在語言不通、文化相異的外國觀眾看來,未免有隔膜之感。所謂「配音」,即是在此類影片放映之時,旁立一人翻譯字幕、講解劇情,以免理解之困惑。由於歐美國家在影業肇興之時占有絕對強勢,向外輸出大量影片,因此對於那些想要觀看最新歐美影片卻苦於外文字幕的非歐美語系國家而言,即席口譯就顯得極其必要。早期,美國公司在推廣電影放映機時就會配備這樣一個講解員的角色,但是真正把講解發揚光大,形成一套完整體系而臻於藝術的還是日本,而中國「配音」的興起也與日本不無關係。

源起日本

據記載,明治29年(1896年)11月25日,在日本神戶神港俱樂部第一次公開放映電影時,便有了講解人這一司職。當時放映影片皆為短片,且無字幕,雖不需要講解劇情,但是一來觀眾對新式放映機頗為好奇,想要獲知更為詳盡的資

阮玲玉、金焰演唱《野草閑花》
插曲《萬里尋兄詞》

訊，二來影片放映時間實在太短，不足以支撐一場活動，為使整個放映活動辦得有聲有色，確實需要口才為佳者主持大局。自此之後，彷彿形成慣例一般，日本各地公開放映電影之時，無不有人從旁講解。及至步入20世紀後，隨著歐美影片蜂擁而入，影院雇傭講解人的現象日益普遍，最終形成一個專門職業，人稱「活動弁士」。這些「活動弁士」們也自有一套工作流程，首先他們會根據影片內容寫好腳本，至影片放映之時，則側立於舞台一邊（當時影院與戲院相仿，都有舞台），邊看銀幕，邊適時向觀眾講解劇情。到20年代，「活動弁士」儼然已成為日本影院一道獨特風景，還曾湧現出大量人氣弁士，其聲譽不亞於歌舞伎演員。1917年，當時仍是學生的中國影壇先驅程樹仁赴日參加運動會時，也特別注意到即席介說在日本的昌盛之景，影院放映外國電影時，皆「旁立一人，用極敏捷之言語說明電影之情景」[36]。日後程樹仁回國積極從事英文字幕翻譯工作，成為譯配中文字幕的第一人，或許也與當時受到的觸動不無關係。

並且，這種觸動不僅沟湧於立志振興中國影業的一代影人心中，也體現在當場口譯這一具體方法的傳播實踐中。1900年，日人松浦章三在台北放映電影，即席介說[37]。這是中國境內關於電影「配音」的最早記錄，也從另一方面證明日人對於即席講解在中國的興起助益良多。曾任《良友》畫報編輯的梁得所1927年撰文時也提到：「廣州的影戲院像日本的一樣有人講解的。」[38]從這些敘述中不難看出，配音從

---

[36] 程樹仁：《赴日與第三次遠東運動會記》，載1917年6月6日《清華週刊》臨時增刊第3期。

[37] 李泳泉：《台灣電影閱覽》第5頁，台灣台北玉山社出版事業股份有限公司，1998年9月。

[38] 梁得所：《「入」、「八」與「人」》，載1927年9月1日《銀星》12期。

日本傳入中國應該無誤，其年代當在1900年後，其傳播路線大致遵循先及台灣，再至廣州、上海這樣一個由南及北的規律，而其持續時間則直到20世紀20年代依然可見。

至於為何同為東亞國家，且差不多同時出現「西洋影戲」放映活動（皆為1896年），「配音」卻在日本而非中國產生，其中原因複雜。首先可能因為日本具有比較悠久的古典話藝傳統，在人形淨琉璃、歌舞伎此類表演中早已有了解說人與劇情、音樂相配合的現象，將之應用於電影放映自是水到渠成。此外，日本當時的社會環境與中國也大相逕庭，明治維新的成功有力抵禦了西方殖民者的入侵，因此影片放映基本面向日本觀眾。反觀中國，即以影業最為發達的上海為例，早期影院幾乎全部設立在租界一帶，觀影者也多為外國觀眾，基本沒有解說的必要，缺乏需求，自然抑制了新事物的產生。

中國模式

除了日人的傳播影響之外，當時中國國內也不乏自發的配音講解。1905年，清皇室在宮廷內放映電影，旁邊由「通判作說明」[39]；1907年，教育家袁希濤等在上海創設通俗教育社，集資購備「電光活動寫真」，放映時由「講解員」當場解說[40]。但這些皆屬於個人行為，範圍窄小，對象有限，既缺乏持續性，也不產生社會影響，僅把講解作為輔助電影藝術傳播的手段，而沒有將其應用於更廣泛的商業用途。

---

[39] 呂曉明：《1949-1976：對上海譯製片的一種考察》，載楊遠嬰主編《中國電影專業史研究‧電影文化卷》，中國電影出版社，2006年1月。
[40] 湯志鈞主編《近代上海大事記》，上海辭書出版社，1989年5月。

20年代中期外國影片
加注中文字幕的廣告

　　真正面對大眾，屬於市場行為的電影配音，大約產生在1910年以後。原因很好理解，由於中國社會特有的半殖民性，早期影院放映的歐美影片基本面向旅居中國的西人觀眾，加之這些影片以插科打諢居多，無甚劇情，配音自無需要。但1910年以後，隨著影院逐漸增多，出現了一、二、三等影院的分化，有些中低檔影院，也開始接待大量華人顧客，同時放映的影片也不完全是幽默短劇，還有不少敘事繁雜、跌宕起伏的情節劇。為了滿足華人顧客理解劇情的需要，配音作為一種增強競爭力的手段悄然出現。1914年9月，位於上海江西路（英租界）上的大陸活動影戲院開幕，在廣告上特地說明：「且戲中情節，譯成中文說明，尤為特色。」[41]1915年9月，位於上海華界南市的海蜃樓電光活動影戲園開幕，在其開幕廣告上，該院也強調了「演說劇情」這

---

[41]　《大陸活動影戲院》，載1914年9月4日《申報》第3張第9版。

一特色：「本公司於九畝地建設影戲園，開演各種最新活動
影戲，逐日更換戲片，推陳出新，並佐以演說劇情，足使觀
眾易於明瞭。」[42]至此，「配音」即從一種單純的個人行為
轉變為商業行為。

那麼當時從事配音工作的人員需要什麼條件，又是如
何展開工作的呢？位於上海虹口地區的新愛倫影戲院1920年
在報上刊出的一則廣告給予我們不少啟示，其中寫道：「今
欲延請演講員一位，專在台上演述劇情，須喉音宏亮，深諳
英文，能操滬、粵語者為合格，請每晚八時半至本院接洽可
也。」[43]由此可知，講解員除了需要先天嗓音條件優越外，
語言能力也是很重要的一環。說到底，配音就是一個翻譯過
程，不懂英文自然無法勝任，至於要會說滬語和粵語，那
完全是為適應上海的影院觀眾之需。除此之外，口才也很要
緊，「講解者口才好，不但能把本事敘說清楚。而且能加插
好些有意趣的諧話」[44]。光會講還不行，還要講得婉轉，講
得有趣，博台下觀眾一笑。相較而言，是否完全忠實原始字
幕並不那麼重要，只需說出一個大概即可，省略情節或添詞
加語視為尋常。

曾主編過《電聲》、在影評界頗有聲譽的范寄病1936年
曾撰文回憶「新愛倫」啟用譯介員時的情景：「新愛倫戲院
有一個特點，就是新片放映的時候，戲院裡有人講介劇情，
先用粵語，後用國語。」[45]而與范年齡大致相仿的女伶人童
月娟對此也有類似的記憶：「從前有人現場講，講甚麼也

---

[42] 《海蜃樓》，載1915年9月10日《申報》第3張第9版。
[43] 《新愛倫戲院廣告》，載1920年2月23日《申報》第2張第5版。
[44] 梁得所：《「入」、「八」與「人」》，載1927年9月1日《銀星》12期。
[45] 范寄病：《觀影雜話》，載1936年12月25日《時代電影》12期。

行，不一定是國語，喜歡的話用上海話也行，每天都有人講故事，像現場配音。」[46]這些電影人的敘述和回憶與上述新愛倫戲院的廣告互文，不僅有力地證實了「配音」在中國默片時代曇花一現的盛景，其生動形象的部分再現了當年譯介員工作時的情景。

式微之餘音

然而，在中國卻始終沒有出現如日本那般昌盛的配音時代，雖然確在很多影院開展，成為一種商業行為，但那只是部分影院的特色服務，並沒有大範圍普及，頭等影院是向來不屑於此的。並且，「配音」真正盛行的時間並不長，也就在1910至1920年間。20年代以後，隨著片上列印中文字幕這一新技術的興起，「配音」便漸趨式微，及至有聲影片問世以後，則基本絕跡於各大影院。但在一些地處僻遠、條件較差、無法使用中文字幕的地方，依然可見蹤跡。比如30年代末，有人從西南大後方寫報導寄往上海，介紹昆明放映外片的情景，便提到：「最令人驚奇的，還是那雲南語的翻譯，因為沒有中文字幕，所以有一位雲南人，用最純粹的雲南話，站在優等座的中間，將劇中的英語對白，翻成滇白。」[47]當時駐紮昆明的西南聯大，放映外國影片時也採用此法，而從事當場口譯的人，正是當時的學生，日後著名的物理學家楊振寧。[48]那時的西南大後方不只放映歐美影片，

---

[46] 童月娟：《新華歲月》，羅維明、黃愛玲、郭靜寧訪問，黃愛玲撰錄，載《香港影人口述歷史叢書（1）南來香港》，香港電影資料館，2000年2月。

[47] 靜波：《全市影院只有兩家，人工翻譯滑稽之至，電影在昆明》，載1939年1月18日《電影》20期。

[48] 《見證・親歷第2輯：特別記憶》，《見證・親歷》欄目編，中國書店，2007年12月。

還放映大量蘇聯影片,為了和英、美競爭他們也雇請中國的留蘇學生,在影院即席翻譯講解。可見,在特殊情況下,即席講解依然有用武之地。

另外值得一提的是,雖然在有聲影片時代,不再採用當場口譯這種極度隨性的翻譯方式,但譯配外文影片的嘗試卻從沒有停止過,有些新興的方法直接繼承了即席講解的精髓,比如40年代一度盛行的「譯意風」。其工作原理為:影院的座椅背後安裝有一隻小小的方匣子,裡面有電線連接發音機。當觀眾把一張「譯意風券」交給招待時,他就會遞給你一副可以戴在頭上的聽筒,並把聽筒上的插頭插進方匣子,隨後,裡面傳出的就是「譯意風小姐」清脆悅耳的國語翻譯了。究其實質仍是當場口譯,只是譯介員從台前來到了幕後,更符合觀眾的欣賞習慣,也是電影「配音」在時代演進中改良和變形的一種。

配樂:烘托影院氣氛之妙法

電影誕生之初,不僅靜默無聲,放映時還會發出刺耳的噪音,為了減輕觀眾觀影時的不適感,影院一般會在影片放映前後及中間,安排一些樂隊演奏,這就是電影「配樂」的雛形。此種方式於電影誕生後不久即在歐美興起,至20世紀初已經非常普遍,其後隨西人傳入中國,至20、30年代發展到鼎盛。

百花齊放的配樂盛景

「配樂」在歐美初興之時,只要有一位鋼琴師或者一小隊樂師演奏即可,其後,隨著獨立電影院的出現以及觀眾規

模的日益擴大，樂隊伴奏的規模也擴大了，有些影院甚至組建了自己的大型管弦樂隊。及至20世紀20年代，幾乎每一座歐美大城市，都建起了標誌性豪華影院，電影放映就如同一台大型綜藝演出，通常要持續2到3個小時，而音樂則是其中不可分割的一部分。

相較而言，中國的起步遲滯了不少。20世紀初，中國還沒有正規影院之時，上海四馬路（今福州路）一帶最初的一批簡陋影院為招徠觀眾，雇傭一批低劣樂手，以嘈雜的洋鼓洋號作所謂的配樂，令人大倒胃口，當時的報紙曾刊出《影戲喧譁圖》，諷刺為「喧譁之聲，不絕於耳」。其後，隨著雷馬斯、赫斯伯、林發等外籍人士來華興建西式影院，樂隊伴奏這一助興方式也由此移植到了中國。1910年，葡萄牙籍俄國人赫斯伯在上海北四川路海寧路北52號創辦愛普盧影戲院，裝飾豪華，並雇有西人樂隊，隨片伴奏，增加氣氛。也就是從1910年起，上海掀起了第一波興建影院之風潮，愛倫影戲院、夏令配克影戲院、上海大戲院……無不於此時湧現。如今還沒有資料顯示，這些影劇院是否在開業之初，即雇人彈奏音樂為影片伴奏，也許因為當時並不以此作為宣傳手段，故一般不在開業廣告上特意寫明。但到20年代，規格較高的影院開業之時，都會把音樂伴奏作為服務特色予以隆重介紹。1923年2月9日，卡爾登戲院開幕，在廣告中特意寫道：「場內配以高等音樂，尤為盡善盡美，是皆不惜工本所致，非鼓吹廣告可比也。」[49]1925年10月9日，奧迪安大戲院開幕時，也在廣告上寫道：「以重金聘請歐美著名之樂師七人每日當眾奏演優美音樂而侍役招待。」[50]

[49] 《卡爾登影戲院》，載1927年9月1日《中國電影雜誌》第一卷第9期。
[50] 《奧迪安大戲院開幕露布》，載1925年10月4日《中國畫報》20期。

　　那麼，除了卡爾登、奧迪安此類自我標榜音樂特色的戲院，其他戲院是否也同樣設有樂隊伴奏？如若有的話，情況又是如何呢？1928年《上海常識》上連載《上海之影戲院》一文[51]，詳細評介了滬上一二三等影院，難能可貴的是還提到了各家影院的配樂情況，可資參考之用。照此文所述，滬上大小影院除三等影院「無音樂」外，其餘凡一、二等影院皆有伴奏。而如愛普盧、夏令配克、上海大戲院這些10年代創建的老牌影院，建築雖然陳舊了，音樂卻不壞，愛普盧「音樂亦佳妙」，夏令配克「音樂聲韻悠揚」，上海大戲院「音樂又好」。另外備受讚譽的則是一批20年代新建而成的影院，卡爾登「音樂尤佳」，奧迪安「音樂和諧，聲韻極佳」，光陸「音樂較任何一家為佳」。至於有些影院，則沒那麼幸運了，孔雀東華大戲院只得到了「音樂尚不令人厭煩」的中評，而新中央大戲院則被評為「所奏音樂，令人生厭」。

　　綜上所述，可以得出幾點結論：其一、及至20年代末，影院配樂已經非常普遍，但凡稍具規格之影院無不備有音樂伴奏。然而，水準卻是良莠不齊，一般而言越是高檔的影院對此越是重視，其音響效果也越為出色。其二、一些豪華影院如卡爾登、奧迪安等，已非單純的鋼琴伴奏，其人員配置相當於一支小型樂隊，而所奏之樂器也異常豐富，「鸞笙鳳瑟，鐵板銅琶，應有盡有，無不俱備」[52]。其三、雖然沒有特意指出，但從「雇西人樂隊、聘歐美樂師」等詞中可以看出，當時影院配樂時所選之樂曲皆為西洋音樂，擔任演奏一職的也多為西人。

---

[51] 《上海之影戲院》，載1928年8月11日—8月20日《上海常識》第26期至29期。
[52] 《卡爾登廣告》，載1927年10月1日《銀星》13期。

參差不齊的伴奏水準

雖然影院配樂在當時非常普遍，但各影院之間配樂水準參差不齊也是一個不爭的事實，曾有人就此問題著《影戲院之音樂》一文詳細評說：

「海上上下兩等影戲院，咸具鋼琴，而上等影戲院，則加設梵啞林隊，其音調之佳，首推卡爾登影戲院，其次為維多利亞，與愛普盧，其佳處，在能吻合劇中之狀態，且悠揚得體，忽如萬馬嘶風，忽如離鵑失侶，繁弦綺靡，急節綿漾，足為影片與觀者之樞紐。至若上海、夏令配克戲院之音樂，亦不惡，頗中聽，不致引起觀者之反感，惟中央則去樂旨太遠，其聲調與出喪之音樂隊相參差，固已不適宜於影戲院，況更犯牛頭不對馬嘴之病，如幕中方悲哀，樂則為喜樂，幕中方喜樂，而樂則為悲哀，二者適得其反，不獨影片為之減色不少，抑且觀者之神經亦為之紛擾殆盡，此實不能不加以注意也。」[53]

將此文與《上海之影戲院》一文相對照，褒貶取向幾乎如出一轍，皆是盛讚卡爾登、愛普盧、上海等，而力貶中央與新中央。其評判好壞的緣由，除了樂隊本身演奏水準之外，能否契合影片成了極為重要的一環。的確，既然稱之為「配樂」，一切便應為影片服務，高低起伏也應根據影片的喜怒哀樂而來，不然，演奏得再好，情緒錯位，也未免讓人失笑，徒增叨擾。也正是基於此點，歐美著名影業公司在發行默片時，「每一個拷貝，都會配有一本譜子，是電影的配樂，規模較大的電影院，通常都會雇傭幾位樂手，組成一

---

[53] 俊超：《影戲院中之音樂》，載1925年9月16日《申報》「本埠增刊」第二版。

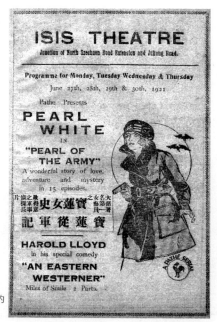

1921年6月在上海大戲院放映的
《寶蓮從軍記》說明書

個小型樂隊，樂手們隨著電影播放的進度，根據譜子現場配樂。」[54]但是如此一來，只要是同一部影片，配樂大率相同，別無二致。為了競爭求新起見，一些影院會採用另外一種模式，即戲院配樂模式，由戲院樂隊的指揮來決定到底演奏何種樂器、何首樂曲。就當時國內影院而言，大多採用「配樂單」模式進行伴奏，但是也有試圖創新或限於條件，戲院自己決定配樂曲目的，如中央大戲院這般遭到一致詬病的，那一定是自己胡亂配器的。

撤下中央大戲院此等拙劣配樂不說，優美的伴奏的確可以為影片增色不少，而頂級影院的配樂隊伍中也不乏臥虎藏龍之輩，比如曾指導過劉天華、王人藝、冼星海等人的小提琴手托諾夫，當初就是在戲院配樂的。著名小提琴家譚抒真

---

[54] 王勇主編：《人琴合一‧藝海天涯——王人藝先生辭世20週年紀念》第
30頁，上海文藝音像出版社，2005年。

譯意風（商標）

為君增添興趣

貢獻給：

愛看外國片而不懂外國語者

向求只看國產片而現在想看國產片者

欲求完全明瞭外國片劇情者

1939年11月大光明電影院首次使用譯意風設備時的廣告

對此有一段回憶：1923年，譚抒真已經在音樂傳習所跟隨穆志清學習，一日去電影院看片，深為配樂小提琴奏出的悠揚琴聲所打動。第二天便找到了音樂傳習所的負責人蕭友梅先生，告訴他電影院裡有一位拉得特別棒的提琴家，蕭友梅將信將疑地跟著譚抒真去了電影院。電影結束之後，蕭友梅立刻上前，與那位小提琴手攀談，建議他不要再拉電影院，而是去音樂傳習所兼課，那位提琴手，便是托諾夫。[55]

但就整體而言，當時國內的伴奏水準依然不高，與影業發達之國家相比仍有很大差距，比如有人把中國戲院與美國戲院相比較後如此寫道：「美國影戲院之多，平均每一路上，輒有十餘所，其號召之力，大都藉音樂，以音樂足以調和性情，悅耳怡神。滬上惟卡爾登，上海大戲院等戲院，有

---

[55] 同上。

粗具規模之音樂,其餘只和以嘔惡嘈雜之風琴,誠足為名片減色不少。」[56]話雖說得刻薄,但足為國人自勉之用。

幾個影院舉例──卡爾登、中央、百星

　　全景式掃描完畢之後,我們來重點關注幾個頗具代表性的影院配樂情況。首先要說的便是眾人交口稱讚的卡爾登大戲院,卡爾登的音樂之所以好,有其先天優勢。卡爾登大戲院係卡爾登飯店所開,原本就是一家集餐飲、音樂、跳舞於一體的高檔娛樂場所,在滬上頗負盛名,且看1923年卡爾登飯店的一則廣告:「方今蹈舞一事,已風行中國,皆認為一種最高尚之娛樂,卡爾登每晚蹈舞場,舉辦各式蹈舞,確可供各界之研究,餐時並佐以音樂,侍役招待,周到萬分。」[57]雖沒有提到音樂由誰而奏,但試想如此規模之舞廳,若無樂隊伴奏,實不可能。同年,日人村松梢風前來上海遊玩,回國後撰寫了《魔都》一書,專事描寫上海旖旎風情,其中便提到了卡爾登舞廳及其樂隊:「卡爾登兼營電影、餐廳和舞廳。舞場呈橢圓形,直徑有三十張榻榻米那麼長,正面舞台上的樂隊有20人。」[58]由此可知,卡爾登舞廳不只擁有樂隊,其規模還頗為壯觀,雖然不能肯定在卡爾登戲院擔任配樂演奏的就是卡爾登舞廳的音樂班,但是系屬同宗,互幫互助也很平常。卡爾登大戲院1924年的一則廣告也說明這一點:「本院為優待看客起見,於開映佳片外,又特請卡爾登飯店之音樂班全體及其他著名樂師共六十人在開

---

[56] 《美國影戲院之優點》,載1924年7月31日《申報》「本埠增刊」第一版。
[57] 《卡爾登──遠東最高尚之娛樂交際場所》,載1923年1月30日《申報》十七版。
[58] 榎本泰子著,彭謹譯:《樂人之都:上海西洋音樂在中國近代的發軔》,上海音樂出版社,2003年。

映影片前奏各種妙歌，聞之益能興奮快樂。」[59]六十人的樂隊，足可以開一場音樂會了，據此也可推測，雖然卡爾登戲院的配樂班與卡爾登飯店的音樂班不是完全重合，但並不排除有些樂師同時服務於兩個團隊的可能，並且這種互相融合的可能性極大，也正是因為依託著卡爾登舞廳的音樂班底，戲院的配樂才能如此出彩，得到一致盛讚。後來，中國第一首電影歌曲唱片——影片《野草閒花》的插曲《萬里尋兄詞》在錄製時，也是由卡爾登戲院的西樂隊擔任伴奏的。

其次來說說飽受惡評的中央大戲院。中央大戲院前身為申江大戲院，1925年被百代公司經理張長福收買，改組為中央大戲院，不僅內部裝飾煥然一新，還引入了申江時代前所未有的音樂伴奏作為賣點大力宣傳，且看其廣告自詡：「茲定四月二十四日開幕。以《怕難為情》為開幕時之第一劇。映片時，特請前俄國皇家音樂師多人奏樂。名劇雅奏。同時並舉。務使此華人自辦之中央大戲院，成為上海人士最高尚之公共娛樂場。」[60]若不是有報上評論文章批評，誰能想到這「俄國皇家音樂師」奏出的卻是牛頭不對馬嘴之音樂呢？不過，雖然中央大戲院的配樂為人所詬病，但確為首家運用配樂之華人自辦影院，也算為國人長了志氣。中央大戲院不僅是明星影片公司出品影片專用劇場，還兼映上海、百合、國光、長城等公司出品影片，在國片四處放映無門之背景下，成為享譽滬上的「國片之宮」，即使音樂伴奏不佳，也要肯定其開創性貢獻。

最後，還值得一提的是百星大戲院。百星於1926年由三陽公司租借福生路儉德儲蓄會大樓演講廳改建而成，在眾多

[59] 《卡爾登影戲院》，載1924年10月31日《申報》「本埠增刊」第二版。
[60] 盧伯：《中央大戲院開幕預志》，載1925年2月《電影雜誌》12期。

20年代新建的豪華影院中，至多只稱得上二流，特為另立一說，只因為百星的配樂極有特色。1926年，《銀星》上刊載一篇文章《談〈風流皇子〉並及百星戲院》，其中有這樣一段話：「百星裡有一件最特色的，就是台前的樂隊全是中國人。並不是像大出喪那樣的樂隊，乃是技術頗高尚而成熟的，堪與上等的西人台前樂隊比美的管弦樂隊。這可也算得是影戲場中空前的事蹟，值得紀念的（黎先生告訴我：他們在五點半那場完後都往虯江路老李底店裡吃晚飯。這個報告或者也可算得一個軼事）。」[61]

　　這一段話深值玩味。首先它明確指出，自百星開始，已有華人擔任樂隊伴奏一職，而這在當時也算風氣之先。其次，文中提到的這位黎先生，顯然便是樂隊領隊，若能解開此人身分，對於進一步探究影院配樂狀況極有助益。而據此段話中細節推測，當時滬上音樂界黎姓人士，同時又能和百星說上關係的，很有可能就是黎錦暉。有資料證明，從1922年起，黎錦暉就組織了明月音樂會樂隊，在灌製唱片及表演歌舞時伴奏；而1926年，正是黎錦暉辭去中華書局工作、構思創辦中華歌舞學校、並涉足影壇開始為電影編劇及音樂設計工作之時。[62]1927年，黎錦暉創辦的中華歌舞學校舉行彙報公演，一連演出十天，地點就恰在百星大戲院。

　　當然，這僅僅是一種猜測，但不論屬實與否，至少在百星的配樂隊伍中已經有了華人身影，從卡爾登到中央到百星，本土人士正越來越成為一股不可忽視的力量，同時也預示著純中國式配樂終將由國人自己創作產生。

---

[61] 張亦菴：《談〈風流皇子〉並及百星戲院》，載1926年11月1日《銀星》3期。
[62] 孫繼南：《黎錦暉與黎派音樂》，上海音樂學院出版社，2007年2月。

中式原創配樂的產生

默片時代中國影院選用的配樂，有這麼幾個特點。一來大多是現成的樂曲，極少有專為影片而創作的。二來一般都採用西洋名曲，哪怕是放映國片，也是用西樂伴奏的，中國故事伴著洋味音樂，總有彆扭之感，但在民樂伴奏匱乏的時代，也只能如此將就。而真正將中國原創音樂帶進戲院的嘗試之舉則是影片《良心復活》的上映。

《良心復活》由明星影片公司根據托爾斯泰的名著《復活》改編而成，編劇包天笑，導演卜萬蒼，由楊耐梅、朱飛主演。「明星」為《良心復活》的上映做了大量廣告，其中一大亮點就是宣稱影片放映時將由主演楊耐梅親自登台和觀眾見面並主唱影片插曲《乳娘曲》。這首歌由包天笑作詞，著名新劇藝人馮春航譜曲，楊耐梅為學這首歌，曾幾次上馮府學藝。伴奏的小型國樂隊則由清一色的「明星」公司男演員擔任：湯傑、朱飛、王吉亭、蕭英和龔稼農，組成了一個豪華的全明星陣營。《乳娘曲》是影片主人公綠娃（即《復活》中瑪斯洛娃）先遭伊道溫（即《復活》中聶赫留朵夫）遺棄，繼被主人解除傭約，回到家中又見兒子病重夭折，悲痛萬分，唱出的悲哀之曲。1926年12月22日，《良心復活》首映於中央大戲院，當影片映到綠娃被主人辭退回家，見兒子夭折，大慟而暈厥時，銀幕徐徐升起，台上改布當時實景，扮演綠娃的楊耐梅手撫搖籃，淒聲悲唱《乳娘曲》：「金錢呀，拆散了人家母子不相逢；階級呀，你把我的嬌兒送了終！」唱畢，銀幕再緩緩落下，影片繼續放映。據當時《新聞報》報導：「斯時觀眾，大都已感受甚深刺激，更益以淒涼哀怨之聲，復何以堪？男賓則掌聲雷動，女賓則含

涕盈盈矣。」[63]「明星」此番新招一出，將無聲影片變成了「有聲」影片，觀眾相互傳告，竟颳起了一股不小的旋風。影片原準備映至25日結束，後因日夜滿座，只得延期。26日有6百餘人無票進場，中央大戲院在報上刊出向觀眾道歉啟事，宣佈27日再映一天，以謝厚意。這裡雖然難免有商業廣告之嫌，但也說明影片確實受觀眾歡迎，其中新穎的電影插曲形式不能不說是一個重要原因。

另外一個在電影配樂方面做出開創性工作的先行者則是著名導演孫瑜。孫瑜具有良好的音樂素質，他會簫、笛、二胡、月琴，也學過鋼琴，充分明瞭音樂對於電影的重要性。他當時就曾撰文強調：「音樂對於一部影片成功上的關係太重要了！片中喜怒哀樂的表情，在影戲院中如有適當的音樂伴奏起來，感人更加兩倍不止。」[64]不但如此，孫瑜還勇於實踐，在這方面作了出色的拓荒工作。1926年，孫瑜從美留學回國，很想投身電影圈。當時他曾為明星影片公司寫了一個名為《瀟湘淚》的電影劇本，但卻未被「明星」接納。兩年後，他在長城畫片公司親自執導了這部影片（公映時改名為《漁叉怪俠》）。該片主要是寫李華和老吳這兩個青年漁民之間的生死情誼，其中有一個重要道具是一枝斑竹簫。一次出海前夕，老吳坐在李華的船頭，在月光下用他從湖南帶來的斑竹簫為李華吹奏了一段娥皇、女英在瀟湘竹林哀悼舜帝時的古詩樂曲：「西風吹兮葉紛飛，湘水漪漣兮秋月微。秋月微，君久遊兮不復歸！」孫瑜非常重視這段情節，他用古詩的字幕疊印畫面，並創造性地以音樂去發掘不易用形象

---

[63] 《「良心復活」獻映「中央」》，載1926年12月23日《新聞報》。
[64] 孫瑜：《導演〈野草閒花〉的感想》，載1930年8月31日《影戲雜誌》1卷9期。

來表現的內涵。影片放映時，孫瑜先期趕到影院，與樂隊一起討論研究，他請影院的配樂師選配了一段幽美的洞簫獨奏，嗚咽的簫聲，恰到好處地傳達了朋友間一切盡在不言中的情誼。這段情景交融、聲情並茂的畫面，可謂感人至深，給人留下了深刻的印象。

正是在孫瑜、卜萬蒼這些影壇先驅們的不斷摸索嘗試下，那些無聲的日子裡，竟也奏響了中國人自己的原創配樂，這不僅是默片時代中國樂壇的驕傲，也為有聲時代中國電影音樂的製作積蓄了無窮力量。

1930年後，隨著電影製作技術革命性突破成功，片上發音成為可能，電影這個「偉大的啞巴」開口說話了，新的技術革性迫使整個行業重新洗牌，影院紛紛改裝有聲設備，而現場配音和現場配樂則因為不再適於現實需要，漸漸退出了歷史舞台，為更先進的「音軌配音」和「原聲配樂」所代替。每個時代都有自己的歷史局限，每個時代的人也都只能在這些局限中努力尋求契合自身的發展之路，「配音」與「配樂」雖然已成為過去，卻是中國早期影人在默片時代走過的探索之路。這一路走來，秉承的一貫宗旨是如何在現有條件下讓觀影更為舒服愜意，而這個宗旨，每個時代的影人都在繼承。

11 大光明：
一段濃縮的電影史[65]

　　南京西路與喧囂紛雜的南京東路步行街雖僅一街之隔，
卻陡然清靜不少，漫步其中，不經意間便會被兩旁年代久遠
的歷史建築所吸引。而從東頭的起始路段開始，一字排開、
名頭不小的西式建築就讓人有目不暇接之感，金門酒店（原
華安大廈）、體育大廈（原西僑青年會）、國際飯店，無一
不是民國時代的大手筆，當然還有大光明電影院。阡陌交錯
的直線型外牆構架，金光燦燦的乳黃色玻璃幕牆，還有那
高高聳起、標誌性的玻璃燈柱，雖然在如今高樓環伺的包圍
中不那麼扎眼，卻依舊閃著耀眼的白光，上面勾勒著大大的
英文字母──Grand Theater，白底黑字，異常醒目。屈指算
來，從1931年落成至今，這家影院也已經有了近80年歷史，
和她同時代的戲院，大多已在城市風貌的變遷中隨風消逝，
還有些則改作他用（如今天的上海音樂廳便是原來的南京大
戲院）。大光明是不多的異數，不僅得以保存，2008至2009
年間還花費鉅資對其進行了一次大規模整修，參照30年代初
建時的手繪圖紙和室內外實景照片，修舊如舊，力圖恢復其
當年全盛時期之風采。且不論這種恢復是否忠實於歷史，如
此舉措已然說明大光明在人們心目中的地位，它是一座影
院，更是一段記憶，一段最美好、最純粹的觀影時光。

　　許多人也許不知道，大光明戲院其實分為新、老兩
期，我們現在看到的是其第二期的模樣，與第一期已完全
不同。「老大光明」於1928年12月23日正式對外開幕，開
幕之時曾特邀京劇名伶梅蘭芳為其剪綵，引得萬人騷動、
爭睹梅郎風采。但是好景不長，1931年11月，戲院因受到

---

[65] 此文和嚴潔瓊合作撰寫。

20世紀30年代上海電影院地圖

「不怕死事件」的影響，經營不善而宣告停業。然而「大光明」並沒有從此消失，反而開啟了更為絢爛的嶄新一頁。1932年，英籍華人盧根與美國國際抵押銀公司經理格蘭馬克合資組成聯合電影公司，收購宣佈停業的大光明影戲院，並斥資110萬元，將舊戲院拆除重建。新戲院由當時滬上知名匈牙利籍建築師鄔達克設計，並以其現代風格的建築、美觀豪華的裝飾、完善先進的設施，享有「遠東第一影院」之美譽。

就現在恢復的外觀看來，大光明在當時的確堪稱豪華，很能代表30年代電影黃金時期的盛況，但是在19世紀末，電影剛剛進入上海之時，卻完全不是這副光景。1896年，上海的徐園率先為國人展現時尚的「西方影戲」，很是轟動一時。但是徐園主人的這種放映極不正規，只是作為雜耍表演的一種噱頭。此後的一二十年間，電影放映大部分仍由西

方商人作流動性質的營業放映，放映場所則通常闢園林、茶館、酒樓一隅為據點。直至1908年，乍浦路、海寧路口虹口活動影戲園的建成，上海才有了真正意義上的第一家電影院。戲院建成後，其營業上的成功極大地刺激了商人們的發財野心，而當時外國影片氾濫滬上的情景，又給影院業描繪了一幅燦爛誘人的前景，於是，一家家大小不等、豪華程度不同的電影院在上海的大地上爭相崛起。影院分佈先是集中在美租界的虹口一隅，稍後又向英、法租界和華界的南市延伸。至上世紀20年代中期，據程樹仁主編的《中華影業年鑑》一書統計，當時全國共有156家影院，上海擁有其中的39家，占總數四分之一強。而到了30年代，隨著一批建築豪華、裝飾富麗、設施先進的影院先後落成，上海已建立起了比較完善的輪映系統。

當時的票價按影院的豪華等級而分高低，三輪影院票價分2角、3角、4角三種，二輪是4角、6角和8角，頭輪影院票價最高，為6角、1元和1元5角，其價位區分方式是：樓下前座6角，後座1元；樓上前座1元5角，後座1元。當時還有包廂，票價為2元。如果是晚場或者節假日，有的影院還要加5角。當時的影院早上基本不放映電影，下午起放映3場，分別是2點半、5點半和晚上9點一刻，週末和節日才增開上午10點半的一場。一般的家庭只到二、三輪影院看片，因為去頭輪影院看一場電影，不單單是電影票的消費，還要加上很多附加消費。如：男的要穿西裝，女的著旗袍或皮大衣，因進門時有小郎為你拉門，入場後又有白俄女子領位並幫你寄放衣服，故一般都必須盛裝出席。影片開映時會敲鈴提醒，中間會有5分鐘的休息，院內有舒適的空調設備，還有零食小吃和冷飲汽水供應，全然就是一個高檔的消費和享受

20世紀30年代最紅的女明星胡蝶

場所。當時上頭輪影院去看電影的大都是高級白領或是外國人，就連郁達夫、夏衍這樣的作家，平時也多半在「北京」、「巴黎」這樣的二、三輪影院觀片；吳永剛在成名之前，曾在「百合」、「天一」等電影公司幹了將近十年的美工師，臨近有一家三輪影院「卡德」，最低票價僅2角，吳永剛在那裡幾乎把所有輪映的影片都看了一遍，他的很多電影知識就是從那裡學來的。當時，一般家境的人一旦去頭輪影院看影片，那麼很可能是他約了生命中很重要的那一半，對他們來說，這一天將可能是人生中的一個重要驛站。

　　大光明是當時最負盛名的頭輪影院之一，除放映廳外，還設有咖啡館、彈子房、舞廳等消閒娛樂場所，許多廣受關注的公共活動也都被安排在大光明舉行，比如工部局樂隊每星期一次的音樂會，世界男低音之王夏理亞賓在上海的演唱會等等，就連1936年，中國組隊參加柏林奧運會，上海市長

吳鐵城開會歡送，地點也選擇在大光明。在30年代的上海，大光明已儼然成為一個風格鮮明的文化地標，到大光明去，不只是為了看電影、聽音樂、享受歡樂，更是一種身分和品位的象徵。

而要論起當時在大光明戲院放映的電影，一般愛國者可能要失望了，無一例外，幾乎全是外國影片，尤其是好萊塢影片，但從當時電影產業的發展程度來看，這點也可以想見。在1895年12月盧米埃爾兄弟發明電影僅僅半年之後，亞洲的一些主要國家都先後出現了電影放映商們的足跡，其中，印度是1896年7月，日本則要到1897年才有電影放映，而中國是電影最早進入的亞洲大國。根據現有的史料可以確認：1896年6月29日，上海著名的私人園林——徐園率先放映了「西方影戲」，這是電影在中國的首次登陸。被譽為西方文明之花的電影選擇上海這座東方大都市首先綻放，這絕非偶然。自明清以來，上海就以其優越的地理位置，成為世所習稱的「江海通津，東南都會」，1843年開埠以後，更逐漸取代了廣州的地位，成為全國的經濟和文化中心。由於上海在學術資訊、西學人才、出版發行以及人口數量、消費能力等等方面都具有其他城市無法比擬的優勢，故很快又成為輸入西方文化的窗口，近代西方的物質文明和精神文明大半率先由上海引進傳播，從聲光化電到天演群學，上海都領風氣之先。具有鮮明時代特徵和濃郁海派風格的中國近代文化在通向太平洋的黃浦江畔開花結果，在「火樹銀花，城開不夜」的十里洋場發榮孳長。正是在這樣的背景下，電影，這個時代驕子選擇上海生根發展，可謂適逢其地，理所當然。但是，在電影剛剛傳入中國的十餘年間，中國的電影產業還是一片荒蕪，幾乎沒有電影生產，影院放映業也是外國影片

一統天下，可以說，中國早期影人就是一邊看著歐美影片，一邊模仿著開始生產電影的。1913年9月29日，《難夫難妻》在上海新新舞台放映，這不僅是有證可考的第一部中國人自己製作的故事片，還是金牌編劇鄭正秋和首席導演張石川的初度合作，10年後，這對黃金搭檔再次攜手，與周劍雲、鄭鷓鴣、任矜蘋等五人一同發起組建明星影片公司，並在1923年，攝製了永留史冊的《孤兒救祖記》。這部廣受好評、大為賣座的劇情長篇創造了多個奇蹟，它是中國電影史上第一部「成功」的商業電影，不僅使瀕臨絕境的明星公司重現生機，更重要的是，它使處於黑暗中摸索的中國影人看到了希望的曙光。從此，中國影片製作漸漸走上正軌，佳片迭出，不僅明星公司陸續拍出了《空谷蘭》、《火燒紅蓮寺》、《姊妹花》等成功之作，其他影片公司如天一、聯華等也不甘示弱，天一大打歷史牌，以耳熟能詳的民間故事為底本，拍攝了《梁祝痛史》、《珍珠塔前後集》、《孟姜女》等大量影片，行銷南洋市場；聯華則求新求變，推出廣受知識分子和學生朋友歡迎的影片如《野草閒花》、《故都春夢》、《漁光曲》等。三家公司各有所長，漸成鼎立之勢。

但是，與成熟的歐美電影製作發行體系相比，中國影片不僅數量少、品質粗糙，還沒有正規的發行管道，多數影片面臨無影院可放的尷尬境地。因此可以說，在電影發展的最初時期，也即19世紀末到20世紀20年代初的這約三十年間，是外國影片絕對占有中國電影市場的時期。開始是以法國百代公司和高蒙公司所拍攝的歐洲影片為主，一次大戰期間，歐洲電影在中國市場上開始走下坡路，取而代之的是美國電影的崛起。最初是大批如《黑衣盜》、《蒙面人》等偵探兇殺類影片的湧入，隨後，以卓別林、格里菲斯、劉別謙、范

朋克和麗蓮・甘許等人影片為代表的美國好萊塢電影全面進
軍中國市場，不但大受歡迎，而且對中國電影人和廣大觀眾
產生了深刻影響。

　　即使到了30年代，中國電影製作已漸趨成熟，每年都有
固定產量的作品問世，但電影市場仍然為好萊塢所壟斷。資
料可以說明一切：1933年，全年攝製國產片89部，而輸入的
外國長故事片多達421部，其中美國片就有309部，占全部輸
入量的73.4%；1934年，全國攝製國產片84部，輸入的外國
長故事片407部，其中美國片為345部，占84.8%。美國片的
輸入量為這兩年國產故事片產量的4倍左右。而這些本已數
量可憐的國產影片，按照不成文的規定，也只能在二、三輪
影院上映。一部國產影片想要在像大光明這樣的頭輪影院上
映，簡直如癡人做夢。作為滬上首屈一指的頂級電影院，從
開業之初起，大光明向來只放映美國八大公司出品的好萊塢
影片，對國產影片則是大門緊閉，不願自掉身價。

　　首先打破慣例的是1935年新華公司出品的首部影片，太
平天國題材的《紅羊豪俠傳》。新華影業公司由滬上風雲人
物張善琨一手創辦，為了打響涉足電影業的第一炮，他決心
把影片放到大光明首映以振聲威。起初大光明一場也不肯鬆
口，但張善琨多方鑽營，終於還是找到了可乘之機。原來，
每年除夕夜大光明會專門放映兩場電影賀歲，將收入作為
員工福利，張善琨費盡心機終於獲准放映一次半夜場。於是
1935年2月3日23點30分，《紅羊豪俠傳》成為第一部登陸大
光明的國產片。為此，新華公司當日特意在《申報》頭版刊
登整版《紅羊豪俠傳》首映廣告，特別指名在大光明放映。
事實證明這一宣傳確有奇效，這部並無大導演、大明星參與
製作的影片當年亦取得了票房佳績。

然而，此次放映最多只能算打了一個「擦邊球」，真正第一的榮譽則應屬於《天倫》。1935年，上海聯華影業公司出品黑白配樂默片《天倫》，導演費穆，主演尚冠武、林楚楚、陳燕燕、張翼、黎灼灼、鄭君里，攝影黃紹芬，主題歌《天倫歌》由留學海外的「專業海歸」黃自作曲，名歌唱家郎毓秀演唱。如此豪華陣容，幾乎代表了當時中國藝術電影的最高水準。「聯華」老闆羅明佑更親自出馬攻關，不惜耗費鉅資選中大光明作為首映影院，並在首映廣告上打出「國際獻映」豪語，《天倫》也由此成為第一部正式在大光明排片表中出現的國產影片。

　　故事還沒有就此結束，《天倫》在大光明放映後，被美國派拉蒙影片公司看中，與聯華公司簽訂合同，由該公司代理《天倫》在美國發行放映版權，並對《天倫》原底片和配音、字幕等進行適當修剪和技術處理，以適應美國觀眾的欣賞習慣。剪輯後的影片被冠以英文片名《SONG OF CHINA》（中國之歌）。這部「美國版《天倫》」，於1936年11月9日在紐約LITTLE CARNEGIE大戲院正式獻映。獻映前一天，美國《紐約時報》還特邀中國作家林語堂撰文《中國與電影事業》，作為宣傳《天倫》的前奏曲。其後，《天倫》又陸續在歐洲一些國家放映，真正實現了「國際獻映」。而作為首映地的大光明戲院，也向派拉蒙公司引進了「美國版《天倫》」，於1937年5月5日破例重映，成就了一段佳話。

　　自此，國產影片在頭輪影院上映雖還屬鳳毛麟角，但卻不再稀奇，及至日軍占領的淪陷時期乃至抗戰勝利以後，這種涇渭分明的樊籬便被徹底打破了。

　　去電影院看電影，看的是電影，追的是明星。緊隨著電

影放映熱潮而來的，便是電影明星這一特殊群體的出現，或者，從另一方面說，明星製的建立反過來又更進一步催化了電影市場的繁榮，兩者相依相存、互利互惠。

電影傳入中國初期，由於影院放映的皆是歐美影片，觀眾熟悉的也都是諸如范朋克、瑪麗・璧克馥、羅克這樣的外國面孔，對本土演員極其陌生，更談不上喜歡崇拜。當時的電影演員大多從新劇界轉行而來，表演亦未脫文明戲的俗套，很少電影特色。基於此，1922年明星影片公司成立之後，緊接著就創辦了自己的影戲學校，旨在培養不受新劇表演束縛的新人。明星影戲學校每一屆大約有二、三十個學生。學生以男性為主，女性很少（因為當時願意拋頭露面的女性並不多），但也培養了一些女星，比如我們現在能看到的最早的中國影片《勞工之愛情》的女主演余瑛，就是明星影戲學校的第一屆畢業生。

中國本土明星的真正崛起，應該歸功於《孤兒救祖記》一片，這部影片在贏得票房與口碑的同時，也捧紅了中國第一個電影明星——王漢倫。至此之後，隨著中國電影製作水準的日益提高，逐漸湧現出一批能真正稱之為電影明星的演員，他們既有較高的文化水準，又有演技，年輕有為，朝氣蓬勃，社會地位已有顯著提高，並擁有了一批熱情的影迷。「銀壇霸主」王元龍、「銀幕情人」朱飛、「第一反派」王獻齋、「俠客英雄」張慧沖、「新型小生」龔稼農等成為男明星中的出色代表；女明星則更是群星璀璨，殷明珠之青春美麗、王漢倫之端莊賢慧、楊耐梅之風流妖冶、黎明暉之嬌嗔活潑，代表了當時女明星中的基本類型。其他還有張織雲、丁子明、宣景琳等，都是女明星中的傑出代表。這些演員和編導、攝影、美工等電影工作者一起組成了一支整齊的

左上　∣　1928年大光明影戲院建築正面外景照。
右上　∣　民國時期發行期數最多的影刊《電聲》。
左下　∣　1935年12月《天倫》在大光明放映，這是國產影片首次在大光明正式公映。
右下　∣　1935年2月3日，《紅羊豪俠傳》首映廣告（申報1935年2月3日）。

電影隊伍，共同孜孜探索和不斷實踐，終於使電影開始獨立
於中國藝術之林。

　　胡蝶和阮玲玉是20年代末至30年代中期影壇兩顆最為耀
眼的明星。她們的表演真實、細膩、樸素、自然，飾演的
角色不僅形似，更求神似。如果說她們早期的表演還有程序
化的套路，那麼進入30年代以後，她們的演技已日趨嫻熟，
拍片時能將角色的心理活動恰如其分地表現出來，沒有過火
的表演，很少斧鑿的痕跡。她們在銀幕上塑造的各種類型的
婦女形象，有不少已成為中國電影人物長廊上的典型人物；
她們拍攝的《姊妹花》、《神女》等影片，已成為30年代影
壇最為出色的經典之作，她們獲得的榮譽已無聲地將電影演
員的社會地位提高到了一個空前的高度。她們成為對都市時
尚感知最早的人群，她們的一顰一笑、舉手投足，無一不在
聚光燈下被成倍放大，感染著純情的少年和癡迷的觀眾。正
是從她們開始，電影明星成為了無數年輕人夢寐以求的職
業，而不再是任人玩弄、驅使的「戲子」。和她們幾乎同時
或稍後一些，影壇湧現了一大批傑出的電影明星，金焰、趙
丹、王人美、周璇、白楊、陶金等等響亮的名字，是和《大
路》、《漁光曲》、《馬路天使》、《一江春水向東流》、
《烏鴉與麻雀》等等經典名片緊緊聯繫在一起的。那個時代
正是中國電影從幼稚走向成熟，從平庸走向輝煌的時期，以
他們為代表的電影人以自己的熱情、真誠、勇氣和忘我工
作，共同譜寫出了中國電影史上光輝燦爛的一幕，同時也寫
下了他們人生最精彩的一筆。

　　影院、影片、影星，在許多人看來，這就是有關電影的
全部了，其實不然，還有兩種紙質文獻——電影雜誌和影片

說明書——同樣亦是那個逐漸遠去的電影時代不可或缺的一環，尤其時至如今，當一座座曾經的電影皇宮消失街頭，一部部電影拷貝散落佚失、杳無所蹤，一代代影人年華老去、駕鶴歸西，也只有這些泛黃的當年舊物，還保存著一點往昔記憶。

目前大家公認的我國最早出版的電影刊物，是1921年問世的《影戲雜誌》。到1949年，二十餘年間出版的影刊，據統計大約有400種，其中約有百分之七十發行於上海。這說明，電影作為一門新興的藝術，已受到社會的熱切關注，而30年代的上海，正是電影發展的重鎮。中國影壇在20年代末曾因武俠影片的氾濫而陷入低潮，30年代初，聯華影業公司率先發起「復興國片運動」；1933年，「左翼電影運動」的興起，更極大地促進了國產影片的健康發展，這一年也因此被稱為「電影年」。隨著影壇的日益繁榮，電影逐漸成為各門藝術中引人矚目的熱點，一個顯著的標誌就是各類刊物紛紛與電影雜誌「攀親」。當時曾有人在報上發表文章說：「總之電影是被廣大的觀眾所注意的了，各種刊物若不登電影文字或圖片，便要失卻一部分的號召力。這無怪電影刊物的流行已成為近年的一種風尚和趨勢了。」（夏貞德《一年來之中國電影》，載1935年1月6日《申報》）從現在保存下來的實物來看，當時出現了各種各樣的「雜交」刊物，如美術類的《電影漫畫》、《美術電影》，戲劇類的《戲劇與電影》、《影與戲》，音樂類的《藝聲》、《銀壇名歌》，舞蹈類的《銀舞》、《影舞新聞》，文學類的《文藝電影》、《電影與文藝》，綜合類的《電影與婦女》、《銀幕與摩登》，以及專門介紹影星的《明星家庭》、《明星特寫》，特刊性質的《電影皇后紀念冊》、《胡蝶女士歐遊紀念冊》

等等，可謂林林總總，五光十色，形成了前所未有的電影雜誌出版熱。這一時期值得提起的是《電聲》和《青青電影》，它們是民國時期發行時間最長、出版期數也最多的兩種影刊。《電聲》以電影時評為主，創刊於1932年5月，至1941年12月因太平洋戰爭爆發而停刊，10年間累計共出901期，每期暢銷達1萬冊，最盛行時曾達到過5萬5千冊的創記錄數目。《青青電影》創刊於1934年4月，以報導影人行蹤為特色，至1951年，它斷斷續續共發行了17年，每期銷售7千餘冊。這兩種影刊文字通俗，內容廣泛，是消遣娛樂性影刊中最有代表性的，在市民階層中具有廣泛的影響；它們積累的較為系統的文獻資料，對電影史的研究也具有較大的價值。

說明書則是電影文獻中另一種最值得重視的品種。民國時期發行的約三千餘部影片，今天留存下來的拷貝僅約十分之一，而這些影片的說明書尚還都能找到。這些說明書的「含金量」不小，舉凡影片故事、劇照工作照、編導闡述、演員心得、觀眾評論等等，都是它刊載的重要內容，故具有很強的文獻性。今天我們還能知曉這三千部影片的大致劇情，很多程度上就依賴這些說明書。

電影說明書是一種很好的懷舊物品，僅僅是它發黃的紙頁、熟悉的片名和如雷貫耳的明星大名，就足以讓人的思緒駛入歷史的隧道，產生美妙的回想。曾有一些收藏家把一些年代久遠的影片說明書托裱後鑲在鏡框裡，懸掛在書房或客廳，令來訪的朋友們嘖嘖稱奇，稱讚是一道絕妙的風景。況且，這些發黃易碎的紙頁中還蘊藏著那樣豐富的內涵和資訊，比如很少有人知道，費穆、朱石麟等電影大師早年都曾擔任過撰寫說明書的工作，孫瑜、蔡楚生等人也都為自己執導的影片親筆寫過說明書。如今摩挲著這些可能蘊藉著大師

手澤的薄薄紙頁，我們的眼前常會浮現電影前輩們當年辛勤工作的身影。電影說明書是舶來品，在中國大約出現於二十世紀初，最初都是外文的，以後為吸引中國觀眾才逐漸有了中文說明書。三、四十年代是電影說明書發行的鼎盛階段，當時幾乎每片都有說明書，不少是免費贈閱的，也有以極低廉的價格出售，主要為贏取廣告效應。說明書篇幅有厚有薄，文字或長或短，有寥寥數語只大致介紹劇情的，也有圖文並茂、印刷精美，甚至附上全部劇本的。有些影迷往往就是為了得到這樣一份說明書而走進影院。電影說明書「身材」雖不大，份量卻頗重，它不僅記錄了電影發展的過程，同時反映了那個特定時代的風貌，並且保存了大量珍貴的文獻史料。它還鎖定了眾多的電影愛好者的心靈，甚至成為他們終身不渝的志趣和情結。近年來在收藏市場上，老電影說明書等電影文獻已成為搶手貨，拍賣市場上一有出現也屢以高價成交。這些現象都說明，隨著時間的推移，這些有著幾十年歷史的紙質文獻已名副其實地成為了文物，它們不僅成為人們懷舊寄意的收藏品，更被專業人員視之為研究電影的重要參考資料。對很多人來說，這些紙的精靈還是他們人生道路上的一座記憶驛站。

　　如今，在修繕一新的大光明影院中，原本只起走道作用的疏散通道被佈置成了一個歷史長廊，記錄了影院過往歲月中的點滴瞬間，其中就有當年的說明書陳列在案，雖然影院的內部裝潢已全部翻新，這些頗有些年份的文獻卻與這座容顏未改的建築一起，為我們懷念上個世紀美好的電影時光構築了一個追憶出口。

右 ｜ 1933年大光明外景照
下 ｜ 2008年重新修建的大光明
　　外觀

12 百年天籟，紅樓「留聲」[66]

　　徜徉於綠茵環繞、水流潺潺的徐家匯綠地，一幢紅磚紅瓦，間以白色立柱的小樓在古樹掩映之下顯得分外耀眼。尖聳的假三層屋頂，緩緩向下舒展開來，出簷較深，簷下承以牛腿木托架，富有裝飾感。走到近處，刷成白色的北入口弧線優美，門洞上沿曲線環繞，與弧形的大台階遙相呼應。走上台階，入口牆面上掛著一塊泛黃的銅牌，一行細密的小字，在陽光的照射下蘊出淡淡的光暈——「百代公司舊址衡山路811號」。恍惚間，彷彿歷史的樂章在此處叩響，淺唱低吟、輕歌曼舞之間，匯成了一曲波瀾壯闊的大合唱。原來，正是在這幢小樓中，周璇、聶耳、白光……，一個時代的音樂精靈們留下了點點印痕，也正是這幢小樓，見證了中國流行樂壇80年的風雨浮沉，而傳奇則要從一個世紀前說起。

　　1877年，愛迪生在美國新澤西州成功地製作出了第一台用錫箔為記錄材料貼在滾筒上的留聲機，錄下並重現出了他所說的「瑪麗有一隻小羊」這句話，這是人類第一次對自己的聲音進行存貯和還原。從此，唱機和唱片一步步通過商業市場，成為改變人們生活方式的一個重要載體，同時一個新興產業——唱片製造業亦在摸索中逐漸興起，法國百代就是其中一個先驅者，同時也是最早在中國設廠生產唱片的外國唱片公司。1908年，百代公司於在上海南陽橋（今西藏南路）附近租房成立「東方百代唱片公司」，由樂浜生經營，其唱片商標為一隻報曉的雄雞。因經營得法，不出幾年，這隻雄雞便風靡全中國，到處可見其昂首闊步的雄姿。1922年，大發其財的百代公司躊躇滿志，一舉購下徐家匯路1434

---

[66] 此文和嚴潔瓊合作撰寫。

號地皮（現徐匯區衡山路811號）設立唱片製造公司，準備大展宏圖。彼時，此處房屋連排成棟、鱗次櫛比，莫不為百代所有，如今的小紅樓也不過是其中一幢，以作錄音棚之用，在相當長一段時間，它一直是全中國最大最好的錄音棚。那時，中國還沒有所謂的流行歌曲，百代所灌製的唱片以西洋音樂和中國戲曲為主。直到20年代末，一首琅琅上口的情歌小調在街頭巷尾交口傳唱，不僅拉開了中國流行歌壇的序幕，也把唱片業推上了另一個頂峰。

這首小調名為《毛毛雨》，詞曲作者黎錦暉，演唱者是他的女兒黎明暉。百代公司為其錄製的唱片現在依然留存，

黎錦輝與黎明暉父女合影

上 ｜ 1935年百代灌製的《義勇軍進行曲》初版唱片
下 ｜ 胡蝶在「電影皇后」加冕儀式上演唱的《最後一聲》唱片

曲調簡單，歌詞也頗為通俗：「毛毛雨下個不停，微微風吹個不停。微風細雨柳青青，哎喲喲柳青青。小親親不要你的金，小親親不要你的銀。奴奴呀只要你的心，哎喲喲你的心……」乍聽之下，並無任何驚豔之處，然而就是這樣一首不起眼的小曲卻開創了中國流行樂壇的第一。考量當時之社會環境，倒也可以想見。當時，民眾的文娛生活非常貧乏，就歌壇而言，除了一些傳統的民間小調，幾無歌可唱。教會學堂裡倒有一些歌唱，但那是外國的宗教歌曲；當時知識階層中流行一種學堂樂歌，也多是借用外國曲調填詞，傳唱有限。在這樣貧瘠的土壤上，《毛毛雨》一出，還真有一股清新之風。

《毛毛雨》不但詞曲簡單，作者黎錦暉也並非科班出身，他最初是為了推廣國語才走上創作歌曲這條道路的。不過，雖然黎錦暉沒有正規學習過音樂，但他從小就癡迷音樂，吹拉彈唱，演戲習舞，無所不學，樣樣皆能，還學過淺近的西洋音樂理論，這一切都對他以後創作出大量「民歌體」的流行歌曲產生深遠影響。1920年，隨著新文化運動的發展，全國小學原先開設的「國文」（文言文）開始改為「國語」（白話文），並配以注音字母，實行讀音規範化（普通話）。黎錦暉跟隨他的哥哥、著名語言學家黎錦熙，投身到了這一事業中去。他擔任「國語統一籌備會」幹事，編寫《新小學教科書‧國語讀本》，並出任「國語專修學校」的校長等職，親自向兒童們普及國語。黎錦暉用一些小道具，亦歌亦舞地向小朋友們講述國語課本中的一個個故事，並組織他們自己表演，讓學生們感受到了從未有過的新鮮和快樂，反響奇佳。黎錦暉大受鼓舞，於是將這些故事配上歌曲樂譜和舞蹈動作提示整理發表，《老虎叫門》、《麻

雀與小孩》、《可憐的秋香》、《葡萄仙子》和《三蝴蝶》等一批歌舞作品都創作於這一階段，並由中華書局編輯出版和灌製唱片，在國內各地中小學及海外華僑中產生了廣泛影響。1927年2月，黎錦暉更進一步，創辦了中國近代音樂史上最早一所專門訓練歌舞人才的學校──中華歌舞專門學校，並在是年7月份發起了全市性的「中華歌舞大會」，連演10天，《毛毛雨》是當然的壓軸曲目，其它如《葡萄仙子》、《可憐的秋香》、《最後的勝利》等也大受好評。這些曲目堪稱中國現代流行歌壇最初的一批經典作品，然而當時這些歌曲主要是通過舞台表演進行傳播，無法反覆聆聽，傳唱度有限，真正把流行音樂灑向每個角落的功臣則非唱片業莫屬。

唱片銷售在20世紀20年代步入黃金時期，報刊上幾乎每天都有各家唱片公司的廣告在爭奇鬥豔，除國外的一些著名廠家，如「百代」、「勝利」、「高亭」、「蓓開」等之外，中國人自己開辦的唱機唱片廠，如「大中華」、「新月」等，也大都萌始於這一時期。而在30年代，隨著國語流行音樂逐漸興盛，更是呈現一片繁榮之景。然而，穩占唱片行業龍頭地位的依然是「百代」，當時「百代」出版的唱片種類最多，包括曲藝、戲劇、器樂曲及歌曲等，其中尤以國語流行歌曲數量最多，也最受歡迎。有聲電影興起之後，唱片銷售更節節攀升，當時幾乎每部電影都有插曲，每個影星都灌製唱片，連一些不擅歌唱的明星也臨時請人教唱，收灌唱片。因為只要有「電影明星」這頂桂冠，就能保證財源滾滾，雙方都能得益。整個30年代，「百代」囊括了流行音樂唱片百分之七十以上的市場份額，擁有最佳的創作和編曲人材，並聘用了水準極高的白俄樂隊伴奏。當時的百代場面極

闊，著名歌星有自己的錄音室，作曲家有自己的辦公室，裡面均陳設有鋼琴。打開當時的報刊，幾乎每天都可看到百代的大幅廣告，而滬上的一些廣播電台，也都時時刻刻在播放百代的唱片。最盛時，它曾創下了一月銷售唱片超過10萬張的紀錄。可惜的是，抗戰期間，「百代」保存的10餘萬張唱片模具（包括其他公司請「百代」代為灌製的）因係用銅所製，竟大半被日本侵略者運回國內去生產飛機大炮，中國文化的一脈由此而化為灰燼。這是日本侵略者對中國人民犯下的不可饒恕的罪行，也是對人類文化遺產的藐視和褻瀆。雖然損失慘重，幸好仍有一些珍品逃過一劫，留存至今，在保留原聲的同時，也訴說著一些不為人知的過往。

「電影皇后」胡蝶的《最後一聲》。作為民國影壇的天皇巨星，胡蝶灌錄過不少唱片，但其中唯有一張，對她來說具有特別的意義。1931年，明星影片公司幾乎以全部家產投資拍攝根據張恨水同名小說改編的影片《啼笑因緣》，並將劇組拉到北平拍攝外景，作為女主角，胡蝶當然也隨隊北上。劇組到達天津時，正逢「九一八」事變，為離間中國政要軍方，日本方面放出煙霧彈，說九一八之夜張學良因與胡蝶跳舞方導致國土淪亡。此事以後雖得以澄清，卻始終成為胡蝶心中揮之不去的傷痛。兩年後，上海一家新創刊的《明星日報》為模仿美國的奧斯卡金像獎而發起「中國電影皇后」的選舉，經過長達兩個月的投票選舉，胡蝶以21334票當選為「中華民國二十二年（1933）第一屆電影皇后」。選舉揭曉後，《明星日報》準備舉行盛大的加冕典禮，一為慶祝，二來也能籍此擴大報社影響。但致函胡蝶後卻遭到了她的婉拒。胡蝶在回信中寫道：「當此國難嚴重時期，務請取

消加冕典禮，諸受厚賞，實不敢當。」推辭的言語很得體，理由也非常充足。顯然，兩年前北平謠言的陰影還時時影響著胡蝶，前車之鑑，她不能不小心翼翼。但這卻使報社方面感到了為難，於是，他們煞費苦心，決定打出「救國」二字來作號召，發起「航空救國遊藝茶舞大會」，既可慶賀胡蝶當選「電影皇后」，又可將門票收入用來購機抗日。3月28日下午，「慶賀胡蝶女士當選電影皇后航空救國遊藝茶舞大會」在大滬跳舞場舉行，來賓貴客濟濟一堂，名伶歌星各顯才藝。胡蝶身著旗袍，翩然而至，在接受了「電影皇后」的證書之後，她獻唱新歌《最後一聲》，歌中唱道：「親愛的先生，感謝你殷情，恕我心不寧，神不靜。這是我最後一聲。你對著這綠酒紅燈，也想到東北的怨鬼悲鳴？莫待明朝國破恨永存，先生，今宵紅樓夢未驚！看四海沸騰，準備著衝鋒陷陣。我不能和你婆娑舞沉淪，再會吧，我的先生！我們得要戰爭，戰爭裡解放我們。拼得鮮血染遍大地，為著民族最後光明！」這首歌是胡蝶請安娥作詞，任光作曲，特為此次大會創作的，歌詞很貼切地傳達了胡蝶的心聲，聽者無不動容，「電影皇后加冕典禮」也因此平穩地降下了帷幕。由於評選「電影皇后」的巨大影響，《最後一聲》這首歌很快傳唱開來，百代公司也請胡蝶灌錄了唱片。相隔幾十年後，這張唱片目前已非常少見，至於這張看似普通的唱片背後隱藏著的曲折故事，恐怕就更少有人知曉了！

　　國歌《義勇軍進行曲》的最早版本。田漢作詞、聶耳作曲的《義勇軍進行曲》婦孺皆知，但鮮有人知這首歌的最早版本就是在百代錄製的，更少有人知為這個版本配器的竟是一位俄籍猶太人——阿夫夏洛莫夫。阿夫夏洛莫夫1894年11

左 | 歌星白光
右 | 歌星白虹

月11日出生在中俄邊境的尼克拉耶夫斯克（廟街），從小就非常喜歡中國民間音樂和京劇，對京劇中的武打場面及舞蹈身段尤其著迷。阿氏於30年代初定居上海，進入百代唱片公司擔任樂隊指揮一職，當時任公司音樂部正、副主任的分別是任光和聶耳，他們三人配合默契，利用外商以盈利為主不問政治背景的特點，錄製了大量自己喜歡的音樂，其中有不少是左翼歌曲，如《大路歌》、《開路先鋒》、《漁光曲》等。1935年，田漢寫好影片《風雲兒女》劇本後就被捕了，聶耳主動請纓，爭取到了為影片作曲的任務，他寫出《義勇軍進行曲》的曲譜初稿後即東渡日本留學。1935年4月，聶耳將曲譜定稿寄回上海，由孫師毅和司徒慧敏交給《風雲兒女》攝製組。幾乎同時，阿甫夏洛穆夫也拿到了曲譜，他決定親自為這首戰歌配器。1935年5月24日，《風雲兒女》在新光大戲院隆重首映，影片廣告上有一行字格外醒目：「片中王人美唱《鐵蹄下的歌女》暨電通歌唱隊合唱之《義勇軍進行曲》，已由百代公司灌成唱片出售。」在現在還能看到的這張編號為34848的唱片上，赫然寫著：「《義勇軍進行曲》，袁牧之、顧夢鶴演唱，聶耳作曲，夏亞夫（即阿甫夏洛穆夫）和聲配器。」70多年後的今天，我們再次聆聽這張珍貴的唱片，隨著一陣老唱機特有的「沙沙」聲，首先傳出的是袁牧之的開場白：「百代公司特請電通公司歌唱隊唱《風雲兒女》、《義勇軍進行曲》。」然後就是小號奏出的高亢的前奏曲和袁牧之等人雄壯激昂的歌聲，無論是和聲還是節奏，一切都是那樣的熟悉。唱片轉完最後一圈，唱針微微一顫，雄壯的歌聲隨之消融在空氣中。這就是中華人民共和國國歌的最早版本，其誕生的點滴過程而今亦成為了一段珍貴記憶。

百代公司在當時不僅擁有龐大的唱片發行量,更擁有一大批簽約歌星。它在30年代的宣傳口號是:「當代名歌全歸百代,影壇俊傑盡是一家。」這充分表現了「百代」當年的霸氣,而「百代」也確實傲人地做到了這一點。流行歌壇最負盛名的歌星,如周璇、白虹、姚莉和李香蘭等,均隸屬於百代旗下;而紅透半邊天的影壇明星,如胡蝶、阮玲玉等也都紛紛為百代一展歌喉。他們演唱的許多曲目,已成為最能代表海上風尚的「時代曲」。

第一代的唱片明星多出自黎氏歌舞節目的表演者,其中最著名的就是黎錦暉的女兒黎明暉。黎明暉從小聰明活潑,沒有一般女孩子的扭捏作態,還在國語專修學校讀書時,她就跟隨父親到各地宣傳國語,她用國語唱白話文歌曲,父親用小提琴伴奏。1927年黎錦暉成立中華歌舞專門學校時,黎明暉更成為「歌專」的中堅力量,教學時她當助教,演出時她是台柱;黎錦暉早期影響最大的一些作品,如《葡萄仙子》、《可憐的秋香》、《毛毛雨》等,無論是上台演出還是灌製唱片,黎明暉都是當然主角;再加上當時她還主演了《小廠主》、《透明的上海》、《殖邊外史》等好幾部有影響的影片,聲譽如日中天,故在1930年前,如果要在全國找一個最出名的女孩子,那一定非黎明暉莫屬。除黎明暉外,黎氏明月社麾下另有王人美、黎莉莉、薛玲仙和胡笳4人最為出名,當時被媒體稱為「四大天王」。4人中王人美名列第一,她大約於1927年冬投身黎氏門下,黎明暉之後,她是團裡台柱,演主角最多。1931年,孫瑜邀其出演影片《野玫瑰》裡的女主角小鳳,那時她才16歲,演出了漁家女健康活潑、青春煥發的朝氣,由此跨入影壇,主演了《漁光曲》、

20世紀初傳入中國的蠟筒唱機。

上海電氣音樂實業公司。

《風雲兒女》、《都會的早晨》等一系列優秀影片。王人美灌製的唱片很多，僅黎錦暉作曲的就有《特別快車》、《民族之光》等不下10餘張，影響最大的則是聶耳作曲的《梅娘曲》（影片《回春之曲》插曲）和《鐵蹄下的歌女》（影片《風雲兒女》插曲）。黎莉莉出身革命家庭，父母都是地下黨員，其父錢壯飛更是中共早期情報戰線的一員驍將，1928年，他把黎莉莉送到黎明暉那裡，正是因為忙於革命，無暇照顧女兒，急於找一個地方將她安頓下來。黎莉莉比王人美晚進團幾個月，但兩人性格很相近，很快成為好朋友，並經常搭檔演出。當時王人美演唱比較出色，而黎莉莉則在舞蹈上實力最強，1932年，孫瑜邀她參加影片《火山情血》的拍攝，就是要她扮演劇中南洋舞女一角。黎莉莉以後主演了《體育皇后》、《大路》、《狼山喋血記》等片，成為30年代最紅的女明星之一，她演唱的《新鳳陽鼓》（《大路》插曲）、《狼山謠》（《狼山喋血記》插曲）等歌曲被錄成唱片，傳唱一時。薛玲仙年紀略大一些，進團的時間比王人美要早，她能歌善舞，在《葡萄仙子》、《月明之夜》中都演過主角，還拍過《南海美人》、《通天河》等影片，可惜後來沾染了不良嗜好，結果慘死在街頭。胡笳是黎錦暉1930年在北平招收的學生（和她同時進團的有白虹、英茵、于立群等）。她原本是北平藝專出身，受過嚴格的基本功訓練，長得嬌小玲瓏，很善於表演，歌也唱得很好，她為沈西苓導演的名片《船家女》演唱的插曲《神女》，當年曾感動了不少人。胡笳很早就退出娛樂圈，嫁給上海東華足球隊的名將陳洪光，當起了家庭主婦。上海淪為「孤島」時，金焰、王人美夫婦逃離日寇魔掌時還曾得到他們夫妻的幫助。

而到群星輩出的30年代，能叫響名號的歌星就更多了。1934年，上海的《大晚報》舉行了一次「播音歌星競選」，這很可能是中國流行歌手的第一次排名選舉。結果名列前三的票數如下：

　　第一名：明月社白虹，9103票；

　　第二名：新華社周璇，8876票；

　　第三名：妙音團汪曼傑，8854票。

　　選舉票數很接近，結果也不出所料，特別是前二名都是明月社出身（周璇也曾是黎氏門下），這說明，在30年代中期的上海，黎派音樂依然很有實力。當時，白虹的名聲確實要比周璇響。白虹原名白麗珠，和周璇同歲，都生於1919年。她的嗓音條件很好，音域也較寬，很適合在舞台上演出。她不但擅長流行歌曲，而且能演歌劇，還拍過30餘部影片。當時有人撰文讚揚她：「白虹就是應該屬於舞台的，她的歌喉是宏亮而遙遠的，她的發音是結實而動聽的。」白虹灌成唱片的歌曲多達100餘首，其中影響較大的有《郎是春日風》、《我要你》、《莎莎再會吧》、《河上的月色》等。周璇的歌喉和演唱風格與白虹恰形成鮮明對比。周璇嗓音甜美，但聲音細小，音量不大，在她錄音或拍片時，錄音師和導演都曾因這而對「金嗓子」的美譽表示過懷疑。但周璇很懂得揚長避短，能巧妙地運用電聲擴音設備來彌補自己的缺憾，由此而形成了輕柔曼妙的演唱風格，有人因此說她是「中國輕聲、氣聲唱法的先驅」。周璇一生拍片43部，演唱歌曲233首，灌錄唱片196張，堪稱歌、影兩個領域的「雙料皇后」。

　　白虹、周璇之後，30年代走紅的歌星就要屬龔秋霞和姚莉了。龔秋霞也是表演歌舞出身，後拍過《壓歲錢》、

《古塔奇案》等影片。龔秋霞演唱過很多歌曲，如果只選一首的話，那一定就是《秋水伊人》了。這是1937年的影片《古塔奇案》的插曲，賀綠汀作曲。時至70年後的今天，只要那熟悉的旋律響起，能跟著哼唱的人一定仍然不少。姚莉是跟著哥哥姚敏出道的，白天跑電台播音，晚上到舞廳演唱，忙得連吃飯都沒有時間。她的嗓音寬舒醇厚，具有很好的中音音色，有「銀嗓子」之譽。她最有影響的歌是《玫瑰玫瑰我愛你》，直到今天仍是很多音樂會的保留曲目。

到了40年代，除了原來的周璇、白虹、龔秋霞、姚莉等依然老歌迷人，新歌不斷外，一批又一批新的歌手不斷湧現出來，當時在歌壇享有聲譽的就不下20、30人，而最有影響的則屬白光、李麗華、李香蘭、吳鶯音、歐陽飛鶯等人，其中又尤以白、吳二人最有個人風格。白光是以歌星和影星的雙重身分現身娛樂圈的，但她的歌名卻蓋過了其在銀幕上的風頭。她是女中音，聲音渾厚，音域寬廣，屬於那種有著自己招牌特色的歌星，一開口就決不會和別人相混。她的《如果沒有你》、《假正經》等歌當年曾風靡一時，那略帶磁性的醇厚中音，最能凸現那個年代的特有韻味。吳鶯音比白光要小一歲，也以渾厚的中音而馳名，但她的嗓音帶有明顯的鼻音，由於處理得好而顯得別具一格，因此在當年獲得「鼻音歌后」的稱號。百代公司在40年代為吳鶯音錄製了30多張唱片，代表作有《我想忘了你》、《聽我細訴》、《明月千里寄相思》等。

歌星時代，璀璨閃爍的是引吭高歌的歌手，而歌手背後卻是一個音樂人團體，其中又以作曲家最顯重要。當時明顯有著三個陣營：一個是以蕭友梅為代表的學院派。他們也

百代小紅樓外景

寫了很多歌，如《問》、《海韻》、《玫瑰三願》、《教我如何不想他》等，歌詞典雅，講究技巧，以意境取勝，又稱藝術歌曲，多在知識陣營中流傳，未經過訓練者一般較難學唱。一個是以聶耳為代表的時代派。他們譜寫了很多反映時代風雲的歌曲，氣勢雄壯，多適合集體演唱，成為那個年代鼓舞人們鬥志的戰歌，如《畢業歌》、《義勇軍進行曲》、《黃河大合唱》等。一個是以黎錦暉為代表的大眾派。作品歌詞通俗，曲調優美，容易上口，傳唱廣泛，黎錦暉後成就最大的是陳歌辛和黎錦光，其它還有姚敏、嚴華、李厚襄、嚴折西等。這3個陣營有時候壁壘分明，相互指責；有時候又彼此交融，互相聲援，在不同時間，不同地方呈現出複雜的階段性和互通性；有些人，如黎錦暉、黃自、聶耳、劉雪厂、任光、賀綠汀等，都曾創作過不同風格的作品，很難把這些作品一定歸入哪一派。這是由中國近代社會災難深重又複雜多變的性質所決定的。客觀地說，中國流行歌壇並非能簡單地以風花雪月，或是踏雪尋梅，或是戰鼓軍號來硬性概括，而應該是諸種文化的融合體。除了學院派的部分較為艱深的作品不宜歸入外，其餘大部分都可納入流行歌曲的範

疇，只是流行的程度、時間和範圍各有不同而已，不必孤芳自賞，劃地為牢。

然而，中國流行音樂的黃金年代並沒有持續多久，頻頻戰禍、幾易政權的亂局無法給予唱片產業良好的發展土壤，百代公司的幾度興衰便是其中一個縮影。1934年，百代被英商電氣音樂實業有限公司（簡稱EMI）收購，由於繼續沿用百代品牌及商標，因此一般仍被稱為百代公司。幸好，這只是一次股權易主，對百代的實際運營情況影響不大，即使1937年抗日戰爭爆發，由於百代屬英商所有，又坐落於法租界，仍能勉力支撐。然而1941年太平洋戰爭爆發，由日軍接管後，雖還在用原品牌製作唱片，規模卻已大為縮減。抗戰勝利後，百代公司由英商收回，曾經歷了短暫繁榮，其後，由於受到中國內戰的影響，經營狀況急劇惡化，1949年5月已處於實際停產狀態。1952年1月5日，上海唱片廠在百代公司的原址上成立，2個月後，發行了第一張唱片——《我們要和時間賽跑》，新的唱片牌號定為「中華唱片」，「天安門」與「華表」成為新的商標圖案，從此與百代再無瓜葛。

1982年，國家成立中國唱片總公司，此處則改為中國唱片上海公司。2002年，徐家匯綠地二期工程開工，唱片公司整體動遷，大部分建築被一一推倒，只保留了如今這一幢小樓，粉刷一新後，成了一家西餐館，還有了一個別致貼切的雅號——小紅樓。遠遠望去，任誰也無法將之與當年的錄音棚相聯繫，惟有踏入其中，轉角的一架老式唱機，牆上的幾張木紋唱片，依稀流淌著幾串往日音符。

13 審美書館的創立及其出版物[67]

審美書館創立前的高氏兄弟

　　除了畫家身分之外，高劍父、高奇峰兄弟還是當之無愧的職業革命家和社會活動家。他們都是孫中山的忠誠追隨者，很早就參加了同盟會，為推翻清政府出生入死，浴血奮鬥，是真正戰鬥在第一線的鬥士。辛亥革命勝利之後，由於種種原因，高氏兄弟決心告別仕途，重返藝壇。他們向廣東軍政府申請到了10萬大洋，於1912年春來到了上海，在春申江畔完成了他們的人生轉折和身分轉換。高氏兄弟在上海走的第一步棋就是創辦自己的刊物。他們在上海的文化街——四馬路的惠福里設立編輯部，出版發行了一份攝影、美術和文字並重，在當時堪稱驚豔的畫報——《真相畫報》。刊物第一期即坦蕩亮明身分：「本報執筆人，皆民國成立曾與組織之人，今以秘密黨之資格轉而秉在野黨之筆政，故所批評，用皆中肯。」並直抒刊物宗旨為：「監督共和政治，調查民生狀態，獎進社會主義，輸入世界知識。」[68]由此亦可窺見，高氏兄弟雖然揮別仕途，革命熱情卻並未消退。高奇峰為畫報第一、二期繪製了兩幅封面，第一期：畫家揮毫書寫，第二期：攝影家對景開鏡。這兩幅畫正體現了刊物的鮮明特色。《真相畫報》從創刊起，即不惜工本，每期發表大量時事照片，如孫中山先生社會主義大演講、謀殺宋教仁之關係者及鐵證、民國國會開幕記、外賓道賀民國新年等，有時更推出震撼眼球的大幅長卷照片（最長的竟達168釐米），如武漢三鎮全勢一覽、東南第一名所南京、近世各國

[67] 此文和王曼雋合作撰寫。
[68] 《真相畫報出世之緣起》，載1912年6月5日《真相畫報》第一期。

最新之飛行器等。《真相畫報》能大量刊出這些及時反映時事的照片，得益於高氏兄弟手下有一支中華寫真隊，而《真相畫報》在廣東的發行所所在地，正是位於廣東省城長堤二馬路的中華寫真隊事務所。雖然有關這個寫真隊的具體史實尚有待考證，但它和《真相畫報》之間的密切關係則是應該肯定的。

高氏兄弟和陳樹人號稱「嶺南三傑」，他們都是同盟會元老，是國民革命早期出生入死的志士。三人均出生於「得海外風氣之先」的廣東，後又都留學於「明治維新」後的日本，受革新與中西融合風氣之影響可說是水到渠成之事，借鑑日本繪畫以改革傳統中國畫亦是理在其中。依附於當時風起雲湧的革命背景，中國畫改革的風潮是和政治、社會、文化的變革緊密相連的，「嶺南三傑」提倡的「新國畫」（折衷派）也可說是社會革命引發的派生物。他們宣導藝術大眾化，強調對現實生活的直接關注，除了表現人間疾苦之外，他們的國畫作品中甚至出現有飛機、坦克等現代科技產物。《真相畫報》是「嶺南三傑」展現自己藝術主張的前沿陣地，陳樹人發表長篇連載《新畫法》，介紹西洋畫法的知識，並在文中用東、西洋比較的方式，傳達了一種文化折衷主義的觀點；高氏兄弟則以彩色插頁的形式，發表了大量繪畫新作，具體形象地展示新國畫的風采。高奇峰還在第11期「本報同人美術畫」專欄中，將自己的畫作公開命名為「折衷派」。值得一提的是，高氏兄弟和同樣具有創新精神的「海派」書畫家們建立了良好的互助合作關係。高劍父曾親自登門拜訪海派畫家領袖吳昌碩，而海派書畫家中擅長理論與創作的中堅人物黃賓虹則在《真相畫報》上發表了大量美術理論文章；在高氏兄弟大力提倡的「歷史畫」和「時事

（高奇峯君）

（鄭曼陀君）

左上　｜　民國初年的高奇峰像
右上　｜　民國初年的鄭曼陀像
左　　｜　《真相畫報》第一期封面

畫」兩個欄目中，海派畫家沈心海、何明甫等也發表了不少畫作，以示支持。值得一說的是，高氏兄弟將他們的畫作命名為「申派」，這在海派藝術史上當為有趣一筆。

審美書館的創立

審美書館究竟創立於何時？這個問題看似簡單，近一個世紀來卻一直沒有能夠正確解答。1936年，簡又文先生在一篇記述高劍父學畫生涯的文章中談到這個問題：「民國初年，先生偕奇峰、劍僧兩弟曾在上海創辦審美書館與真相畫報，藉以推進新國畫，並由此廣與大江南北諸畫師觀摩研究，影響甚大。」[69]雖然文章中並未提及審美書館創立的具體時間，但既與1912年6月5日創刊的《真相畫報》相提並論，那審美書館也創立於1912年6月當毋庸置疑。由於簡又文與高劍父的特殊關係（簡小時就讀西關述善小學時，高是他的國畫教員，以後兩人一直來往密切，簡還著有《革命畫家高劍父》等），這一說法就此廣為流傳，為研究者所普遍沿用，如范曾的《徐悲鴻》、廖靜文的《徐悲鴻一生》、楊明生主編的《中國現代畫家傳·徐悲鴻》等都如是。2003年12月，盧輔聖先生主編《嶺南畫派研究》一書[70]，彙集了多年來研究嶺南畫派的重要成果，書中文章在論及審美書館創立時間時，也無一例外都襲用了簡又文的舊說，如朱萬章的《嶺南畫派之百年歷程》、林木的《現代中國畫史上的嶺南派及廣東畫壇》、陳繼春的《嶺南畫派與廣東》等等。王震

---

[69] 簡又文：《高劍父畫師苦學成名記》，載1936年5月20日《逸經》第6期。
[70] 盧輔聖主編：《嶺南畫派研究》，《朵雲》第59集，上海畫報出版社，2003年12月版。

先生近年來出版了多種美術史著作，他的編著以資料豐富，論述嚴謹而著稱，但在「審美書館何時創立」這一問題上，王震先生也出現了少見的迷亂。他在《20世紀上海美術年表》[71]一書中寫到：「1913年春，高劍父、高奇峰、高劍僧於上海棋盤街創辦審美書館。」但在《徐悲鴻年譜長編》[72]一書中，他又認為「該館於1913年秋由高劍父、高奇峰兄弟創立於上海。」敘述明顯出現了矛盾。筆者認為，上述提法除了人云亦云外，很大程度上都可能出於想當然耳：高氏兄弟1912年春到達上海，緊接著就創辦了《真相畫報》，審美書館也於同時成立，這一切似乎都絲絲入扣，很符合邏輯。但事實並非如此。

　　1912年春，高氏兄弟懷揣鉅款來到上海，在經過一番運作打點後創刊了《真相畫報》，時間是1912年6月5日。當時刊物上寫的發行所是：上海四馬路惠福里真相畫報社，以後一直到1913年2月21日出版的第16期，發行所的地點名稱始終未改，刊物上也從未出現過「審美書館」這四個字。1913年3月1日，《真相畫報》出版最後一期，亦即第17期，在這一期的目錄頁上刊出了一則《審美書館廣告》，全文如下：「西哲有言：欲睹一國之文化，先睹其美術。誠以國家之文野，所係以美術者大也。今世界各國，美術之發展日盛，故人民知識亦日趨高尚，工業建築莫不華麗絕倫，雖至日用裝飾之微，亦必文彩爛然，使人愛賞。誠哉，美術為工業之母也！我國美術，發達最早，日就衰落，於今為極。豈我國人審美思想獨缺乎？抑亦灌輸美術之機關，不備後進者，少參考資料，乏精良用具，未由得門徑以研究耳？本館抱提倡

71 王震編著：《20世紀上海美術年表》，上海書畫出版社，2005年1月版。
72 王震編著：《徐悲鴻年譜長編》，上海畫報出版社，2006年12月版。

美術之微，願特編輯最新美術書籍，及選購我國古今名人畫
集，及東西洋各大家畫譜、畫帖並各種美術品、各種新書、
印譜、詩集、繪畫用具，以應有志美術諸君採用。品惟求
精，價惟求廉，當世宏達，幸留意焉。館在上海棋盤街中
市八十四號」在這則廣告的旁邊，還刊出有一則《本報啟
事》，云：「本報總發行所遷寓棋盤街中市八十四號，各地
惠函，請逕寄該處可也。」很顯然，高氏兄弟此時已決定停
辦《真相畫報》，另起爐灶，從事新的事業。這一新事業就
是創辦審美書館，編輯發行各類美術出版物；而且，高氏兄
弟的活動中心，此時也從四馬路惠福里搬遷到了棋盤街中市
八十四號，示人於一種重新創業的強烈感覺。

　　必須指出的是，1913年3月1日並非是《真相畫報》第17
期的真實出版日期。《真相畫報》的刊期是旬刊，也即每十
天就須出版一期，而事實上，它的出版日期經常拖延，刊物
上標明的出版日和實際出版日相差甚遠。如第16期，刊物上

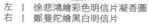
左 ｜ 徐悲鴻繪彩色明信片凝香圖
右 ｜ 鄭曼陀繪黑白明信片

標明的出版日是1913年2月21日，這一期刊出有「宋教仁追悼大會」、「民國國會開幕記」等時事照片。查當時報紙，國會開幕日是4月8日，宋教仁追悼大會則是於4月13日舉行的。因此，第16期《真相畫報》的真實出版日期很可能是4月中旬。第17期《真相畫報》上刊出有「唐紹儀先生之婚禮」的照片，查唐紹儀與吳維翹的婚禮是6月1日在上海老靶子路晨虹園內舉行的，故這一期《真相畫報》絕不可能於3月1日發行，它的真實出版日期可能在6月上旬。基於如上考證，我們認為，審美書館的創立當在1913年夏。

審美書館的出版物

　　審美書館的創立是高氏兄弟在上海活動的一個轉捩點。如果打個比方來說，那麼《真相畫報》階段就是高氏兄弟激情迸發的時期，而審美書館階段則是他們回歸平靜，迎合市場的時期。上海是一個國際化的大都市，經濟發展高度繁榮。1912年，隨著「帝制」的終結，民國的建立，社會形態發生巨大改變，商人及市民階層得到很大發展，這在中國最大的開放型經濟大都市上海，表現得尤為鮮明和強烈。當時的上海，書畫市場非常繁榮，其市場經營方式、經濟運作形態和社會消費意識都已高度成熟，對此，高氏兄弟不會熟視無睹，毫無所動。他們平時活動的所在地，正是當時上海最繁華熱鬧的文化街，耳濡目染，心有戚戚，決定依附此大好平台而有所作為當是意想中事。高氏兄弟之所以從編《真相畫報》轉而辦審美書館，和上海出版業的現狀也有著很大關係。上海是中國出版業的重鎮，向來領時代潮流於先。從19世紀末到20世紀初，商人和市民階層的發展為文化的普及和

提高提供了巨大的新消費層；同時，自西方引進的石印術和技珂羅版印刷技術也在上海得到很大發展，當時技術已經成熟的彩色石印成本低廉、色彩鮮豔，珂羅版印刷則細膩精緻、色調豐富，這都特別適合圖畫類作品的印製。上海的出版業敏銳地抓住了這一歷史機遇，在中西美術作品的編輯出版上挖掘到了一座大金礦。如由《時報》主人狄平子創辦的有正書局，首創用珂羅版技術精印古代名畫和碑刻，出版了大量精品。有正書局發行的各類詩書字畫數量之多令人歎為觀止，其中對聯、字軸、畫軸、畫屏等就不下600種，各類名人書冊約300種，珍本碑帖約200種，而僅《中國名畫集》一種就曾印行了38本之多。有正書局由此獲利巨大。這種機會其他出版社當然不會讓有正書局一家獨享，商務印書館、文明書局、神州國光社及藝苑珍賞社等出版機構紛紛步其塵，加入影印書畫的大軍，而高氏兄弟創立的審美書館正是這支大軍中的一員。

審美書館早期主要出版書籍和畫冊，數量並不算多，但專業性較強。如陳樹人譯述的《新畫法》曾連載於《真相畫報》1至16期，刊出時就很受讀者歡迎，審美書館1914年出版單行本時訂正了若干錯誤，同樣受到歡迎，1916年2月曾再版；《新畫選》輯錄了「二高一陳」的畫作，共出版了三輯；《時人畫集》是審美書館的第一種出版物，發行於1913年8月，收錄中國現代名家畫作三十餘幅。此書也頗受好評，故書館於1914年出版第二輯，後這兩輯都曾再版。《國運》是審美書館出版的唯一一本攝影作品集，收錄1914年以來的時事照片，估計都出自中華寫真隊之手。審美書館後期出版的畫冊大都屬於實用美術範疇，如《西洋兒童習畫帖》、《百鳥畫譜》、《美工圖鑑》及《陶漆圖案》等，顯

然都是根據市場需要編輯發行的。

　　除書籍和畫冊以外，審美書館特別在明信片和月份牌的出版發行上下了很大功夫。

　　明信片這一郵政載體發明於19世紀60年代末的歐洲，不到十年，這一新穎實用的通訊用品就已傳入中國，而且，在隨後的幾十年間，明信片在中國的發行、使用得到了社會各界，尤其是中上層人士的廣泛認可。清末民初，明信片已成為文人雅士、達官顯貴的喜好。當時把寄發收受明信片，特別是旅遊、留學途中寄發印有異地民俗風光的風景明信片視為一種時尚，蔚然成風，舉凡朋友問候、互通資訊、報告行蹤、喜結同好、詢問故交、傾吐胸臆、通告大事等等，明信片都是一種迅捷簡便的聯絡方式，因此，它堪稱中國近代史上的奇特一頁，也是電話普及前傳遞社會資訊最便捷的主要途徑。既有市場，出版社便不餘遺力，大量印製，從當年廣告及現尚留存的實物來看，中華、文明、世界等書局都是民國初年發行明信片的大戶，其中猶以「商務」為最。在近代中國的出版機構中，最早發行明信片的當屬商務印書館，而發行品種和數量最多的也非「商務」莫屬，1911至1912年，「商務」僅以反映辛亥革命過程為題材的《革命紀念明信片》就發行了三百多張。審美書館順時代潮流，創辦伊始便將明信片的編製發行列入為書館的主要業務。高氏兄弟發揮自己的特長，將美術和攝影作為主要內容，前者有《中國古代名畫》、《中國近代古派新派名畫》、《各國古今名畫》等，後者則有《世界人種》、《上海名勝風俗》、《世界名人肖像》等。審美書館發行的明信片中，最有特色的是以時裝仕女為題材的繪畫片。仕女題材畫歷來是市場最受歡迎的品種。上海開埠以後，西風頻吹，社會從物質到理念都發生

了很大變化，其中婦女地位及形象的變化堪稱巨大，這在
《申報》、《點石齋畫報》等社會主流媒體中均有清晰體
現。晚清民初通俗畫中的時裝仕女形象，與中國傳統美術中
的仕女形象顯然頗有異趣。它既貼近中國人的審美習慣，保
留了傳統仕女形象柔弱小巧的風格，又以租借洋場為背景，
突出崇洋趨新的獨特文化取向，表現她們趨從都市生活方
式，挑戰傳統規範的文化需求。審美書館發行的《最新時裝
美人》明信片便充分體現了上述特點，由於它們貼近社會西
化的時尚與世俗，因而頗受歡迎，得以廣為傳播，發行竟多
達1400餘種（包括部分掛屏）[73]；明信片還分黑白和彩色的
不同版別，以適應不同的社會需求。

　　當時和明信片一樣走俏，甚至在市場歡迎程度上有過之
而無不足的是月份牌。所謂「月份牌」，最初實際上是洋商
們在商業競爭中為推銷商品所作的廣告宣傳畫。正如鄭逸梅
先生所說：「自歐風東漸，市賈注意於廣告，於是有所謂月
份牌者。每逢年尾歲首，藉以投贈其主顧。中為彩色畫，貨
品之名附列其下，俾張諸壁間，以宏其廣告效力。」[74]其表現
形式，是從中國傳統年畫中的節氣表、日曆表牌演變而來。
19世紀70年代，當時的一些報館、彩票行、輪船公司便已開
始向客戶贈送或出售廣告畫，這種廣告就被他們稱作「月份
牌」，並公開在報上這樣廣而告之。隨著工商業的發展繁
榮，月份牌的市場也更加龐大，一些社會需求大、生意紅火
的行業，大都有宣傳自己商品的月份牌發行。同樣，也可以
反過來說，凡有大量月份牌發行的商品，其一定來自生意最

---

[73] 黃大德：《〈時人畫集〉的發現與徐悲鴻〈美人圖〉的創作年代及相關
　　 問題》，載2007年5月15日《美術研究》第2期（總第126期）。
[74] 鄭逸梅：《珍聞與雅玩》，北京出版社，1998年10月版。

興隆的行業。由於月份牌的發行量非常巨大，印刷界也將此視為重要業務。1912年，中華書局成立之初即將承印彩色月份牌作為影響生存發展的大事看待，僅1916年3月，中華書局就「承印政府月份牌二十萬張，印價二萬有餘」[75]，這在當時是一筆不小的數目。中華書局的競爭對手商務印書館也十分重視月份牌聯絡感情的宣傳功能，發行有自己的月份牌。1910年蔡元培在德國留學，張元濟春節期間特地給他寫信問好：「寄上月份牌十份，並乞分致同人為禱。」[76]1917年，「商務」還曾舉行過月份牌展覽會，藉以推銷自己發行的「五彩精印月份牌」[77]。這些都說明月份牌在當年是十分時尚的禮物，不但一般市民百姓買來懸掛張貼，就是知識分子精英階層也彼此相贈，以為禮物，甚至政府部門也印有自己的月份牌，作為公關之需，用途十分廣泛。

月份牌畫最初都是商家出錢請人繪製，故畫上都列有商家或商品的名字，發展到後來，月份牌畫漸漸成為一種獨立畫種，往往不再附有商家名稱；考究的甚至裝裱在有框的木板上，或鑲嵌於鏡框裡供人在屋內懸掛，成為一種純粹的美術陳設品，當時叫做掛屏。審美書館印製的月份牌畫大都屬於掛屏。他們既聘請最出名的月份牌畫大家鄭曼陀、周柏生等，也大膽使用當時尚默默無名的青年學子。這其中既有對藝術的獨特鑑賞眼光，當然也不乏出於商業成本的考慮。徐悲鴻就是最典型的例子。1913年，年僅18歲的徐悲鴻到上海闖蕩，走投無路之際得到高氏兄弟的賞識，他應審美書館

[75] 錢炳寰編：《中華書局大事紀要》，中華書局，2002年5月版。
[76] 張元濟：〈1910年2月23日致蔡元培信〉，高平叔編：《蔡元培年譜長編》第一卷，人民教育出版社，1998年12月。
[77] 參見1917年6月19日《申報》廣告。

之命以春、夏、秋、冬為題畫了一組四扇掛屏，獲得報酬五
十大洋，得以度過難關。徐悲鴻的這組四扇屏不但得到高氏
兄弟的賞識，也受到市場的歡迎，審美書館曾屢次以掛屏、
明信片等不同形式出版發行，當時甚至有人題詩詠贊。1918
年1月《復旦》第5期上有署名劉劍夫的四首詩：「丁巳秋，
友人贈我審美書館徐悲鴻美女畫四幅，余珍而藏之，課餘多
閒，偶占四絕。一、撲蝶圖：頻拿玉腕劇堪憐，小扇輕搖舞
欲前。一路蒼苔幽徑滑，蝶迷人倦豔陽天。二、納涼圖：蓮
花恰好並頭開，秋水凝神費想猜。風過畫欄香滿袖，月明犬
吠有人來。三、採菊圖：畢竟秋容邁俗群，偶來幽境挹清
塵。採歸待向郎前問，儂比黃花瘦幾分。四、寒香圖：一天
風雪探梅魂，臘屐聲聲踐有痕。嬌瘦堪憐無個伴，攜來小犬
最溫存。」從這裡也可看出，徐悲鴻的畫在當時頗受歡迎，
已經有人將他的畫作當禮品送人，也有人開始珍藏他的作
品。徐悲鴻的這四幅畫，很長時期以來均只有文字記載而不
見有圖錄發表。2006年，黃大德先生撰文考證徐悲鴻這些畫
的創作年代，並首次披露了其中的兩幅畫《凝香圖》和《納
涼圖》[78]。黃文認為，《凝香圖》描繪的是春天景色，此實
有誤。根據1918年《復旦》上所載，徐悲鴻所畫春、夏、
秋、冬四圖分別是《撲蝶圖》、《納涼圖》、《採菊圖》和
《寒香圖》，描繪春天景色的是《撲蝶圖》，而《凝香圖》
當即《寒香圖》的另一名稱，描繪的是冬天景色。筆者有幸
珍藏了徐悲鴻1913年所畫的《撲蝶圖》，今借此文，首次披
露。今後如再有幸能發現他的《採菊圖》，徐悲鴻少年時公
開發表的處女作就能完整團聚了。

[78] 黃大德：《徐悲鴻的〈時裝美人圖〉》，載2006年2月《收藏‧拍賣》
2006年第2期。

高氏兄弟創立的審美書館，是一個帶有畫廊行銷機制及市場運作功能的藝術實體，而且，他們經受住了市場競爭的考驗，很快使書館具有了營利能力和發展實力。高氏兄弟的一個重要手段，就是以各種載體重複印製同一幅作品，如鄭曼陀、徐悲鴻等人的畫作就曾被印製成掛屏、冊頁、明信片等多種形式反覆發行，有的甚至還有彩色版、黑白版、珂羅版、石印版等多種印刷版別。這樣，付一次稿酬就能贏取幾倍利潤，獲利可謂豐厚。審美書館何時停止營業，退出上海？目前尚有疑問。我們現在看到的最後一本出版物是1917年10月出版的《中國名畫絕品》，如再無新的發現，那麼，審美書館於1918年停業的猜測就可能是真的。

附錄：審美書館部分出版物一覽表

一、圖集

時人畫集（一、二冊，中國各省現代名家作品）
新畫選（共三輯，二高一陳畫選）
新畫法：一名繪畫獨習書（陳樹人譯述，高奇峰校閱）
劍父畫集（一、二輯）奇峰畫集
國運（攝影圖片集）
中國名畫絕品（中國古代名家畫選）
新新百美圖
西洋兒童習畫帖
動物魚蟲畫譜
麗鳥畫譜
百鳥畫譜

當選百菊

牡丹百選

芳文花鳥畫冊

名家花鳥圖譜

諸大家山水畫譜

蝶鳥圖案

金銀圖錄

美工圖鑑

集古圖譜

工藝圖鑑

蝶千種

滑稽圖案

陶器圖鑑

陶漆圖案

二、掛屏、冊頁

大中堂（立軸四種，劍父二種、奇峰二種，五色玻璃版）

大掛屏（四幅一堂，奇峰作獅、虎、鹿、猴，五色玻璃版）

陳樹人花鳥山水（十六色石版）

時裝仕女（掛屏，大小數十種）

時裝仕女（冊頁，共三十餘種）

雙美折花圖

群芳圖

春思圖

暖香圖

消凝圖

媚香圖

折芳圖

嫦娥圖

引鳳圖

傷春圖

問菊圖

秋思圖

晚妝圖

撲蝶圖

納涼圖

採菊圖

寒香圖

三、明信片、書籤

中國古代名畫

中國近代古派新派名畫

最新時裝美人

時裝豔色百美圖

各國愛情畫

油畫裸體美人

金花愛情畫

繪本裸體美人

西洋半身美人

各國古今名畫

水彩山水花卉

變幻五色水彩畫

變幻郵片紙

世界各國古今郵票

徐悲鴻繪彩色明信片納涼圖

世界人種
上海名勝風俗
世界名人肖像
水彩畫山水小書簽
時裝仕女書簽
古今仕女書簽

左 ｜ 徐悲鴻繪黑白明信片《納涼圖》
右 ｜ 徐悲鴻繪黑白明信片《撲蝶圖》

14 戰後上海方型週刊的濫觴[79]
——《海風》的創刊及其編、撰陣營

　　上海是中國「小報」的發源地，自1897年6月第一張小報《遊戲報》創刊，到1952年11月《亦報》的停辦，前後存續達五十餘年。小報一問世，就秉承「記大報所不記，言大報所不言」的宗旨，盡可能遠離政治，將視角下移，大量刊登社會新聞，專述市井小事，從衣食住行到吃喝玩樂，將市民百姓的開門七件事一網打盡。小報「自由」、「消閒」的特性，反而讓它的銷售量遠高於一般「板起面孔做文章」的大報，在上海市民的文化生活中占有重要地位；同時，在利潤的驅動下，也造成小報從業者良莠不齊，辦報格調高低不均的狀態。小報的老闆和主筆，既有洋場名士、文學作家、編輯記者，也有喜歡舞文弄墨的醫生、律師、商人等等。有些小報，注重社會責任，潔身自好，作風正派；而有些則專挖名人隱私，打壓同行，宣揚低俗，以拍馬舔痔為能事。小報的庸俗浮誇，低級趣味，也是上海租界當局和國民政府屢次限禁的一大原因。[80]

　　抗戰勝利後，上海社會局頒佈公告，再次限禁小報。凡淪陷時期的各類報刊一律停刊，同時令滬上欲辦刊的報社重作出版登記。1945年11月17日，一種逢週六出版的小型週刊在上海報攤悄然出現。其十二開本的新穎版式，立刻引起一貫喜新厭舊的上海人的關注，而雅俗共賞的文字風格，一反以往小報的低俗格調，成為閱報者的「搶手貨」。主辦這份名叫《海風》週刊的是海派報人代表龔之方和唐雲旌。《海風》的創辦，源於龔、唐二人合力經營的《光化日報》。1945年4月14日創刊的《光化日報》，曾獲很大成功，但迫

---

[79] 此文和王曼雋合作撰寫。

[80] 關於上海小報的限禁問題，可參閱李時新：《論晚清及民國時期上海小報的限禁》，《新聞與傳播研究》第15卷第5期。

於國民政府取締小報的禁令，於同年9月18日停刊。龔、唐二人商議之下決定用餘存的資金、紙張，重整旗鼓，改出期刊。據友人回憶，龔之方在為期刊構思開本時，將一整張白報紙，「花了一夜的功夫，在家裡橫折豎折，折成方形開面，於是第一本方形週刊《海風》問世了。一時頗受歡迎，小報界紛起仿效。」[81]龔之方對此也有說明：「抗戰勝利後，當時國民黨上海市黨部標榜國共合作，言論自由，對期刊不加限制，我就鑽了這個空子，名義上叫期刊，實是多篇幅的小報。」[82]《海風》的一炮打響，讓仿效者蜂擁而起。有的已經發行的期刊，立即改版，仿其方形外觀；有的連刊名也一併仿製，如《海濤》、《海晶》、《海星》、《海光》、《海聲》等等。到1946年3月，有人撰文《一路海下去》，報導「海」字輩報刊的層出不窮：「海派週刊已達十種以上，銷路均不惡……海派週刊因海字頭無可再用，已轉變以風字為尾矣。如將出版之《東南風》即其一例。」[83]人們很快將這一類形製的期刊稱為「方型週刊」，又因其在上海發源並主要在滬出版，故又稱「海派方型週刊」。有人作漫畫一幅，名《為週刊讀者設計》；街上，一行人身背閱讀器，邊走邊看方形週刊，可見其在當時受歡迎之烈。

　　「方形週刊」讓上海的小報傳統得以繼續維持，並在某種程度上「青出於藍而勝於藍」。《海風》標榜的「說真話，敢批評，針對社會現狀，為老百姓作喉舌；不剪稿，記事實，七十餘位名家，篇篇是心血結晶」[84]的辦刊特色，受

---

[81] 秦綠枝：《保持真實的我》，上海遠東出版社，2007年4月，第47頁。

[82] 引自1995年12月15日龔之方給謝蔚明的信，詳見謝蔚明：《我與龔之方》，《文匯讀書週報》2006年3月17日第5版。

[83] 王日叟：《海派週刊》，《海風》第17期1946年3月9日，第7版。

[84] 《海風》第3期1945年12月1日，封面。

甲：「這是勝利之果。」
乙：「我實在吃不消！」

·江棟良·

右｜《海風》第2期第4版漫畫
　　〈勝利的果實實在吃不消〉
　　江棟良作
下｜《海風》第10期第8版張樂平
　　三毛漫畫天下為公地上不平

三毛　·張樂平作·

到老百姓熱捧，讀者群迅速擴大到大江南北，在南京、北平、廣州等地均擁有不俗的銷售量，有的甚至超過本地出版物。如有文章指出：「海字頭的老牌《海風》，在廣州的銷路比任何一家廣州出版的刊物銷數為多。」[85]也有城市模仿《海風》，很快推出本地的「方型週刊」。如1946年初在廣州當地編輯出版的《原子能》，刊物形式與上海的方形週刊完全一樣，文字方面則較上海更為熱辣大膽；由於是本地刊物，報導的新聞更契合當地生活，所以日趨熱銷，每期銷售量達到10000份。於是廣州在繼《原子能》之後，馬上又出現了《原子彈》、《高射炮》、《轟炸機》、《DDT》、《西南風》、《廣州二十四小時》等六、七種方型週刊，從刊名到內容都更具有爆炸性。

《海風》第23期第12版為週刊讀者設計的閱讀器

---

[85] 徐大風：《廣州出版的幾張方型報》，《海風》第32期1946年6月22日，第10版。

從充滿希望到陷入失望

八年艱難苦悶的等待終於結束，勝利了，人們終於長舒一氣，直起腰桿仰起頭，迎接自己政府的歸來。《海風》作者、話劇演員石揮的話既樸素又最能代表上海市民的心情：「勝利了，通夜不眠，街頭巷尾都堆滿了人。人們的心花都開了，滿街的笑臉，一腔的希望，離開祖國的懷抱八年的今日，又重投回祖國，樂壞了人。國軍來了，大家歡迎，要人來了，大家歡迎，南京路上的鞭炮把地面都給淹沒了。為了什麼？是為了表示人心：赤子之心，愛國之心，希望之心。」[86]

如人們所盼，在日本政府正式簽署無條件投降書後的第三天（1945年9月5日），蔣介石主力部隊立即飛降上海，不久大批接受官員隨之而來。短暫的喜悅過後，人們很快發現，這些大員們憑藉手中的特權，竟做著收刮民脂民膏的勾當；有些人以前還曾在偽政府任過職，現在竟也憑藉著「朝中有人」耀武揚威起來。老百姓雖無力反抗，但坊間流傳的民謠則盡情宣洩著他們心中的憤慨，他們把這樣的「接受大員」稱為「劫收大員」，將其所作所為稱作「五子登科」（架子、條子、房子、女子、車子）。有人作文感歎：「從前，愛國者變成漢奸，現在，漢奸也有愛國者。」[87]這批敗類的到來，讓急切盼望政府懲治漢奸，改革政治，重振經濟，維護社會穩定的上海市民好生厭惡，痛感「天下呈現著今日的混亂的局面，明搶暗奪，貪污受賄，無不趨於

---

[86] 石揮：《如此人心篇》，《海風》第1期1945年11月17日，第1版。
[87] 黃次郎：《上海瘋了》，《海風》第1期1945年11月17日，第9版。

頂峰」[88]。國民黨的吏治如此糟糕,其實他們內部也心知肚
明,如國民黨派駐台灣的最高長官陳儀就曾警告隨他去台的
僚屬:「勿將壞習氣帶到台灣!」[89]而當時報刊在揭露社會
黑暗時也還是留有餘地,對最高層往往有所溢美,如《海
風》的版面上就不乏《蔣主席的儉約》、《偉大人物》、
《光明到處》以及《蔣經國的刻苦精神》等稱頌蔣氏父子
的文章。「皇帝英明,群臣昏庸」歷來是中國的「悠久傳
統」,這一方面反映了當時市民對政府高層還報有幻想,另
一方面,也正是有了這類文字的「撐門面」,才讓有關方面
能夠容忍《海風》之類報刊在一段時期內的存在。

對國民政府腐敗的責難在當時已呈民怨鼎沸之勢,而
《海風》的編輯們則用他們的畫和筆,形象地揭露這批從
「天上掉下來,地上鑽出來」的接受大員們的真正面目。因
戰後的上海再次成為中國政治、經濟、文化重鎮,國民黨在
此地的統治也最為著力,上海也成為中國遭受經濟崩潰惡浪
損害最烈的地區。偽中儲券(日偽時期華中華南地區通用貨
幣)和法幣(國統區通用貨幣)200比1的兌換,讓上海灘上
的一切急速貶值。物價的漲落關乎著民生大計,在《海風》
創刊後的最初十餘期中,編輯、作家紛紛著文,或比較戰前
戰後物價反差之烈,或抨擊政府對激漲物價的無所作為,其
怨憤無奈之詞形成了《海風》版面給人印象最深刻的一面。
羅爾的《偽幣不如冥票》,描述上海紙幣貶值之甚,舉例一
個外國水手竟用紙幣當作草紙如廁;1945年的耶誕節是抗戰
勝利後的第一個耶誕節,周瘦鵑回憶戰前:那時的聖誕大

---

[88] 石揮:《老百姓該站起來說話》,《海風》第4期1945年12月8日,第1版。
[89] 曼妙:《陳儀警告僚屬:勿將壞習氣帶到台灣!》,《海風》第5期1945
年12月15日,第2版。

左｜《海風》第6期第1版郭明《精神勝過物質：新華日報第一！》書影
右｜《海風》第36期封面

餐，「一客豐盛的大菜，不過五元，咖啡橘汁，不過一元，一夜之歡的代價，還不到十大元，真正是惠而不費」。[90]而現在，富人們「一萬元一客大菜，三千元一杯清茶，都滿不在乎似的，願願意意地傾筐倒篋，把法幣來換取這一夜的狂歡」[91]。窮人則只能淒涼度日。周瘦鵑寫道：「雖是逢到這勝利後的第一個耶誕節，還是意興索然；這一夜獨坐在寂寞的小樓中，在寂寞中討生活。鄰家的孩子們在盼望聖誕老人送禮物來；我也凝凝地向煙囪盼望著，不過我並不要什麼糖果和玩具，但望他老人家與我一顆愉快的心。」[92]顯然，上海此時的物價已經是戰前的幾百倍，幾千倍了，以至有人憤慨，還不如過回到戰前。難怪常任編輯黃次郎（王敦慶）先生大呼特呼「我也要嫁人」！筆名「秋長在」的作者寫《偽幣的利用》，說家裡還有幾疊一元、五元的偽幣，因兌換不

---

[90] 周瘦鵑：《我的耶誕節》，《海風》第8期1946年1月5日，第7版。
[91] 周瘦鵑：《我的耶誕節》，《海風》第8期1946年1月5日，第7版。
[92] 周瘦鵑：《我的耶誕節》，《海風》第8期1946年1月5日，第7版。

了多少法幣，懶得去排隊兌換，況且漸近兌換截止期，已然是廢紙一堆，但作者又不想暴殄天物，總想辦法廢物利用一下，包裝紙、書籤、信箋、牆紙，想來想去似乎都不太可行。後來在書攤上發現偽幣更好的去處，只要尺寸合適，做一本書的封面還真不錯。

物價飛漲，從《海風》售價的數次調整中也可略見一斑：一至十期（1945年11月7日至1946年1月19日），售價穩定在每期100元；十一期（1946年1月26日）起調價到150元；第十四期（1946年2月16日）開始每期售價200元；到了十九期（1946年3月23日），《海風》未登任何啟事，就把售價提高到每期300元。其中，還有數次廣告刊例的提價。明知售價提高會影響銷售，但編輯們出此下策也實在無可奈

左 ｜ 《海風》第2期第10版王小逸〈沙飛散記〉《遵海記》書影
下 ｜ 《海風》第5期第6版周煉霞作詩詞

《海風》第6期第4版張樂平作品和介紹

何。任憑週刊的徵訂廣告一整版，再優惠的折扣也不敵飆升的物價指數。

　　此時國共和談似乎也沒有個明朗結果。1946年1月10日，有各黨派共同參加的中國政治協商會議終於在重慶召開。筆名「石盤」的記者著文《初聞涕淚滿衣裳》，記述十日午夜接到重慶關於停戰的電訊，隨後收到政協會議開幕，蔣介石、周恩來等在會上的致詞，在報館裡每一個工作的人無不先全國人民歡欣鼓舞，竟有喜極而泣的。大家一時還存忐忑之心，怕這消息來得太快，怕這消息橫生枝節。生動的

語彙,表現出當時多數知識分子「渴望和平、祈求團結」的強烈願望。更有一位作家創作了一篇寓言文字《百年好合》,記「國先生」和「共小姐」訂婚八年,終於擇了一個黃道吉日舉行婚禮:「因為這是百年好合,賀客只希望新夫婦勿再口角,勿再打架。」[93]但美好的願望終究改變不了嚴酷的現實,1946年夏,內戰爆發,1947年春,國共關係徹底破裂。

勝利了,天亮了,人們卻從極度的狂喜太快地跌入谷底,未真正感受到多少太平日子的老百姓似乎隱隱看到了一幅「山雨欲來風滿樓」的末世景象。人們在企盼一個充滿活力,立意革新的政黨來改變這糟糕的局面。於是,在《海風》的版面上漸次出現了毛澤東(《毛澤東與「紅樓夢」》,《小兵出身的毛澤東》)、朱德(《貌似魯迅——記朱德》)、周恩來(《記紳士型的周恩來》)、葉挺(《葉挺重入共產黨》)、葉劍英(《中共與「土豹子」》,《葉劍英在平被包圍》)、林伯渠(《記共產黨理財家林伯渠》)、陸定一(《新華社土煙款客》)等人的形象,這些介紹共產黨高層領導人的文字和照片,儘管內容有些瑣細,甚至不夠準確,但卻實實在在反映了當時人們對這些紅色人物的好奇和期待;而《精神勝過物質:新華日報第一!》這樣的文章,其傾向性更是突出[94]。在當時嚴格的出版審查制度鉗制下,《海風》敢於如此頻繁地刊登此類文章,不能不佩服編輯們的膽量,而這也為它的最終被勒令停刊埋下了伏筆。

---

[93] 晚蘋:《百年好合》,《海風》第11期1946年1月26日,第9版。
[94] 郭明:《精神勝過物質:新華日報第一!》,《海風》第6期1945年12月22日,第1版。

戰後「三毛」的首次亮相

　　儘管戰後的上海商品匱乏，垃圾滿街、乞丐成群，蕭
條景象隨處可見，卻不能減慢人們回鄉的腳步。帶著滿心的
眷戀和希望，多少人拖兒帶女又回到故土上海。「三毛」和
他的「父親」張樂平，也在戰後踏上了歸鄉之途。抗戰八年
來，張樂平和他的漫畫宣傳隊，踏遍南京、漢口、長沙、桂
林、廣州、上饒、贛州、屯溪等地，在敵偽盤踞的地方采
風，在被奴役的人群中寫生，用作品宣傳抗戰，用他的畫筆
鼓舞鬥志，用他的展覽義賣為貧民購買寒衣。故鄉的人們也
一直沒有忘懷張樂平筆下那個充滿靈性、可憐又可愛的小傢
伙，就在1945年7月出版的《青青電影》上，還登載過三毛
報考電影演員的圖畫故事，以示對這位小精靈的懷念。而
今，高大、英俊、一頭捲髮，穿著一襲舊軍裝，攜帶著幾百
幅用血汗和生命換來的抗戰畫作的張樂平歸來了，時間是

1946年夏張樂平和妻子合影

1945年11月20日。離開上海的時候，張樂平還是個二十多歲的單身漢，回家時的他已是三個孩子的父親了。在通貨膨脹的上海，張樂平發覺生活負擔實在太沉重了，一個小小的亭子間的房費，就足足要一根金條才能租到，還需要四處託人走關係。他只好將家暫時先安頓在堂弟開的百貨店樓上。由於抗戰時期的過度勞累和營養不良，張樂平疾病纏身，不停嘔血，但所有的困苦沒有能磨滅畫家的意志，反而激發起他強烈的創作意念。張樂平決意構思新內容，揭露社會的腐敗和黑暗。

　　當上海各家報刊的編輯們得知這位10年前在上海灘大名鼎鼎的的漫畫家回來時，紛紛報導並爭相向他約稿，而誰也沒有想到的是，有幸在戰後首家發表張樂平三毛畫作的卻是《海風》，這不能不歸功於龔之方、唐大郎兩位超強的人脈關係。龔之方為此在《海風》刊出張樂平三毛畫作的首日親自撰文表示對老友的感激，筆下也不免流露出得意之情：「現在足以叫《海風》驕傲的，『三毛』從本期起決定連續在《海風》發表了。這當然是因為海風社都是張先生的老友，他終於推辭不了老友的堅請，應允執筆。」[95]幾乎與此同時，12月21至23日，張樂平在上海西僑青年會舉行「八年戰地展」，展品共計六百餘幅，有素描、水彩、漫畫等等，還將到各地巡展，既展出也售賣──剛到上海的張樂平並不像那些「接收大員」一般威風凜凜，到處「打秋風」，他除了一枝筆外兩手空空，迫切需要一筆錢來安頓全家。《海風》特地派出記者對張樂平的「八年戰地展」進行採訪，著文《歡迎一個漫畫戰士的歸來》，介紹張樂平抗戰期間的主

---

[95] 天衣：《關於三毛》，《海風》第9期1946年1月12日，第5版。

要活動，同時熱情倡議上海各界人士，尤其是八年來未跨出上海一步的人們去看一看畫展，體驗一下當年戰區殘酷的生活；記者並感歎自己不是有錢人，否則真想購買幾幅類似像《流徙》、《劫後》這樣的畫作，因為那是真正表現抗戰生活的傑作。他寫道：「現在我既不能購買，我卻有推薦的義務，希望一般愛好美術的人們，紀念此次中國抗戰的人們，收藏戰時美術的人們，不要錯過這一個展覽的機會，儘量地去撿選幾張他們特別愛好的作品；我也希望那些銜有建設國家文化使命的官員們，也不妨抽點空閒去看看，為國立的博物院購買一兩張。」[96]

張樂平畫作在《海風》的最早刊出是1945年12月22日的第6期，而三毛形象的最早出現則是1946年1月12日的第9期，之後的第10、11、12、15、17、18各期中，也不時出現三毛的身影。這些畫作秉承了張樂平一貫的作風，嘻笑怒罵，直擊社會。如有一幅「天下和地上」的畫，描寫一個官員為人書寫「天下為公」的條幅，由於地面不平，書桌傾斜，怎麼也寫不好，只能悻悻而去。稍後回來一看，條幅旁邊又多了一幅三毛書寫的條幅：地上不平！作品的諷刺指向很明確，可以說替窮苦的人們傾吐了埋藏心底的怨氣，也完全是張樂平自己的親身感受。《海風》讀懂了張樂平新作的內涵，龔之方為此解讀道：「張先生八年來可驚異的進步，就是『三毛』也脫胎換骨，它逗引你一笑，也可能使你衝動。這中間實在不完全是笑料，是普遍的掛在老百姓眼角上的淚痕！」[97]在《海風》試筆之後，張樂平的長篇連環畫

---

[96] 無名記者：《歡迎一個漫畫戰士的歸來：介紹張樂平的「八年戰地展」》，《海風》第6期1945年12月22日，第4版。

[97] 天衣：《關於三毛》，《海風》第9期1946年1月12日，第5版。

《三毛從軍記》，從1946年5月12日至1946年10月4日在《申報》連載，引起極大反響。之後，從1947年6月15日起，他的代表作《三毛流浪記》開始在《大公報》上連載，直到1949年4月4日始告結束，連載時間幾達兩年，並很快出版了單行本。中國兩大報紙的推崇和影響力，使三毛的形象很快走向全國，並被海外華僑所知，甚至流傳到英、美、法、日等國和東南亞地區，創造了美術界的奇蹟。然而又有誰知道，戰後「三毛」畫作的起步是從《海風》這張不起眼的方型週刊上開始的呢！

龔、唐二人的人脈網絡

《海風》的創辦和熱銷，完全得力於龔之方和唐大郎二位海派報人的豐富經驗和多年苦心經營的人脈網路。

龔之方（1911－2000年）出生於上海浦東。他能編能寫，又和電影界熟悉，20世紀30年代初，他編的第一張電影小報《開麥拉》，極受影迷歡迎，並和眾多漫畫家交上了朋友。張樂平也在此時與龔相識。前文提到張樂平戰後返滬後創作的三毛組圖，就是應龔之約首次發表在《海風》上的，龔之方還特地發表署名文章，為老友作刊前推廣。1937年二次淞滬抗戰爆發後，龔之方主編《戰時日報》，宣傳抗日。不久，經人介紹加入藝華影業公司，任宣傳主任並主編《藝華畫報》。田漢、夏衍、陽翰笙等人當時為「藝華」、「聯華」、「明星」等多家電影公司編寫劇本，龔自然與這一批「左翼」影人熟識起來。後來，新華影業公司的張善琨見龔搞宣傳很有一套，就挖他到自己公司做宣傳，還讓其兼管專演京劇的「共舞台」。龔之方用上海市民口中的流行語編連

台本戲廣告詞，琅琅上口，深入人心，致使戲院上座率極高，人稱「龔滿堂」。龔之方還曾負責過《東方日報》的電影版面，遂與從銀行出來加入該報的唐大郎（雲旌）結識，自此他們曾屢次合作，成為享譽報壇的「黃金搭檔」，業界戲言兩人是「焦不離孟，孟不離焦」的好夥伴。

　　唐大郎（1908－1980年），原名雲旌，大郎、雲哥、劉郎等都是他的筆名，其中以「大郎」最為人所熟記。除此之外，他還喜用「劉郎」筆名，乃緣起他夫人姓劉。唐因酷愛寫作，20世紀20年代後期開始給小報投稿，30年代初，脫離中國銀行，投身為職業編輯。大郎開口響亮豪放，甚至常出粗言穢語，但是，落筆卻如珍珠灑地，尤其詩才獨步，所作的打油詩、竹枝詩，取材靈活時鮮，用詞潑辣詼諧，卻嚴守舊體詩格律，很受讀者歡喜，人送雅號「江南一支筆」。他還熱衷戲劇，京劇、崑曲、評彈、的篤戲，均能有滋有味地唱上幾段。1932年，唐大郎任《東方日報》編輯。七年後，唐辭職，專為幾家小報寫稿，曾開過多個專欄，其中有名欄目作「唐詩三百首」，署名「高唐」，意為「高出於唐人」。40年代中期，唐大郎著文，江棟良作畫，兩人合作在《光化日報》上專闢「唐詩江畫」專欄，堪稱絕配。晚年大郎在香港《大公報》刊出詩詞專欄，前後約三百餘首，深受海內外讀者歡迎，周恩來總理生前也曾兩次對夏衍提起過：唐大郎在香港發表的組詩《唱江南》「是有良心有才華的愛國主義詩篇」[98]。這些詩後由黃裳編輯，於1983年10月以《閒居集》為題在港出版。

---

[98] 魏紹昌：《閒居集》序言，參見劉郎著《閒居集》廣宇出版社，1983年10月，第3頁。

　　龔之方為人正派、謹慎，能幹，而唐大郎生活散漫，
不拘小節，他的朋友多，冤家也多。雖然兩人性格迥異，但
龔、唐二位一直是一個在幕後主持，一個在台前奔忙的辦報
老搭檔，合作得很好。可以說，海派報人的風格很多方面是
由他們倆開創的。有人說：「現在的人妄言『海派』，但真
正領略『海派』精髓的，一個是龔之方，一個是他的老搭檔
已故詩人唐大郎。」[99]是有其一定道理的。

江棟良

　　小報就像一個頑皮的孩子，天真無忌，喜歡撒野，還
不守規矩，常惹禍端；而20世紀初傳入中國的漫畫，其尖
銳、辛辣、深刻的表現力，正契合小報的氛圍。故擅長針
砭時事、表現市民生活的漫畫創作一直是小報必不可少的
內容。40年代上海灘幾位出色的漫畫家，如陶謀基、黃也
白、封寧、王敦慶（黃次郎）、季湜等都有不少佳作在
《海風》發表，上文提到的「唐詩江畫」裡的「江」（江
棟良），更是《海風》漫畫陣營中的主要幹將。江棟良
（1912－1986年），蘇州人，別名義夫。30年代初即開始發
表作品，能畫國畫、連環畫，而以漫畫最為知名。因長年
在影劇界供職，故尤其擅長畫影劇人物，他的《影人私生
活》、《攝影場切口圖解》和《楊乃武與小白菜》（彈詞
漫畫）等組畫，因形象逼真，細節生動，發表後都曾轟動
一時。江棟良繪畫頗有才華，但其習性散漫，手頭寬鬆時
常拖延交畫。故圈子裡有言：天不怕，地不怕，就怕江棟
良「拆爛污」。而其家境窘迫時，則作畫異常認真，且交

---

[99] 秦綠枝：《保持真實的我》，上海遠東出版社，2007年4月，第47頁。

貨勤快，故人又有趣言：「『江』到窮時畫始工。」《海
風》創刊，因和龔、唐兩位的鐵桿關係，江棟良理所當然
成為主要美術編輯，《海風》小說的插圖及刊發的時事漫
畫小品，大多都出自其筆下。他的畫作《吃不消的「勝利
之果」》、《勿把老百姓當作被征服者》等，緊扣現實，
發上海老百姓之心聲，顯示了一個畫家的藝術良心。在
《海風》上，江棟良還推出過兩個圖畫專欄：「漫畫新
聞」和「情歌選畫」。前者以圖文並茂的多幅形式報導當
前最熱議的社會及國際話題，構圖簡練，寓意明朗；後者
則以文配圖的形式，將江浙一帶的民間情歌用西洋繪畫的
手法表現出來。民間情歌俏皮而直白，江的彩色畫誇張而
豔麗，兩者相伴成趣，相映成輝。據老報人秦綠枝回憶：
「江棟良最拿手的是畫上海社會風情，闊佬、惡少、生意
人、白相人、少奶奶、姨太太、交際花之類的人物，經他
簡潔勾畫，無不神情畢現。」[100]文革後，江棟良為龔之方在
香港《文匯報》寫的文章畫過插圖，但身患疾病，一直較
為苦悶，境遇寂寥。

施書范

「十餘年來，友人之工為韻語者，愚獨拜倒施叔范一
人。叔范之作，或鬱沉哀，或紓至性，而無不迴腸盪氣。
……往歲，叔范恒留滬上，愚不欲以詩才自炫，及其他徙，
始目無餘子……及叔范重返海壖，我復噤不敢囂……」[101]是
何等人物，讓從來是大嘴說天下的唐大郎如此謙卑地推介他
的詩文？施叔范（1904－1979年），浙江慈溪人，自幼才思

---

[100] 秦綠枝：《念舊》，《新民晚報》2009年3月23日。
[101] 劉郎：《叔范詩文》，《海風》第12期1946年2月2日，第8版。

敏捷,受父親教誨,舊學頗有造詣,尤工於詩詞歌賦。20世紀20年代,施任教國學專修館,日後的國醫大師裘沛然曾師從於他。施叔范與沈軼騮、鄧糞翁(散木)、火雪明等都喜愛易哭庵(實甫)詩,30年代,結社名「哭社」。這位以詩酒馳名的書生,與滬上眾多文人結為文字好友,像鄧散木、唐雲、唐雲旌、白蕉、桑弧、郁達夫、曹聚仁、趙樸初、楊達邦等都曾與他交往密切。施叔范性情豪放,見義勇為,言語無忌;因滿臉鬍子渣渣,就像水滸中的魯智深,故自號「施髯」、「老髯」、「衰髯」。他又性喜遨遊,曾任上海友聲旅行社(民間組織)的秘書,兼任社刊編輯。抗戰爆發後,施放棄優厚的生活,毅然投筆從戎。他組建姚北抗日自衛大隊,親任大隊長,曾就地鎮壓當地的四個漢奸,故敵偽恨之入骨,曾重金購其首級。1940年,浙東失守,施叔范不得已遠走四方,在四明山一帶過著顛沛流離的生活。連母親去世都未能奔喪,這對於「純孝」的他來說無疑是引憾終身的事。 抗戰勝利後,施叔范重返上海,自言「島虜崩降,吾懷有喜,吾襟如春水重綠,縈紆蕩漾,吐之為快,更禁得海風之一再相吹耶?」[102]盛情難卻老友約稿的他,答應《海風》登載其近十年來的詩文,闢《流亡詩草》、《酒襟清泄錄》等專欄,記述其心境歷程。《酒襟清泄錄》中的文字,敘事寫景,簡約生動,大有唐宋散文小品的遺風;而直擊現實的沉鬱憤激,則讓人神情擾然,心緒難平。他的詩格律嚴謹,耐人尋味,如《大嵐山臥病》:「山居逐日送斜陽,闔眼流光頗自傷。永夜何人聞歎息,涼天孤月照流亡。烽燧經露秋逾壯,雞犬無家劫正長。奚必夢中尋廢壘,履邊草色有

---

[102] 叔范:《酒襟清泄錄》,《海風》第14期1946年2月16日,第8版。

焦黃。」[103]將現實融入詩句，引經據典而又絕不頹唐，難怪唐大郎甘願「拜倒」。1949年後，施曾任職浙江石油公司，「文革」期間，其詩稿幾乎散盡。後經親朋好友多方追憶梳理，集結成《施叔范遺詩》，油印存世。

周鍊霞

　　「幾度聲低語軟，道是寒輕夜猶淺；早些歸去早些眠，夢裡和君相見。丁寧後約毋忘，星華灩灩生光；但使兩心相照，無燈無月何妨。」婉約流轉，真切感人，尤其是最末一句，堪稱近代詩壇婉約派經典，也就是這最後一句，讓享有「金閨國士」的詞作者周鍊霞在「文革」中吃盡苦頭。周鍊霞（1908－2000年）字紫宜，號螺川，書齋名「螺川詩屋」，又名「懺紅軒」。江西吉安人。她自幼聰慧，喜愛繪事，九歲隨父移居上海，曾師從多位詩詞名家。十四歲起拜名畫家鄭壺叟為師，十八歲即開始在海上鬻畫。30年代任上海錫珍女校國畫教師，並為王星記扇莊畫扇。1934年6月，周鍊霞加入馮文鳳、李秋君、顧青瑤、吳青霞、陳小翠、龐左玉、陸小曼等發起組織的中國女子書畫會，成為這個現代中國最具影響力的女子書畫會的骨幹。「一九三六年，她的畫選送加拿大第一屆國際藝術展，榮獲金獎。」[104]周生性灑脫健談，言辭機敏詼諧，氣質嬌好嫻雅。到了晚年，還有人不自禁地感歎「七十猶傾城」[105]。40年代，周與滬上藝壇頂尖人物來往頻頻，一時為小報人士追捧，人稱「鍊師娘」。

---

[103] 叔范：《流亡詩草》，《海風》第13期1946年2月9日，第6版。
[104] 桑農：《海上花開花又落》，《書屋》2005年第3期，第79頁。
[105] 學者蘇淵雷語，引自桑農：《海上花開花又落》，《書屋》2005年第3期，第80頁。

《海風》編輯蘭兒曾幾度到周處約稿，有《我看鍊師娘》一文，對其充滿仰慕之情：「一路回報館，一直想著她，如果她穿上古裝，如果在她的畫桌旁更燃起了一爐香，在香煙繚繞中看她⋯⋯我把她看得太遠，遠得像藏在樓上的美女，遠得像文人筆下渲染的仙女。」[106]《海風》專欄編輯老鳳有文《寫給鍊霞柳黛》，字裡行間充溢了作者對這位詩畫雙絕女子的讚譽之詞。

周鍊霞固「以丹青名於世」，但其自幼隨名家學習詩詞，文字工夫也十分了得，雖作品不多，然每有發表，便屢獲好評。上世紀40年代初，她在《萬象》上初次刊文，編者陳蝶衣便稱讚其文筆「畢竟是不同尋常的」[107]。譚正璧1944年編《當代女作家小說選》，幾經斟酌，最終十六人入圍，每人一篇，周鍊霞也以小說《佳人》入選，得以與張愛玲、蘇青、施濟美等名作家並駕齊驅；譚正璧並誇獎她的《佳人》「刻劃詩人的性格頗逼真」[108]。1945年《海風》創刊，因和龔之方、唐大郎他們時常往來，彼此是談得來的朋友，能寫善畫的周鍊霞理所當然地被邀為主要撰稿人之一。她也不負期望，連續多期在《海風》上發表自己所擅長的詩詞，文字還是那樣的旖旎風流，清新婉約，如《喝火令・題畫詩》：「風前飄紫綬，窗下染紅黃。幾回含淚訴心期：長任重愁千斛。壓損小山眉！才淺難消福，情深易惹癡。怎教相見不相思？況是殘秋，況是別離時，況是疏燈小閣，寫遍斷腸詞。」[109]她在《海風》上發表

---

[106] 蘭兒：《我看鍊師娘》，《海風》1946年3月30日第20期，第4版。
[107] 陳蝶衣：《編輯室》，《萬象》第一年第七期1942年7月。
[108] 譚正璧：《〈當代女作家小說選〉序言》，上海太平書局，1944年12月。
[109] 周鍊霞：《喝火令》，《海風》第5期1945年12月15日，第6版。

的散文《父親店》，記作者朋友的兒子自小生長在國外，國語不標準，常常鬧笑話。其父親死後，海外的母親要他在上海購買一套佛經，被他說成了「虎精」，駭得作者不知如何操辦的趣事。文字風格一如她40年代初在《萬象》發表的文章，幽默風趣，真摯動人，洋溢著「螺川小品」的風采。周鍊霞的詩文，描述的往往只是身邊瑣事，但細膩傳神，頗能反映文人生活的情趣，且填詞幽雅，為文生動，故很得這一階層人士的激賞。上世紀80年代初，周赴美治病、探親，最終和張愛玲一樣，客死他鄉。如今，周鍊霞的優雅風尚也許只留在那代人的記憶裡了。

王小逸

《王小逸突然暈倒》，如此標題絕對是彈眼落睛。這位20世紀三、四十年代小報界的代表作家，如若真的一病不起，豈不讓天天以閱「捉刀人」小說為精神食糧的老百姓悵然若失？王小逸（1895－?），江蘇省南匯縣川沙鎮（今屬上海市）人[110]。1920年左右，王由鄉村小學教員向上海的學校發展，同時開始通俗文學創作，筆名有捉刀人、春水生、王微波、愛去先生、何家支、乙未生、醉沙等。他的第一部長篇章回小說《海西花絮錄》發表在一張地方小報《浦東旬報》上，之後，加入《金鋼鑽月刊》和《金鋼鑽報》，參與具體編務。王小逸的社會閱歷極為豐富，他年輕時種過田，做過小學校長，中學教員，書店老闆兼經理，還擔任過淞滬警備司令部辦公廳的秘書，中華

---

[110] 關於王小逸生平及作品介紹，參閱劉祥安：《四十年代方型刊物代表作家──王小逸》，《中國近現代通俗作家評家評傳叢書之十二》，南京出版社，1994年10月。

電訊社天津分社的主任等職。這些經歷使他對中、下層市民的生活感同身受，故其筆下的人物語言和細節描寫非常生動，洋溢著鮮活的生活氣息，「往往是廣大市民階層的『家常菜』，覺得很能『下飯』，也配胃口」[111]。1925年起，他在報刊上連載的長篇小說《春水微波》等受到市民歡迎，使其在二、三十年代的上海通俗文學界一舉成名。當時上海的小報編輯都期望能羅致到他的連載小說，以保證報紙銷售量，這讓王小逸應接不暇，「故最多時期，每日須為長篇十五節之短」。[112]於是，他白天上課，晚上撰稿，時間實在緊張，就乾脆跑到印刷廠裡，搬張桌子，在隆隆的機器聲中寫將起來，然後直接交給印刷工人刊印。抗戰初期，王小逸的家庭遭遇巨大變故，原先的十一口之家縮為八口，由他一人獨力支撐。戰爭期間百物昂貴，輿論管制嚴格，導致王的小說不得不向低級趣味發展，所謂「以輕靈之筆，寫風冶文章」[113]。所以，現代新聞史家們常把王小逸作為市民文化商業市儈化操作的代表人物。抗戰勝利後，作為開方型週刊先河的《海風》，自然不會放過這個小報界的「響檔人物」，加上龔、唐兩位本來就和他很熟，故最早向他約稿。一度沉寂的王小逸得以復出，最初以「飛沙散記」的總名發表一組短篇小說。由於筆政長閒，下筆未免拘束，文字用的也是半文言，其中《遼海記》等篇，描寫的是抗戰期間上海近郊的抵抗活動，在王小逸的作品中是新穎的嘗試。後有長篇《太平妻》連載，

---

[111] 范伯群：《中國通俗文學史》（插圖本），北京大學出版社，2007年1月，第523頁。
[112] 木乃伊：《捉刀人外傳》，《海風》第14期1946年2月16日，第9版。
[113] 《捉刀人名著預告》，《海風》第1期1945年11月17日，第12版。

始漸漸恢復其慣寫的都會人情，筆墨也愈顯輕鬆。《海風》開風氣之後，「方型週刊」一時在滬上大為氾濫，王小逸重又成為編輯們互相爭奪的對象，《海風》上刊出的《王小逸突然暈倒》這篇報導，正是他作品大熱後疲於奔命，精神透支的真實寫照。1949年後，王小逸曾為上海南市中學的教師，後行蹤不明，其最終命運至今仍為謎局。

夏衍

　　如果說江棟良、周鍊霞、王小逸等人在《海風》上頻繁亮相，讓人感覺是順理成章之事，那麼，作為共產黨一方大員的夏衍出現在《海風》的撰稿陣營中，則多少令人感到有些詫異。其實，夏衍稱得上是一個「老上海」了，從20年代中期起，他就在從事共產黨地下活動的同時，在上海的文壇、影壇和劇壇多面出擊，他的報告文學《包身工》、話劇劇本《賽金花》、電影劇本《狂流》和《春蠶》以及譯作《母親》等，都曾名震一時；與此同時，夏衍本身具有的文人脾性，也讓他和文壇內外的眾多人士都結下了朋友情誼，其中就包括報界的曹聚仁、姚蘇鳳、馮亦代、龔之方等人。在抗戰勝利後的9月回到上海的夏衍，當時擔任中共上海局文委的領導職務，他此次回滬，是奉周恩來之命，負責籌辦《救亡日報》的復刊事宜（該報在抗戰初期創刊於上海）。一到上海，夏衍就和很多朋友接上了關係，而上海的進步文人也把夏衍當成可信賴的同行，接近他並與之共事。像辦《世界晨報》的姚蘇鳳，在夏衍一回到上海後就來找他，說「我沒有辜負老朋友，沒有做漢奸」，並請他在《世界晨報》上開專欄。而夏衍也認可姚在政治上的表現，晚年在撰寫回憶錄時還特地提到：「由於姚蘇鳳曾有這方面的表現，

夏衍四十年代留影

解放後我還把他介紹到《新民報》當編輯，工作一直不錯，直到去世。」[114]從1946年1月起，夏衍在《世界晨報》上開闢「蚯蚓眼」欄目，所發文章都針砭時弊，且短小精悍，妙語警句傳誦一時。對此，海風社也極為關注這位「蚯蚓眼先生」，在報上刊出文章評論道：這位「蚯蚓眼先生，目觀四方，周到而銳利，寫來又尖銳刻薄，恰到好處，此人定係名手」[115]。我們現在已無從知道，海風社同人最終是否知曉這位「蚯蚓眼先生」其實就是夏衍，但夏衍文章在《海風》上的屢次登堂亮相卻是不爭事實，這其實也從一個方面表明夏衍對這份「方型週刊」的認可。從1945年的12月起，夏衍先後在《海風》上發表了《漢奸的結局》、《陳公博之出身》、《陶聞齋亂倫秘記》等多篇時評雜文。這些文章辛辣地嘲諷敵偽時期在上海為非作歹的漢奸們的醜態以及戰後他們的可悲下場，文風潑辣，言論犀利，既立場鮮明，又有著濃郁的小報風格。如在《高冠吾姘婦一千人》中，他揭露：「高任偽京市長時，自北京、天津、漢口、杭州、蘇州各路趕往集中之姘婦，極浩浩蕩蕩之能事。專查旅館之偽軍警憲稽查處，有一綜合報告，發現自稱『高市長』太太之女客，達二百七十二人之多，如集中一處，則京中無此偉大旅館，蓋所謂『市長太太』者，終不便如女校宿舍之四五人共聚一室耳，誠蔚為奇觀矣。」[116]在《漢奸的結局》中則諷刺道：「做漢奸而致富的，當然也不少，然而大部分漢奸，因為抓不著實權，都不免羊肉未曾吃著而惹了一身羊臭。尤其是那些冷部門的司長、科長之類，『官』銜說小不小，論收入則

---

[114] 夏衍：《從事左翼電影工作的一點回憶》，《電影文化》1980年第1、2輯。
[115] 其五：《上海報紙的眼睛專欄》，《海風》第28期1946年5月25日，第3版。
[116] 見《海風》第5期1945年12月15日，第6版。

不及一般堂『倌』。」從夏衍當時的人際關係來看，這些文章應該是通過龔之方去約來的，夏與龔在30年代曾一同供職於電影界，彼此熟稔，關係不錯，此次應龔之約為《海風》寫幾篇短稿，應是情理中事。龔之方晚年曾總結：「我的一生中有兩個特點」，而「與夏衍的關係」則是其中之一，並認為「我的半輩子經歷都與夏衍關連」[117]。事實上，在戰後上海短短的幾個月裡，夏衍除了把《救亡日報》改名《建國日報》在滬復刊等自身事務以外，還參與了大量工作，其中就包括為各類報刊把關、寫稿等等。如作家吳祖光就曾在一篇文章中寫到自己當時的感受：夏衍永遠是是精力過人，忙忙碌碌的，他為《新民晚報》撰寫專欄文章，並參與《清明》、《消息》的創辦和寫稿。他常常到他在愛多亞路（今延安路西藏中路）大世界二樓的《清明》編輯部來，或開會，或小憩，不一會兒，又消失在人流裡。[118]其實，當時和夏衍同事、日後受其「照顧」的上海報人何止姚蘇鳳、龔之方等人，像上述的唐大郎等小報界人士，在解放初期，被時任上海市委宣傳部長的夏衍安排到《大報》、《亦報》這兩種「過渡時期的海派小報」作編輯，以後又加盟《新民晚報》副刊，這也許是新時期中這批小報文人的一個最為合適的去處了。

《海風》始終保持深入淺出的特色，版式靈活多樣，文章短小精悍，語言潑辣通俗，滬語方言多有出沒。有幾位

---

[117] 引自1995年12月15日龔之方給謝蔚明的信，詳見謝蔚明：《我與龔之方》，《文匯讀書週報》2006年3月17日第5版。

[118] 夏衍和《清明》雜誌編輯部的往來，參見吳祖光《作家和戰士——記夏衍同志》，《劇本》1957年4月號。

作家的文字頗富特色，如石揮、范煙橋、魏金枝、吳仞之、丁芝、潘柳黛等，他們的作品內容多來自親身經歷，在敘述自己遭遇的同時，也反映了當時戰亂年代大多數人的共同感受，逶巡在字裡行間，我們好像和他們一起走在城市的大街小巷，共呼吸，同悲歡，觸摸到濃濃的社會風情。因龔、唐二人的良好人脈，為《海風》供稿者眾多，除上述幾位之外，還有蔡夷白、吳儕、徐大風、鄭過宜、周瘦鵑、梯公（胡梯維）、鳳三（馮蘅）、黃次郎（王敦慶）、文海犂（鍾子芒）、海濤、龔翁（鄧散木）、醬翁（徐卓呆）等，暫不可考的作者則更多，他們的筆名中，帶「海」字頭者就有「海鳳」、「海客」、「海行」、「海生」、「海公」、「海綿」等等；至於像「木乃伊」、「文掃地」、「原子能」、「阿毛哥」、「黑寡婦」、「湯姆」、「華生」、「霍桑」、「比爾」等很多稀奇古怪的筆名更是頻繁上陣，這是海派小報的傳統和特色，也無須考證。有人曾在《海風》著文《筆名戲解》，對小報筆名作一番解讀，實也是遊戲文字，並不能透露多少內幕。

1946年7月13日，第三十三期《海風》與上期《海風》間隔三週後始出版，給人以一個不詳的強烈信號。1946年8月3日，《海風》出到第三十六期，在沒有任何停刊啟事的情況下，終於「無疾」而終！有研究者猜測，原因之一是龔之方、唐雲旌暗中邀請革命作家撰稿，被當局警告，勒令停刊。那次暫停其實就是停刊前的一個徵兆。也有人認為《海風》的停刊是編者的潔身自好，不與當時已呈氾濫態勢的方形週刊同流合污。而龔之方晚年對此也有說明：「《海風》銷路特好，夏衍等暗中為《海風》寫稿，編輯部有人向南京國民黨宣傳部告密，我被部長許孝炎召見談話。我回滬後

不久，《海風》在政治壓力下宣告停刊，實際是官方查禁所致。」[119]這些話其實都只說對了一半。1946年6月底，鑑於輿論的逐漸失控，政府方面決定：任何報刊都須重新登記，在獲得中宣部和內政部的核准後，憑新發登記證始得發行出版。1946年6月22日，《海風》32期出版後的暫停三週即為此事。《海風》原先拿的是上海郵政管理局頒發的二四八一號執照，此次重新登記後，獲得的是「中宣部及內政部核准登記，內政部頒發警京滬字第七九號登記證」及「內政部批示警字二八一號准予發刊證」[120]，憑此，《海風》始得以於1946年7月13日在停刊三週後復刊，出版第33期。至於龔之方所說：因夏衍等暗中為《海風》寫稿，被人告密，《海風》始在政治壓力下宣告停刊，恐也不夠完全準確。夏衍確實為《海風》寫了不少稿件，但都在早期，且均為揭露漢奸的內容，當還不致觸犯時忌。筆者認為，《海風》的停刊是多種因素所致，但吳仞之的文章很可能是其中一個重要原因。吳仞之在五四時期即積極投身學生運動，抗戰期間與于伶、張庚等結識，從事救亡劇運，導演有話劇《人之初》、電影《亂世風光》等，與黃佐臨、費穆、朱端鈞合稱為「孤島四大導演」。抗戰勝利後，他任上海市立實驗戲劇學校教務長，因領導師生參加反饑餓遊行等活動而被迫辭職。吳仞之是《海風》的重要撰稿人，主要撰寫時評，文章幾乎都刊登在頭版，如《從娛樂捐說起》、《話劇電影成了搖錢樹》、《「尊師運動」與「賑死運動」》、《國民身分證質疑》等。這些文章緊扣時事，對政府的種種不合理舉措進行

---

[119] 引自1995年12月8日龔之方給謝蔚明的信，詳見謝蔚明：《我與龔之方》，《文匯讀書週報》2006年3月17日第5版。

[120] 《海風》第33期1946年7月13日，第1版報頭。

剖析，觀點鮮明，言論犀利，如《替強盜說話》一文寫道：
「據生活指數的統計，就食物一項而論，五月份竟直升到了
四千五百二十三倍，比四月份多出了二千零六十四倍。這就
難怪天天要成強盜的黃道吉日，天天要在冬防季節裡過了。
要是你在今天還要繃緊臉來嚴責強盜的話，那我要問：難道
你希望個個生活不下去的人都像最近那位小學教師，用鐵錐
把鐵釘子向自己的太陽穴裡打去，大家死個乾淨麼？上帝
有知，恕我的『大逆不道』，但是我還沒有『造反』的勇
氣。」[121]這樣尖銳的言論，自然很難讓政府當局容忍，嚴詞
警告，施加壓力是可以想像的，這從以後《海風》的版面也
可看出端倪，類似的文章大大減少，尖銳程度也有所收斂。
35期上，吳佪之發表一文，題為《難得糊塗》，詞裡行間也
可體會出他的「消極抵抗」：「我是勸人家糊塗些，才有勇
氣。現在被打被殺的場面多，乖巧的人自然說話也怕，走路
也怕，一舉一動都會怕起來，那如何做自由人？還是糊塗糊
塗些。」[122]

　　《海風》的停刊，讓海派方形週刊陣營折損了一員大
將，並逐漸失去原有品格，再次跌入無思想、無深度，滲透
庸俗瑣屑物欲的怪圈。方形週刊開始由盛轉衰。到1947、48
年間，全國政治形勢惡化，內戰全面爆發，人心惶惶，方
形週刊遂走向末路，銷聲匿跡。但無論如何，以《海風》
為代表的一批海派報人，他們隨性率真的個性，才情橫溢
的創作，為中國文學史和報學史增添了一抹異彩，我們不
應忘記。

---

[121] 吳佪之：《替強盜說話》，《海風》第30期1946年6月8日，第1版。
[122] 吳佪之：《難得糊塗》，《海風》第35期1946年7月27日，第1版。

15 世博舞台上的中國「海歸」[123]

　　世博會是全球文化交流的盛會，是科技創新展示的舞台，更是創意與智慧的競技場。各參展國通過展示本國在經濟、科技以及社會發展方面的成就，宣揚和彰顯本國本民族的精神風貌、文化歷史和民俗風情，並借此對世界文化發展形成影響和衝擊。自1851年上海商人徐榮村首次參與世博會並奪得大獎後，中國官商就斷斷續續以不同的形式出現在各種各樣的國際博覽會上。然而，在最初的幾十年裡，世博會並未真正引起國人的重視，人們將其視為「賽珍耀奇」的無益之舉，連「賽會」這個詞本身也容易讓人與傳統社會中的廟會或者迎神賽會混為一談。1866年法國巴黎的世博會向總理衙門發出邀請時，清政府僅僅以「曉諭商民」的形式來搪塞了過去。然而，隨著時間的推移，中國無論是否情願，都已逐漸融入世界經濟體系，對於西方世界來說，決不可能輕易放棄中國這一蘊涵巨大潛力的市場。1873年維也納世博會舉辦前，清政府終於同意建立一個專門機構來負責博覽會的相關事宜。顯然清政府允諾出洋賽會，仍然是被動選擇的結果，政府並沒有派出人力物力操辦具體事宜，客觀來說，當時的清政府也不具備相應的條件。因此，洋員甚多、熟悉外情、財政又比較固定的海關成為了承辦國際博覽會參展事務的最佳選擇，而這一辦竟然就是32年。儘管此後不少的中國人通過世博會這一平台走向世界，然而賽場佈置、貨品選擇、運輸報關等博覽會事務的真正實權卻一直掌握在海關「洋員」的手上。進入20世紀後，這種情況逐步得到了改變，越來越多的中國人開始走近世博會，逐漸成為承辦博覽事務的中堅力量。尤其是其中一大批在今天被我們稱為「海

---

[123] 此文和黃薇合作撰寫。

歸」派的留洋學生，他們都曾有長期在歐美、日本等地學習
的經歷，是國人中最早走出國門睜眼看世界的群體，也成為
連結中國與世界的紐帶。在世博會的舞台上，他們憑藉著自
身的語言優勢，或者專業特長，甚或超強的人脈關係，幫助
中國完成了一次又一次的世博之旅。

1904年溥倫和世博官員合影，二排左三為黃開甲

組織能力

　　1905年，清政府正式收回國際博覽會的承辦權，並且指定以後的賽會事宜均由商部（農工商部）負責管理；還於1905年11月制定並出台了《出洋賽會通行簡章》二十條，明確了商部與各省督撫、商務局、商會和商人參加國際博覽會的管理許可權及責任，對商人出洋賽會的商品做了較為詳細的規定，真正從根本上結束了海關洋員把持博覽會事務的時代。民國政府成立後，更是將籌辦博覽會事宜向正規化和制度化方向發展。此時，一大批中國官員作為政府代表直接參與到了世博事務當中，而有留學背景的「海歸」們更是日益顯現出自身的優勢，其中兩次代表中國參與世博會的張祥麟即典型的代表。張祥麟，1891年出生，祖籍江蘇上海。1913年入上海聖約翰大學，後留學美國哥倫比亞大學。1922年任駐紐約的中國總領事，後多次參加國際會議和活動。1931年赴日內瓦以國家代表身分出席國際聯盟召開的勞工大會等。張祥麟第一次結緣世博會是在1926年，當時任職中國駐紐約總領事的張氏以高級專員的身分參與了美國費城世博會。然而，因其在紐約的公務十分繁忙，實際上並不能常駐費城，只能遇有重要事項才來費城主持指導。所以，具體的展會事務都是由中國代表團的另一位主要成員惲震完成的，巧合的是他也曾是一位留美學生。惲震（1901－1994），江蘇省武進（今常州）人。1921年畢業於上海交通大學電機工程系，隨即赴美。1921至1922年在美國威斯康辛大學和美國的電機製造廠、電站建設公司學習和工作。回國後，他曾作為政府官員參與過多屆世博會的籌備工作。1926年，他更成為費城世博會中國代表團的主要成員，並且還擔任了評審委員會委

員。惲震除負責最繁重的陳列、宣傳、售品、競獎等事務外，還要協助主任委員鄒鼎新處理很多瑣碎事項。因此，中國在此屆世博會上能獲得一定成績，惲震功不可沒。惲震的功績還在於他在此屆世博會結束後不久專門寫了一本《費城賽會觀感錄》（1927年出版），其中除詳細記載了此屆盛會的特色、不足和中國參展的情形外，由於他還是此屆世博會五人高級評審團的成員之一，故惲震對此特別留意，不但在書中詳細介紹了評獎規則，還特地附錄了中國在此屆世博會上的全部獲獎名單。近代中國參加了很多屆世博會，也獲得了大量獎項，但由於時局動盪和檔案意識的缺乏，我們的獲獎記錄都是殘缺不全的，依託了惲震的有心和負責任，1926年的費城世博會成為了到目前為止我們能夠全部查到中國參賽商品獲獎名單的唯一一屆世博會。

如果說中國參與1926年的世博會，尚可以說是平平安安，相較之下1933的芝加哥世博會，中國的參會歷程就可謂是一波三折了。早在1932年春，南京國民政府接受美國政府的邀請，決定參加這次博覽會；行政院也通過預算，撥給法幣40萬（約合10萬美金）作為參展費用，並成立了一個「中華民國參加芝加哥博覽會籌備委員會」，全面負責參展事務。1932年6月，籌備委員會正式啟動，全國各省紛紛響應，並將徵集的展品先後運往上海。1933年初，還在國立中央研究院裡的工程館召開了一次盛大規模的「徵品展覽會」。就在籌展活動進展到最緊張之際，行政院以國難日深、經費困難為由，突然於2月28日下令停止參加芝加哥世博會；同日，實業部也急電籌委會辦理結束事宜。這時，離世博會開幕僅有兩個多月的時間，各省運來的展品已集中在上海裝箱待運，其勢難以作罷。就在這緊急關頭，有關人士

於3月2日在上海總商會召開緊急會議，決定由出品人自行組織協會參加，請全國總商會出面協調，組織一個中國參賽代表團赴美。3月5日，中國參加芝加哥博覽會出品人協會正式成立，全國總商會會長王曉籟出任會長，上海銀行公會秘書長林康侯為副會長，中國銀行總經理張公權任經濟委員，蔡元培、葉恭綽等15人為理事。張祥麟臨危授命，擔任總代表，率團赴美。因而，此次中國參與世博會的一切籌展、參展活動都與政府無關，而純粹由民間組織自己參與協調。張祥麟作為其中最為重要的人物之一，以其豐富的外交經驗，在美國良好的社會關係網路以及優異的組織能力，妥善處置了中國參展的展品安排、會場佈置等各項事務。尤其為人稱道的是在應對各種突發事件時，張祥麟所表現出來的沉著、冷靜以及應變能力。張祥麟到達美國時，留給他建造中國館的時間還不足兩月，而建築經費已經從原先預算的四十萬美金銳減到一萬五千美金，而設計的圖紙方案也幾經改變。在這樣的情況下，為保證工程品質，張祥麟依舊認真審核建造商資質，力排眾議，果斷撤換下沒有任何成功經驗且價格高昂的美國建造商。在多方努力下，保證了中國館在世博會開幕後順利交付使用；當日本在世博會上進行不利於中國的各種宣傳時，張祥麟也在第一時間會同當地商學界迅速組成宣傳委員會，針鋒相對地展開中國文化、教育及藝術的宣傳，最終迫使日本方面停止了演講，維護了中國的大國形象。

人脈關係

在眾多遊歷1889年巴黎世博會的中國人中，有一個叫陳季同的人身分比較特殊。陳季同是晚清著名外交官，他

左 ｜ 中國駐法使館文化參贊──陳季同

右 ｜ 1927年出版惲震著《費城賽會觀感錄》書影

15歲進入福州船政局附設的學堂學習，1877年3月，陳季同與其他三十餘名學生啟程赴歐洲學習，這是清政府首次派遣赴歐留學生。後任駐德、法參贊，代理駐法公使並兼比利時、奧地利、丹麥和荷蘭四國參贊。他在巴黎居住長達16年之久，頻繁出入於歐洲外交界和文化界的沙龍，成為政治雜誌的封面人物。陳季同頗受歐洲上層社會的歡迎，德意志皇帝弗雷德里希三世、德國首相俾斯麥、法國政治家甘必大、法國政界名流貝爾當、特那爾，經濟學家勒普來，文學家拉畢什等都與他建立了良好的友誼。

　　1889年巴黎世博會期間，陳季同正在駐法參贊任上。當時有不少中國人慕名前往參觀，以致法國報紙刊出這樣的報導：「大清官員湊分子前來參觀艾菲爾鐵塔。」這些人中有很多從未離開過中國，也不會說任何歐洲語言。因此，活躍的陳季同利用自身在歐洲上層社會的影響力，責無旁貸地充當了他們的嚮導，穿梭於各國名流之間。他為此自嘲：「有一段時期，每天大部分時間我都在博覽會上，幾乎成了參展商中間被展出最多的人。」除了博覽會的各項事務，陳季同還充分利用自己在法國的人脈關係，帶領他們參觀羅浮宮，攀上艾菲爾鐵塔，觀光百貨公司，獵奇證券交易所，走進法國國家圖書館，目睹一份新聞日報的誕生過程，甚至坐上熱汽球，親身體驗一下「從來未曾有過的感覺」。世博會上琳琅滿目的景象讓人讚歎不已，為此，陳季同還專門寫了一本書，講述「巴黎萬國博

覽會期間的奇異景象會使一個來自中央之國的人產生什麼
樣的想法」。他在書中借一個同胞的口感慨：「巴黎是個
大都市，但在巴黎之內還有一個更大的城市，即所謂的萬
國博覽會。」

如果說巴黎世博會上還是陳季同一人獨放異彩，那麼稍
後在美國舉辦的聖路易斯世博會，則展現出了一批美國留學
生的實力。1904年，是中國政府第一次以官方形式率商人組
團參與世博會。此前的三十多年中，中國國際博覽會參展事
務的承辦權一直牢牢地控製在海關的「洋員」手中，他們掌
握著賽場佈置、貨品選擇、運輸報關等博覽會事務的實權。
而在世博會的舉辦地美國國內，當時恰又掀起排華高潮，以
致於本是「內可維持商務，外可聯絡邦交」的大好事，憑
添了諸多阻撓和困難。在應對如此複雜的局面時，作為代表
團成員以及政府官員的很多留美學生利用其自身的優勢，發
揮了至關重要的作用。

如負責辦理賽會一切事宜的代表團副監督黃開甲（1860
－1905），是晚清第一批留美幼童之一。他曾在耶魯大學
就讀，二年級時「應召」回國，未能完成大學學業。回國
後，黃開甲先是在上海道台處任翻譯，隨後被盛宣懷任用
為秘書，是其得力助手，並曾任輪船招商局經理，電報局
總辦等職。對於世博會，黃開甲本人並不陌生，早在1876
年美國留學期間，他就與其他留美幼童一起參觀過費城世
博會，並受到當時的美國總統格蘭特的接見。進入20世紀
後，黃開甲越來越多地參與到了清廷的對外事務當中，不
僅承擔了中美商約修訂的文案工作，還直接參與了部分外
交活動，如1902年他曾隨貝勒載振赴英國參加愛德華七世
的加冕大典。外務部正是看中了黃開甲精通英文，又瞭解

美國的辦事方式，同時還熟悉外交事宜，才選中他擔任賽會副監督。此外，擔任聖路易斯中國代表團聯絡官的駐三藩市副總領事歐陽庚，也是一位留美幼童，與詹天佑同在9年內完成了16年的課程，1881畢業於耶魯大學。其弟歐陽祺則作為代表團的隨行翻譯，陪伴在黃開甲左右。當時擔任中國駐美公使的梁誠以及擔任華盛頓使館翻譯的鍾文耀，也都是留美幼童出身。

遠在1904年世博會開始前的一年，梁誠就敏銳地意識到美國出台的《限制華人來美賽會章程》將對中國赴美參會造成影響，隨即向美國政府提出過交涉並迫使對方作出修改。1904年，世博會開始前夕，當他獲悉參展華商無端受到美國海關官員百般苛待和侮辱並被無故扣押後，梁誠隨即與時任三藩市總領事的鍾寶僖一起竭力斡旋，使得部分華商順利登岸。梁誠等人從留學期間起就與美國政商界建立起來的良好關係，此時發揮了效用。同樣，針對排華問題，作為賽會副監督的黃開甲也在多個不同場合發表公開演講，數次將矛頭直指美國的排華問題。他還在為《北美評論》（North American Review）撰寫的專文中指出，美國排華政策的實施，對於滿懷熱情，耗費了大量時間和金錢參展的中國商人而言，會增加他們對於美國的負面情緒，甚至有可能出現「抵制」行動。即使在世博會結束後，黃開甲依然沒有停止這樣的呼籲與抗議。甚至有美國媒體猜測正是因為黃開甲向清政府遞交了相關的文件，才導致此後中國國內開展了抵制美貨的運動。當然，這種說法裡臆測的成分居高，但也從一個側面說明了黃開甲等人在美國的影響力。

語言優勢

　　由於長期在國外學習和生活，「海歸」們往往還熟練掌握著一門甚至數門外語，這對於他們在世博會期間開展工作有著極大的便利，而最為精彩的莫過於他們在不同場合、不同環境下發表的一次次精彩演講。陳季同在1889年巴黎世博會期間發表過多場公開演講，他用生動而又富有幽默情趣的語言，將一個理想化的「文化中國」形象傳達給西方公眾。陳季同口若懸河，妙語連珠的演講，連羅曼・羅蘭都驚呆了，這位法國文豪在日記中不乏「嫉妒」地寫道：「他身著紫袍，高雅地端坐在椅上，年輕飽滿的面龐充溢著幸福⋯⋯

中國館宣傳委員會成員合影，右四為張祥麟，右七為何鳳山

他的演講妙趣橫生，非常之法國化，卻更具中國味，這是一個高等人和高級種族在講演。」而外號「小旋風傑克」的黃開甲，早在美國留學期間就已經展現出了演說家的天賦，儘管他的英文略帶口音，但用詞準確、語言優美，並且能夠出口成章。1904年世博會期間，針對美國政府出台的多項排華措施，黃開甲曾在演說中敏銳地指出「當美國對所有的中國人、中國學生關閉大門時，歐洲卻向他們敞開胸懷。因為他們知道若干年後這些年輕人對他們意味著什麼，也許美國可以通過武力獲得很多東西，但卻永遠也無法通過武力獲得商業利益。」這樣的真知灼見，不僅在當時即便是在現今社會也同樣發人深省。畢業於哥倫比亞大學的高材生張祥麟和畢業於德國明興大學的何鳳山博士，還有當時正在芝加哥大學學習的其他中國留學生，他們一起用自己的精彩演講捍衛了祖國的尊嚴。芝加哥世博會召開時，中國國內的局勢日趨緊張，1933年1月，日軍入侵華北，攻占山海關；3月，侵占熱河全境；5月，中國軍隊「長城防線」崩潰，冀東20餘座城池陷入日軍之手。是年六月起，日本在世博會上設立南滿鐵路展覽，並且雇傭美國人寇倫在科學館演講偽滿洲國問題，進行不利於中國的各種宣傳。中國館常務理事會隨即會同當地商學界組成宣傳委員會，針鋒相對地展開反擊。委員會由張祥麟親任主席，何鳳山、周貫虹、張勞度等人擔任委員，特別聘請在當地就學的華人留學生李德明、周景真、駱傳芳、戴秉衡等作為演講員，每天下午六點在中國戲院內進行專題演講。經過仔細斟酌，演講題目最終確定為：星期日，介紹新中國；星期一，中國之新建設；星期二，中美商業之關係；星期三，中國之家庭生活；星期四，現代中國婦女；星期五，中國之新舊教育；星期六，中國及世界。演講活動

自8月6日開始至10月9日結束，期間觀眾累計人數達到一萬一千五百人左右，引起各方強烈反響，收效甚佳。

專業特長

　　世博會作為一項綜合展示國家科技、經濟、文化實力的盛事，同樣也需要各個方面的專業人才協力完成。如世博會場內的國家館，作為一個國家的形象代表就具有重大的意義。因此，世博會曾有過相關的規定，要求國家館的設計必須由專業建築師來承擔。這樣一個在今天看來合情合理的要求，卻難倒了早期參加世博會的中國代表團，當時在國內能夠勝任設計的人，因為不具備西方認可的建築師資格，而被視為工匠，無法參與中國館的建造；而西方的建築師，往往又不熟悉中國的傳統文化，同樣難當此任。以1904年而言，官方最終選定的是上海租界裡的兩位英國建築師Atkinson和Dallas，這不能不說是一種遺憾。甚至在1910中國政府自己籌辦的南洋勸業會上，也是這兩位外國建築師被委以總設計師的重任。不過當時間進入20世紀20年代後，這樣的局面終於得到了改觀，中國開始有了自己的建築師，他們傑出的才能，在世博會上創造了一個又一個中國奇蹟。

　　1933年芝加哥世博會的中國國家館，就是出自中國建築師的作品。1932年6月，中華民國參加芝加哥博覽會籌備委員會成立伊始，中國國家館的建設方案就擺上了議事日程。此時的中國，已經有了自己的建築師學會，而擔任初稿設計的童寯、徐敬直等人都是留美的「海歸」派建築師。此後，儘管有外國設計師Murphy的城牆式方案參與競爭，最終仍是選用了由上海商品協會主持設計的建築方案。中國館的建

1926年費城世博會上中國工業展館

造僅使用了兩個多月，費用僅及日本館十分之二，但仍以其鮮明的東方特色，吸引了約二百五十五萬名參觀者。在這一屆的世博會上，還有一件輝煌的中國建築傑作一直為後人津津樂道，那就是根據河北承德避暑山莊內的「萬法歸一」殿複製的Bendix喇嘛廟（俗稱「熱河金亭」），而它的建造也與兩位著名的留美建築師緊密相關。長期在中國從事探險活動的瑞典地理學家探險家斯文・赫定，為了獲得更多的活動經費，與瑞典籍富豪 VINCENT BENDIX達成協議，在中國尋找一個一流的廟宇，並將之搬到芝加哥，參加於1933年舉行的世界博覽會。最終，斯文・赫定將目標鎖定在承德避暑山莊的「萬法歸一」殿上。可是，當他向民國政府提出要將廟宇拆往美國展覽時，理所當然地遭到了拒絕。在雙方的談判陷入僵局時，中國著名建築師梁思成建議，將「萬法歸一」殿按1：1的比例複製後運往美國。隨後，在梁的主持下，開始了這項前所未有的複製工程。梁思成通過測量繪製出50餘幅圖紙，並在北平等地挑選出200名能工巧匠，選用

1933年世博會上外國遊客參觀中國熱河金亭

東北上好的松木為製作原料，經過一年的努力，在1930年完成了兩萬八千個部件的製作。隨後，這些部件被裝入二百餘個箱子運往美國。為指導安裝工作，梁思成又特地製作出一個精緻的小型模型，並聘請留美中國建築師過元熙監督熱河金亭的拼裝工作。過元熙是江蘇無錫人，自清華學校畢業後即赴美留學，先後取得賓西法尼亞大學建築系學士學位和麻省理工學院建築系碩士學位。他在督辦熱河金亭建造工作的同時，還擔任了民國政府實業部世博會設計委員的職務以及中國國家館的設計顧問，並持續通過自己的相機和文章為國內的讀者介紹芝加哥世博會的籌辦工作與建設進程。正是通過國內、國外兩位中國建築師的通力合作，才使得這座「中國建築明珠」在世博會上大放異彩。自1932年建設期間，熱河金亭就已經對外開放，建築期間以及竣工後，總計吸引了超過60000人次的遊客，引起巨大轟動。1939年，金亭又再度獲邀參加了在紐約舉行的世界博覽會。

　　如果說皇宮城牆、廟塔這樣的建築所能代表的是中國

熱河金亭圖樣左起北平畫師張弼臣博覽會會長陶羅福(Rufus Dawes)監造熱河金亭之過元熙建築師北平畫師沈華亭

的傳統精神，那麼真正能夠代表中國現代發展的該是什麼呢？1933年，上海市政府撥出約5000元作為籌辦經費，將大上海市中心建設模型，閘北電廠、水廠模型，上海市電氣事業歷年發展狀況統計圖及上海市水上交通模型（包括4號、5號渡船模型，高橋、閔行輪渡碼頭模型）等作為展品送往芝加哥。這件特殊的展品，其實與上海當時正在開展的「大上海計畫」密切相關。「大上海計畫」是剛剛成立兩年的南京國民政府，自1929年開始在上海啟動的一項城市發展規劃。這項計畫撇開租界，僅以華界為半徑，將引翔、吳淞以南以及滬東沿江一帶劃為新的市中心。到1930年，這項計畫已經成為囊括南市、閘北、龍華、浦東、吳淞等全部華界，涉及交通園林、建築、公用事業、衛生設備、市政府大樓等諸多方面的綜合性城市發展規劃，代表

著當時中國城市發展的最新理念。充當這項重大工程的設
計、建設主力軍的同樣是一批留洋學生。如當時擔任上海
市工務局局長的沈怡是德國博士，他是這個計畫的主要組
織協調人；擔任主設計師的董大酉畢業於清華大學，後赴
美先後就讀於明尼蘇達大學和哥倫比亞大學研究院。這些
留學海外的有志之士，抱著為民族爭光的信念，投身於大
上海計畫的建設之中。他們大都認為，在世博會這樣的舞
台上，應該使用二十世紀最先進的科學理念和構造方法，
來展示中國百年來的進步以及當下的新思潮和新藝術。正
在施工建設中的「大上海計畫」無疑是展示這一理念最佳
的選擇。

　　不僅僅是在經濟貿易方面，在文化領域裡，中國也曾在
世博會上獲得過佳績。1915年，美國三藩市舉辦巴拿馬世界
博覽會，中國是奪得獎牌最多的國家。在中國所獲258枚金
獎中，上海貧兒院絃樂隊組織法的那枚金牌份量格外沉重，
這也是近代中國在歷屆世博會中所獲的唯一一枚音樂金獎。
上海貧兒院是一所主要招收7－14歲之間的貧窮兒童的慈善
教育機構，由曾鑄、曾志忞父子倆創辦於1908年。曾鑄是上
海商務總會總理，創辦貧兒院當年即不幸病逝。曾志忞1901
年留學日本，其間創作了大量音樂作品和理論著作，被學術
界公認為是中國近代音樂的先驅人物。1908年，曾志忞繼承
父親遺志，傾其全部心血接辦上海貧兒院。他在全力操持院
務的同時，仍念念不忘對音樂的摯愛。1909年，他結合教學
創辦的上海貧兒院管弦樂隊成為近代中國第一支完全由中國
人組織並擔任指揮演奏的西式管弦樂隊，其全盛時樂隊規模
曾達到81人。這支樂隊在1915年美國巴拿馬世博會上榮獲金
獎，堪稱中國近代音樂史上精彩的一頁。

16 中國參與1904年美國
  聖路易斯世界博覽會始末[124]

　　為紀念從法國購回聖路易斯安娜100週年，美國政府決定於1904年在聖路易斯舉辦世界博覽會，這是繼紐約、費城、芝加哥後在美國舉辦的第四屆世界博覽會。這屆世博會規模宏大，展期長達7個月，總計60個國家參與了這一盛事。中國政府在這一年首次以官方形式率商人組團赴會。[125]與以往的歷屆賽會相比，這次赴美賽會清政府上下都給予高度的重視，不僅撥出鉅款，連最高統治者慈禧太后都破例，允許將自己的畫像送展。這是晚清歷史上最大規模的出洋賽會活動，無論在當時還是以後都對中國社會產生過不小的影響。事實上，自1851年上海商人徐榮村首次參與世博會並奪得大獎後，中國官商就斷斷續續以不同的形式出現在各種各樣的國際博覽會上。據統計，從1873年至1905年的32年間，僅清政府委託海關稅務司接辦的各種類型的國際博覽會就達28次之多，其中不乏像1876年美國費城博覽會、1900年法國巴黎博覽會這樣較大規模的國際展會。然而，為什麼只有1904年的展會在當時的中國社會引起巨大反響呢？中國政府究竟是在怎樣的情形下，決定以官方形式組團赴會？作為清皇室歷史上第三個出使外洋、第一個赴美洲的天潢貴冑（此前醇親王載灃曾以謝罪專使的身分赴德，貝子載振則出使英、日兩國），溥倫又是帶著什麼樣的期待踏上美國的土地，其所見所聞對他個人甚至清王室又有怎樣的觸動和影響？[126]由於此次世博會上發生的一系列風波和事件，尤其是出現了部分展現中國陋俗的展品，後世有人因此而認為清政

---

[124] 此文和黃薇合作撰寫。

[125] David R. Francis, The Universal Exposition of 1904, St. Louis: Louisiana Purchase Exposition Company, 1913, p.317.

[126] 《倫貝子回京後之關係》，《大公報》，1904年9月1日，第二版。

府的這次賽會行為是一次草率而荒唐的鬧劇。那麼這些展品為什麼會出現在世博會上？這是否是出自清政府代表團的本意呢？對於這些問題，本文將從黃開甲、溥倫等中國代表團主要官員的角度，通過部分檔案、奏摺、私人信件以及海外媒體的報導等資料，盡力還原清政府參與1904年聖路易斯世博會的歷史過程，希望藉此對中國參與世博會歷史的相關研究提供更多的線索，有所裨益。

「內可維持商務，外可聯絡邦交」──清政府參會緣起

1902年夏天，距聖路易斯博覽會開幕還有整整兩年的時間，美國方面已經開始派出曾任駐暹羅（今泰國）公使的巴禮德前往亞洲各地遊說，除「表明本國賽會宗旨」外，更重要的是邀請「大清國大皇帝陛下御臨斯會，並殷盼大皇帝諭飭貴國家大臣等隨同前往」。[127]這一消息傳出後，立刻引起中國有識之士的重視。如當時即將離任的中國駐美公使伍廷芳，為此事曾特地致信盛宣懷，希望巴禮德訪華時，盛氏能「代為介紹」並「指示一切」。[128]巴氏蒞華後，與盛宣懷、劉坤一、張之洞等人進行會晤，並於光緒二十八年六月二十二日（1902年7月26日），在美國駐華公使康格的帶領下，前往乾清宮觀見慈禧太后。[129]這次會面的結果令雙方都十分滿意，儘管慈禧婉拒了美方希望她與皇帝親自赴會的邀請，

---

[127] 轉引自沈原：《中西文化的交融與碰撞——記晚清政府派員參加美國聖路易斯博覽會》，《歷史檔案》，2006年第4期。

[128] 檔號：026257，《伍廷芳致盛宣懷函》，上海圖書館藏（以下凡檔案均出自上海圖書館）。

[129] 《清實錄・光緒二十八年六月下》，第58冊，中華書局，1987年7月，第623頁。

但仍表現出對此次世博會的極大熱忱，朱批任命貝子溥倫為赴美賽會正監督，並從外務部所請，委任候選道黃開甲和東海關稅務司美國人柯爾樂為副監督，辦理一切賽會事宜。[130]

　　中美雙方在世博會的問題上，能迅速達成一致，與當時國內外急遽變化的政治經濟環境緊密相連，也與清代統治階層心態的變化息息相關。世界博覽會是近代文明發展的產物，它伴隨著西方資本主義列強的入侵而進入中國。然而，在最初的幾十年裡，並未真正引起朝野上下的重視，人們將其視為「賽珍炫奇」的無益之舉，連「賽會」這個詞本身也容易讓人與傳統社會中的廟會或者迎神賽會混為一談。這也就是為什麼1866年法國巴黎的世博會向總理衙門發出邀請時，清政府僅僅以「曉諭商民」的形式來搪塞了。同樣，數年後的奧地利維也納世博會，清政府依舊扔出了「中國向來不尚新奇、無物可以往助」的託辭，並未真正加以重視。可是，此時的中國無論是否情願，都已逐漸融入世界經濟體系，對於西方世界來說，決不可能輕易放棄中國這一蘊涵巨大潛力的市場。在奧地利政府的多方努力下，清政府最終同意建立一個專門機構來負責博覽會的相關事宜。顯然這一次清政府允諾出洋賽會，仍然是被動選擇的結果，政府最終並沒有出面操辦具體事宜，客觀來說，當時的清政府也不具備相應的條件。因此，洋員甚多、熟悉外情、財政又比較固定的海關成為了承辦國際博覽會參展事務的最佳選擇，而這一辦竟然就是三十餘年。

　　進入20世紀後，博覽會對經濟交流和繁榮所起到的推動作用日益凸顯，更為重要的是，它已經成為世界各國各種不

---

[130] 《外務部奏請簡派美國博覽會專使大臣折》，《政藝叢書・皇朝外交政史卷一・光緒二十九年》，1903年。

美國女畫家凱薩琳·卡爾

同形態文明展現和交流的平台，以致「幾乎無國無會，無年無會，而賽會逐成為事業競爭上之一重要機關」。[131]在世界範圍內掀起的博覽會熱潮，自然也對當時中國社會的各個階層產生不同程度的影響。世界博覽會發展的頭三十年，正是中國人背負著傳統的重負，面對著一無所知的西方世界，在黑暗中不斷摸索，希望為自己的國家找到一條能夠適應巨變的生存之路的三十年。在一浪高過一浪的改革潮流中，工商業發展的重要性日益成為朝野共識，而商品賽會作為一個有效的途徑也被放到較為顯著的位置加以討論。儘管此時能親身體驗世博會的中國人依舊不多，僅僅局限於部分外交官員、留學生以及參會的商人，但是無論是普通紳商，還是居於高位的官員，甚至最高統治階層對賽會都已不再陌生。在中國人的心目中，世博會的形象正逐漸從「炫奇」、「賽

---

[131] 楊汝梅：《對於武漢勸業會獎進會之感言》，《武漢勸業獎進會筆記》，湖北教育官報編輯所，1910年。

珍」的舞台轉變為「交流」和「商戰」的平台。越來越多
的知識分子如鄭觀應等人，都注意到了賽會對市場競爭和
商業發展的重要作用。康有為在1895年的公車上書中也提出
中國要整頓商務，就必須仿效日本開辦賽珍廠的建議。1903
年張之洞的《採用西法十一條折》更是直接提出舉辦賽會

1904年聖路易斯世博會上的中國村

的建議。[132]部分曾經親身赴會的官紳甚至認為「博覽會之關係甚大，以商戰勝他國全在此舉。」[133]民間輿論如《中外日報》、《申報》、《大公報》、《東方雜誌》等期刊報紙均有相當篇幅對賽會問題進行探討。除此以外，清廷的皇室成員裡，曾經跨出過國門的醇親王載灃和慶親王之子載振也是賽會的積極支持者，載振更是直接參與制定了許多鼓勵賽會的措施，如對參加博覽會的商品實行免稅和免費運輸等。此時，對中國來說，積極參與到世博會這一國際盛事中，已經是大勢所趨。

朝野上下除了在思想上逐步認識到了出洋賽會的重要性外，當時清政府在文化教育、政治和經濟等各個領域進行的全面變革，也就是「新政」的施行，成為了清政府認真對待美國政府邀請，積極參與世博的重要推力。1900年的八國聯軍侵華，使得被迫逃亡到西安的慈禧太后終於痛下決心，頒佈全面變法的諭旨。其中經濟領域的革新被放到了突出的位置，1903年8月商部成立，顯示了清政府發展工商的決心。當然，能夠順利參會，還需得到帝國最高統治者——慈禧太后的支持。實際上，這在當時幾乎已經不再是一個難題了。1900年的戰爭不僅讓清朝最高統治者從北京狼狽出逃，也在某種程度上完成了對帝國最高統治者慈禧太后的心理征服。回鑾後的慈禧，對待洋人的態度產生了180度的轉彎，時常在宮中宴請各國公使夫人，還請留洋回來的德齡、容齡姊妹入宮陪伴。甚至令人驚異地打破只在死後作像的傳統風俗，允許美國公使康格夫人推薦的畫師卡爾為自己畫像，並將之

---

[132] 有關中國近代的商品賽會思想問題，可參見喬兆紅《中國近代博覽會事業的發生與發展》一文，《上海經濟研究》，2005年第8期。
[133] 《記大阪博覽會》，《中外日報》，1903年4月25日。

作為聖路易斯世博會的展品送往美國。無論是出於懼怕還是為了討好，或者兩者兼而有之，慈禧是不會放棄世博會這樣一個「聯絡邦交」的大好的機會。

清政府對參與世博會的誠意還表現在展會經費的撥用上。早在1902年的《外務部奏請簡派美國博覽會專使大臣折》中，參會經費這一棘手問題就被直接擺到了桌面上，「其赴會一切用欵，所費不貲，亟應籌備，以資撥用」。因為根據以往慣例，賽會費用向來都是從海關的專項出使經費中支出的，然而由於此前歷屆展會支借挪用過多，導致當時「庫藏奇絀」，再加上這一時期清廷「新政」的全面鋪開，導致「實難再撥賽會經費」。不過，鑑於參加博覽會是一件「內可維持商務，外可聯絡邦交」的大好事，耽誤不得，慈禧遂親自出面批准了外務部的方案，下令「南、北通商大臣及有商務省分各督撫，迅即妥為籌欵」。[134]儘管在實際的操作過程中，「妥為籌欵」演變成強行攤派，[135]而且最終並未能如數籌得款項，但當時調撥的75萬兩庫平銀，已經是歷年來清政府參加世博會撥款最多的一次了。

在政府代表團人選選擇方面，清廷也頗費了一番心思。正監督溥倫身分高貴，作為皇室的代表顯示了清政府對此次赴會的重視；副監督則一中一洋，洋監督柯爾樂是海關總稅務司赫德的內弟，須知此時海關仍牢牢掌握著清政府國際博覽會參展事務的承辦權，所以這個選擇既顯無奈也屬必然。即便如此，赫德似乎仍不放心，又專門調上海海關的兩個法

---

[134] 《外務部奏請簡派美國博覽會專使大臣折》，《政藝叢書・皇朝外交政史卷一 光緒二十九年》，1903年。

[135] 直隸、江蘇、廣東、四川省各十萬兩，湖北、浙江各八萬兩，安徽、江西、山東、湖南各四萬兩、福建三萬兩，江海關四十五萬兩，九江關兩萬兩，金陵關一萬兩。由於部分省、關未能交足，故最終總額為75萬兩。

國人巴士博、巴幼安為隨員。中國人方面，副監督黃開甲
（1860－1905，廣東鎮平人），晚清第一批留美幼童之一，
曾在耶魯大學就讀，二年級時「應召」回國，未能完成大學
學業。在美國留學時，他外號「小旋風傑克」，在同學眼中
是一個具有表達天賦的演說家，儘管他的英文略帶口音，但
用詞準確、語言優美，並且能夠出口成章。[136]回國後，黃開
甲先是在上海道台處任翻譯，隨後被盛宣懷用為秘書，是其
得力助手，並曾任輪船招商局經理，電報局總辦等職。對於
世博會，黃開甲本人並不陌生，早在1876年美國留學期間，
他就與其他留美幼童一起參觀過費城世博會，並受到當時的
美國總統格蘭特的接見。進入20世紀後，黃開甲越來越多地
參與到了清廷的對外事務當中，不僅承擔了中美商約修訂的
文案工作，還直接參與了部分外交活動，如1902年他曾隨貝
子載振赴英國參加愛德華七世的加冕大典。[137]外務部正是看
中了黃開甲精通英文，又瞭解美國的辦事方式，同時還熟悉
外交事宜，才選中他擔任賽會副監督。[138]此外，擔任聖路易
斯中國代表團聯絡官的駐三藩市副總領事歐陽庚，也是一位
留美幼童，與詹天佑同在9年內完成了16年的課程，1881畢
業於耶魯大學。其弟歐陽祺則作為代表團的隨行翻譯，陪伴
在黃開甲左右。只可惜，這個看似完美的組合，最終卻未能
獲得預期的效果，代表清政府利益和願望的黃開甲，在與代
表海關勢力的柯爾樂一方的爭鬥中始終處於下風，並最終落
敗，只能以半隱居的方式離開矛盾的漩渦，並因銀帳不清的

---

[136] 參見錢鋼、胡勁草：《留美幼童──中國最早的官派留學生》，文匯出
版社，2007年8月，第112-113頁。
[137] 檔號：011013，《黃開甲致盛宣懷函》。
[138] 【美】勒法吉：《中國幼童留美史》，珠海出版社，2006年，第100頁。

凱薩琳繪慈禧畫像

貪賄醜聞成為世人嘲弄和攻擊的對象。今天，當我們翻閱史料，一點一滴拼接起清政府代表團的美國之行時，或許能夠透過溥倫、黃開甲等人的視角，重新審視多方利益在世博會平台上的角力，以及中美兩國間的微妙關係。

「留美學生」的困境與無奈

　　世博會本身是與商品經濟緊密相連的，無論是美國的邀請還是清廷的參與，其基本出發點首先還是商業利益。然而，諷刺的是，中國的此次赴會，似乎從一開始就沒能真正的「在商言商」。多年來美國排華政策所累積的弊端以及中國民族意識的覺醒，在世博會的一方天地上碰撞，使得這件本是「內可維持商務，外可聯絡邦交」的好事，成為美國集中展現其排華劣跡的舞台。美國的排華政策由來已久，自1882年起，美國國會就開始通過各種法案嚴格限制華工赴美，至1902年5月，美國財政部彙編以前所行以及新訂的此類禁例已經達到93條之多，連梁啟超都感歎「名為禁工，其

實並禁商也」。[139]更不用說移民局方面諸多限制華人入境的
辦法，但凡是華人，無論學生、商人動輒被指為工人，不許
登岸。深受其害的海外華人，在1902年清廷剛剛宣佈參加世
博會時，就向溥倫遞交了一份請願書，以激烈的言辭譴責清
政府長久以來對海外華人遭受不公正待遇的漠視。[140]與美官
方久打交道的清外務部、北洋大臣以及駐美公使等，對此也
十分清楚，遠在賽會開始前的一年就曾向美國政府提出過交
涉。[141]1903年7月，美國外交部照會駐美公使梁誠，對1902年
4月訂立的《限制華人來美賽會章程》進行了部分修改，稱
「戶部所定賽會章程，只為他項華人設此限止，原與本國敦
請中國政府派來賽會之員無涉」。[142]

　　事實證明，這份新訂的章程不過是一紙空文，除了黃
開甲及其隨員享受了特別待遇，順利入境外，其他受邀參加
聖路易斯博覽會的中國商人並未因此逃脫登岸的噩夢。開展
前的一年左右，全國各地的商人們便陸續押運貨物，啟程赴
美，他們一心指望這次遠渡重洋能夠賺個盆滿缽滿。不料輪
船靠岸後，華商們不僅受到非法審問和盤查，美國海關更
常常以證件不全的理由，阻止他們登岸。1904年4月13日的
《大公報》上，刊登了《方君守六函述赴美賽會登岸情形》
的文章，詳細敘述了參展華商無端受到美海關官員百般苛待
和侮辱的經過。方姓商人被無故滯留於沒有電沒有飲用水的

---

[139] 梁啟超：《記華工禁約》，《飲冰室合集》，專集之二十二，中華書局
　　1989年影印，第157-160頁。
[140] 王冠華：《尋求正義：1905～1906年的抵制美貨運動》，江蘇人民出版
　　社，2008年5月，第61頁。
[141] 可參見《出使美日秘大臣梁誥行赴美賽會入口章程文》，《政藝叢書•皇
　　朝外交政史卷五·光緒二十九年》，1903年。
[142] 《美外部照復華公使公文暨改定華人來美賽會章程》，《政藝叢書•皇朝
　　外交政史卷五·光緒二十九年》，1903年。

船上數日後，因恰逢中國賽會副監督柯爾樂抵達美國，獲悉此事後，立即偕同駐三藩市總領事鐘寶僖竭力斡旋，出手相助，幾經波折後該名商人才得以入境赴會。比他更為不幸的，是五名持有上海道護照的溫州商人被困船上達20多天，儘管柯爾樂出手相助，最終仍然只有一人順利登岸，其餘四人甚至被美方監禁於木牢之內，「其苦楚過於中國獄」。[143] 也難怪當清政府光祿寺署正黃中毅率領的北京工藝商局一行五人，順利在達科馬登岸時，中國媒體驚呼此「實為華商中之罕見之事」。[144] 這一類消息通過媒體傳回國內後，很快激起國內各方的強烈反響。1903年《紐約時報》專門對此進行報導，文章援引直隸總督袁世凱就此事嘲弄美國政府偽善的言論，提醒美國政府這樣的行為很可能會導致中國方面放棄參與聖路易斯世博會的嚴重後果。[145] 可惜，這樣的聲音並未引起美國政府過多的關注。因為在大多數美國人的心目中，中國積貧積弱，完全是一盤散沙；羅斯福總統也始終認為中國問題不值得重視，相比之下他更關心日俄兩國間的爭端和巴拿馬運河的問題。登岸的問題，始終困擾著中國商人及工人，即便順利登岸也要受到多達61款特殊條令的限制，如必須交納500美元的保證金、不能輕易離開世博會會場等。這些特殊條款的實施，完全是針對中國的，並不適用於其他與會各國。時人曾記錄下1904年7月間廣東咸泰公司招收的200餘名華工在美國的遭遇。當時，咸泰公司為這批工人出具了總共105,000美元的保證金，美國海關遂調動了40名士兵將他

---

[143] 《方君守六函述赴美賽會登岸情形》，《大公報》，第二版，1904年4月13日。

[144] 《赴會各員抵美》，《大公報》，第三版，1904年4月26日。

[145] Chinese and World's Fair, The New York Times, July 3, 1903.

們押上火車,直接送至賽會現場。這200餘人被安排在博覽會遊戲園的中國村居住,不僅派兵看守,每天早晚還要點名,實在與罪犯無異。[146]

更讓黃開甲始料未及的是,世博會國家館的建設舉步為艱、處處碰壁。作為中國代表團的副監督,黃開甲提前整整一年赴美,就是為了「將度地建屋、陳設貨物各事宜,預為經營佈置。」[147]從接手這一任務起,黃開甲就投入籌備工作之中,先是入京接收處理從南洋大臣處轉撥的賽會經費,與溥倫會面商談後,旋又返回上海挑選建造中國國家館的建築師。[148]因為根據聖路易斯世博會的相關規定,國家館的設計必須由專業建築師承擔,而當時中國國內根本找不到符合這一條件的中國人,他們被視為工匠而不是建築師。所以,黃開甲的選擇範圍就相當狹小了,能夠勝任設計具有中國特色的國家館,建築師必須具備西方認可的資格,同時又熟悉和瞭解中國傳統文化。最終,他在上海選定了兩位英國建築師Atkinson和Dallas,他們兩人的成功合作,使得中國政府在籌辦1910南洋勸業會時再度任命他們為總設計師。[149]

這兩位英國建築師最終呈現給世界的中國國家館是一個具有濃郁中國風味的庭院式建築,雖然面積不大,卻設計精巧。它由牌坊、門樓、八角亭、水池以及一座五開間的廳堂共同組成。它座落於英國館和比利時館之間,面向通往管理委員會大樓的大路。主體建築採用華人會館典型的一廳兩廂

---

[146] 陳琪、陳輝德:《新大陸聖路易博覽會遊》,1905年6月,第180頁。

[147] 《外務部奏請簡派美國博覽會專使大臣折》,1903年。

[148] 檔號:079754,《黃開甲致盛宣懷函》。

[149] Arif Dirlik, "Architecture of Global Modernity, Colonialism and Places", in Ruth Baumeister, Sang Lee, The Domestic and the Foreign in Architecture Rotterdam: 010 Publishers, 2007, p. 40.

1904年聖路易斯世博會上的中國展品

式樣，陡峭的屋頂向上翹起，裝飾著鎮脊神獸，整個建築被猩紅、金黃、湖藍等色彩裝點得燦爛輝煌，被當時的西方媒體譽為「本屆博覽會上最漂亮的東方建築典範」。[150]中國館院落前為一座紅漆牌樓，牌樓雕刻華麗，前設旗杆懸掛中美兩國國旗。中國館主體建築的大門以磚石疊造，上掛「大清國會場公所」字樣的匾額。館內的裝飾，仿照溥倫貝子一處鄉間別業的內景。正廳的中堂懸掛著天宮錦繡圖及「宗支瑞毓長春樹，世澤祥延積慶圖」的對聯，兩旁排列著鑲嵌、烏木、光漆、紫檀四種類型的座椅，整個佈局擺設猶如官廳。左廂兩間為臥室，擺設著鏤花的烏木床，上面懸掛著繡工精

---

[150] The Greatest of Expositions, St. Louis : Louisiana Purchase Exposition Company,1904, p78.

美的床帷以及被褥。右廂的兩間一為書房，一為辦公場所，裡面陳列著各式古玩擺件。此外還特設盥洗室一間，方便遊客使用。庭院的設計同樣也使用了奢華的色彩，院內右側是一個以細石砌成的金魚池，池邊輔以中國百合、牡丹、玫瑰等鮮花，據說這都出自副監督黃開甲的夫人之手。整個建築處處彰顯奢華之氣，僅各種精美雕刻飾物就花費了40,000美元。這座花費了12萬美元的國家館，在當時頗受參展觀眾的歡迎。為此，中國代表團不得不照會博覽會官員，派員巡查。可是，仍然因為遊人過多而導致館內陳設的桌椅都有所損壞，巡查人員遂增至五名，觀眾需憑監督許可票方可入內。[151]不過，這座漂亮的庭院建築在當時及其後一直被國人譏為「非宮非殿，非廟非衙」，也成為了黃開甲的一大罪狀。

其實，國家館能夠順利完成還是相當不易的，由於建造中國國家館的構建多在國內生產，然後運至美國拼裝，黃開架從國內帶來部分工人承擔這 工作。不料，因此遭到美國工黨的攻擊，以違反禁止華工條例為藉口，不准開工。雙方僵持了五個月，仍然沒有結果。黃開甲不得已，只能出資把工人們遣散回國。更有甚者，美國工黨還不允許中國人使用中國產的油漆，直到黃開甲雇用美國工人用美國建築原料，中國國家館這才開始建造。當時，美國正鬧罷工，所以「工價奇昂」，「漆匠水泥匠之類，每日十元八元不定。極下等粗工，每日亦須四五元。」[152]完工結算時，總計花費達45萬。有學者指出，正是由於這一事件，才導致此後清政府對世博會的興趣下降，不再願意積極參與此後的歷屆展會。[153]

---

[151]陳琪、陳輝德：《新大陸聖路易博覽會遊》，1905年6月，第180頁。
[152]《節錄某氏函述美國會場情形》，《大公報》，第三版，1904年4月26日
[153]Arif Dirlik, "Architecture of Global Modernity, Colonialism and Places", in

面對這樣的現狀，黃開甲的震驚和憤怒溢於言表，在1904年1月為《北美評論》（North American Review）撰寫的專文中指出，對於滿懷熱情，耗費了大量時間和金錢參展的中國商人而言，這61條特殊條款的實施，無疑會增加他們對於美國的負面情緒，他甚至提到了有可能出現的「抵制」行動。此後，陸續發生的諸多事件及至最終爆發的全國性抵制美貨運動似乎都印證了黃的擔心不是多餘的。在美停留的這段時間，黃開甲曾在不同場合公開表達了自己對美國排華問題的觀點。在博覽會的晚宴上，黃開甲以美國限制華人入境政策為題發表精彩的演說，大意是當美國對所有的中國人、中國學生關閉大門時，歐洲卻向他們敞開胸懷，因為他們知道若干年後這些年輕人對他們意味著什麼。也許美國可以通過武力獲得很多東西，但卻永遠也無法通過武力獲得商業利益。[154]1904年11月16日，為恭賀慈禧太后生日，中國代表團在中國館舉辦萬壽節宴會，特地邀請聖路易斯博覽會會長弗朗西絲（David R. Francis）、為太后畫像的美國女畫家凱薩琳·卡爾等中外嘉賓。在致答謝詞時，黃開甲不僅強調了清政府赴會「學習商務，聯絡商情」的初衷，並再次將矛頭指向了美國現存的排華問題，希望「貴國人亦以親戚朋友待華僑」。[155]

美國是黃開甲學習和成長的地方，1882年當他從美國回到闊別近10年的祖國時，曾一度震驚於國人的冷漠和敵視。經過一個極其緩慢而痛苦的調整過程，在他逐步受到重用並

Ruth Baumeister, Sang Lee, The Domestic and the Foreign in Architecture Rotterdam: 010 Publishers, 2007, pp. 39-40.

[154] 李守力：《從中國留美兒童的成就看兒童讀經的優越性》，2007年7月25日博文，http://lishouli.blog.hexun.com/11094573_d.html。

[155] 陳琪、陳輝德：《新大陸聖路易博覽會遊》，1905年6月，第172-173頁。

日益在外交界嶄露頭角時，獲得了這樣一個重回美國的機會，其內心一定是非常愉悅的。可惜，曾經留下美好記憶的美洲大陸，種種排華政策的實施再度給予他迎頭痛擊。也正是這一次的美國之行，使得曾為留美幼童的黃開甲，轉而支持此後掀起的「抵制美貨」運動。在美停留期間，黃開甲通過隨行的黃翹開，與保皇會洛杉磯分會會長譚良（Tom Leung）有所接觸。[156]1904年12月世博會相關活動結束後，黃開甲在譚的侄子陪同下，專門赴洛杉磯與譚良盤桓了數月。1905年3月，當康有為到達洛杉磯時，黃開甲還特別發表演講，對其表示支持。然而，就在康抵達洛杉磯的當月21日，美國移民局對譚良的住宅進行了突擊搜查，並錯誤認定黃開甲的簽證已經過期，黃隨即以書面形式向美國政府提出了正式的抗議。1905年6月7日出版的《洛杉磯時代報》（Los Angeles Times），甚至認為正是基於這次非公正待遇，黃開甲很有可能向清政府遞交了相關的文件，從而導致此後中國國內開展抵制美貨的運動。當然，這種說法裡臆測的成分居高，但是與保皇會有關的海外華人與上海抵制運動間的關係，的確更為直接。在這場轟轟烈烈的全國性運動尚在策劃階段時，黃開甲已經回到中國。但旋即在8月15日，他又再次作為中國政府的代表參與調停日俄的普次茅斯和平會議，抵達三藩市時，黃開甲公開表示中國發生的抵制美貨運動與政府無關。會議結束後，本就身體不佳的他，不幸在歸國途中，病逝於日本。[157]不管他是否真的直接或間接地參與到了

---

[156] 黃翹開與譚良為連襟。

[157] Jane Leung Larson, "The Chinese Empire Reform Association (Bao huang hui) and the 1905 Anti-American Boycott", in Susie Lan Cassel, The Chinese in American :a history from gold mountain to then new millennium. Walnut Creek, California: Rowman & Littlefied, Alta Mira Press, 2002. pp.205-207.

參加1904年聖路易斯世博會的中國代表團和世博會官員合影

抵制美貨的運動中去，但這一段的經歷足以使他重新認識和
看待中美間的關係，從他對待美國的態度轉變中所折射出
的，恐怕是清政府中不少開明官員、以及部分知識分子的心
路歷程：從對美國懷有巨大的好感，寄託擴大貿易的種種希
望，到震驚於美國排華政策的實施以至最後的失望和轉而支
持抵制美貨運動。

天朝貴冑的美洲之行

　　當黃開甲在美國為國家館的建造、會場佈置等問題大傷
腦筋時，作為賽會正監督的貝子溥倫，同樣在北京為博覽會

的相關事宜積極籌畫。溥倫是道光皇帝長子奕緯的嗣子載治的第四子，同治帝駕崩時，曾有望繼承大統，不過為慈禧所阻。[158]與醉心辭章音律的弟弟溥侗不一樣，溥倫熱心政務，是清朝宗室裡較具政治熱情的一位王爺。擔任賽會監督出訪美國時，溥倫正當35歲的壯年，對這次「約計海程八萬餘里為時半載有餘」的美國之旅充滿期待，不僅希望通過這次行程增廣見聞，看一看外面的世界，更重要的是，他還肩負著不為外人所知的重要使命。[159]

溥倫準備啟程赴美之際，正值日俄戰爭爆發之時，中國政府對此束手無策，只能宣佈中立。此時，原本將目標鎖定在變法之上的立憲派人士，也迅速調整策略，為應對這一突發事件而奔走運動。江浙地區的立憲派人士張元濟、張美翊、趙鳳昌等人在戰爭發動伊始，就多方奔走策動。前車之鑑讓他們深深恐懼，「日後各國大會構和，始終置我局外，盡失主權」的一幕將再度上演，遂提出了遣使分赴各國，「聲明東三省主權所在」的想法。[160]通過盛宣懷的幕僚呂景端，這些意見最終被盛宣懷接受。盛氏隨即同時在滬上的呂海寰商議，草擬奏稿，轉呈端方。因為擔心自己的身分地位

---

[158] 溥倫（1869-1927），字彝庵，滿洲鑲紅旗。清宣宗長子隱智親王長孫，載治第四子。光緒七年（1881年），襲貝子。二十年（1894年），加貝勒銜。1896年任鑲黃族副都統，1907年參與籌備資政院，並與孫家鼐共同擔任總裁。1911年擔任慶親王內閣農工商大臣。民國後，曾任北京大總統府政治顧問，1915年任北京政府參政院院長，1927年58歲時逝世。參見趙爾巽：《清史稿‧卷一百六十五‧皇子世表五》，第18冊 第5248頁；《清史稿‧卷二百二十一》，第30冊 第9104頁；《清史稿‧卷一百九十六‧部院大臣年表五》，第23冊，第7051頁，中華書局，1976年。錢實甫：《清代職官年表》，中華書局，1980年，第3243頁。

[159] 檔號：026357，《溥倫致盛宣懷函》，1904年2月。

[160] 光緒三十年二月初五日《南洋公學張美翊致兩廣督署幕府書》，《瞿鴻機朋僚書牘》（鈔本）。

不足以引起朝廷重視，遂又拉上兩江總督魏光燾和署兩廣總督岑春煊等人，1904年3月9日，一份題為《奏為密陳大計折》的奏章遞入內廷。其中，特別提到了「迅速特簡親重大臣，以考求新政為名，歷聘歐美有約諸邦，面遞國書，以維均之勢立說，東三省開通商埠，利益均沾為宗旨，懇派使臣設會評議。」[161]這份奏稿不僅明確了必須積極同各國交涉的既定方針，而且還強調了與各國交涉的要點。而在列強中，美國的地位尤其重要，他們希望美國能夠出面干涉，以確保中國不會在戰後的談判中吃虧。那麼，何人能擔此重任呢？立憲派和盛宣懷不約而同地把目光鎖定在溥倫的身上。由於此時日俄正在交戰，如果大張旗鼓地派員前往各國遊說，難免會引起兩國的注意。但是，作為赴美賽會的專使，乘著謁見美國總統的機會遞交國書，乘機進言，則再自然不過，接著以考察為名，順理成章地周遊歐洲各國，實在是一個兩全其美的法子。盛宣懷等人甚至連溥倫的隨從人員都想好了，必須是「實心任事、熟悉外交、明達機警者」才能勝任。根據他們的設計，溥倫抵達美國後應原地待命，等到朝廷的國書到後，才動身前往華盛頓，執行這一秘密外交任務。[162]盛宣懷隨即著手起草《請派溥倫向美國等面遞國書固應善後片》，希望朝廷能「明降諭旨」，讓溥倫能「以考求新政預備採法為言，俟到諸國面遞國書、晤其君相，再行相機進言」。[163]就在這時，溥倫恰好從北京抵達上海，準備借道水路從日本去美國。他獲知這一計畫後，立即表示樂成其事，但考慮到自己和慶親王奕劻之間的嫌隙，擔心此事會受到阻

---

[161] 檔號：063953，《奏為密陳大計折》，1904年3月。
[162] 檔號：063953-1，《奏請倫貝子在美恭候朝命片》，1904年3月。
[163] 檔號：007972，《請派溥倫向美國等面遞國書固應善後片》。

撓，而且他也不願意讓人誤解，以為這一任命是自己主動爭取的。溥倫交代盛宣懷等必須待自己出境後，再將此奏摺寄出以避嫌疑。為此盛宣懷數易其稿，片中有「手令美國賽會正監督貝子溥倫正將就道」一句，盛氏在使用「正將就道」還是「現已就道」間反覆修改達四稿之多，當即出於這一方面的考慮。最終，奕劻以溥倫「年輕，未克當此」的理由拒絕了盛氏等人的請求，奏摺留中不發。未能獲得正式任命的溥倫，僅以代表團正監督的身分啟程赴美。在美期間，當美國媒體要求溥倫對進行得如火如荼的日俄戰爭作出評價時，他無奈地回答道：「由於我的國家嚴守中立立場，所以我不會對戰爭發表任何看法。」[164]

溥倫高貴的血統，以及曾有機會成為大清帝國最高統治者的經歷，使得他在美國各地的活動受到極大的關注。他的五官貌相、穿著打扮、個人喜好、飲食起居、一言一行，甚至隨行僕人的數量、居住飯店的房間等都成為當地媒體追逐的焦點，《紐約時報》多次以較大的篇幅對其活動進行報導。溥倫在美國的活動，首先是圍繞世博會的，1904年4月下旬到達美國後，他率先前往華盛頓會晤美國國務卿海約翰（John Hay，1898－1905年在任），隨後受總統羅斯福（Theodore Roosevelt，1901－1909在任）邀請，前往白宮作客。[165]1904年5月6日晚，世博會中國國家館落成前夜，溥倫在聖路易斯華盛頓飯店宴請包括世博會主席D.R. Francis在內的超過1400餘位中外貴賓，向各方表達了希望通過世博會促

---

[164] "Prince of the Royal Chinese Blood Here", The New York Times, June 1, 1904.

[165] 《赴會各員抵美》，《大公報》，第三版，1904年4月26日。

進中美兩國更為緊密關係的願望。[166]此外，溥倫還作為貴賓參加了6月2日晚上美亞協會的晚宴，在這次晚宴上駐美公使梁誠宣佈了中國在巴拿馬運河問題上對美國的支持，同時也代表慈禧太后向紅十字會捐贈100,000兩白銀。溥倫在隨後的演講中詳細闡述了中國作為一個巨大市場，對於美國資本以及企業的重要意義，同時也強調了美國的關注將對中國的繁榮與安全產生巨大影響。當然，作為清王室的全權代表，溥倫的美國之行另有一項重要的任務——迎接美國女畫家凱薩琳‧卡爾所繪的一幅慈禧太后畫像的到來。凱薩琳‧卡爾（Katherine Augusta Carl, 1858－1938），是當時中國海關稅務司柯爾樂的姐姐，曾在法國學習油畫多年，擅長人物肖像。1903年經美國公使夫人蘇珊‧康格的推薦，到頤和園為太后畫像。經過將近一年的時間，凱薩琳為太后畫了4幅畫，其中一幅專為參加聖路易斯世博會而繪。1904年6月19日下午4點，溥倫在聖路易斯博覽會美術館迎接畫像的到來，並舉行了揭幕酒會，直到晚上9點才結束。有意思的是，為了表示對太后的尊重，溥倫還特別下令禁止報館的記者對畫像拍照。這副畫像被安排在美術館美國區內展示，一時間觀者濟濟，人們爭相一睹這位中國神秘太后的真實風采。博覽會結束之後，駐華盛頓中國公使館派出一個代表團將畫像運往華盛頓，由中國駐美公使梁誠正式捐贈給美國政府，美國總統希歐多爾‧羅斯福在白宮舉行盛大的典禮，親受畫像。從此，這幅慈禧太后畫像便由美國國家博物館收藏起來了。這也是美國收到的第一幅中國統治者的肖像。[167]

---

[166] "Chinese Prince At Fair", The New York Times, May 7, 1904.

[167] 【美】凱薩琳•卡爾著，晏方譯：《禁苑黃昏——一個美國女畫師眼中的西太后》，百家出版社，2001年11月，第237-238頁。

　　除了參加各種官方活動、宴會，溥倫還在美國東西兩岸的不少城市如三藩市、聖路易斯、印第安納波里斯、西拉法葉、芝加哥、華盛頓、紐約等地進行了參觀和考察。他不僅前往學校、工廠，美術館、博物館、港口、軍事機構等遊覽，還訪問了監獄、精神病院等福利機構。與十年前同樣在美國掀起熱潮的李鴻章相比，年輕的溥倫帶給西方世界的是一個謙和，熱愛自己祖國，敢於接受新鮮事物、且具有新思想，立志圖強的年輕貴族形象：他乘坐汽車遊覽各地；向媒體表達學習英文的願望；自己支付隨從們在美的住宿費用；不再攜帶專用的中國廚師，年輕的王子盡情地享受西方美食：咖啡、沙拉、霜淇淋以及被特意製作成龍形的蟹肉。在紐約這個世界著名的大都會，他甚至饒有興味地參加了賽馬活動，且收穫頗豐，贏得了217美元的獎金。[168]這一切都讓不會說一句英語的溥倫，給西方的媒體留下美好的印象，《紐約時報》甚至評價他為清皇室中最為民主的成員。[169]

　　如果說西方世界對於溥倫的熱衷、追捧多少還帶有獵奇的心態，那麼西方世界對於溥倫個人來說，就不僅僅是新奇或者好玩了。他把這次行程稱作「文明之旅」，他從內心深處感受到了西方文明的先進，也急於讓正處於變革中的中國能夠真正瞭解西方發展的道路。在離開美國前，他接受《紐約時報》記者的採訪，誠摯地表達了中國不甘於落後於日本的決心，以及要向西方學習，振興國脈的信心。他把中國的落後歸結於沉重的歷史負擔，而要從根本上解決這個問題，在他看來首推教育。他對美國的普及教育制度十分欽羨，多

---

[168] "Prince Pu A Lucky Bettor At The Races", The New York Times, June 4, 1904.
[169] "Prince of The Royal Chinese Blood Here", The New York Times, June 1, 1904.

次表示希望有機會能夠有更多時間進行詳細的學習。儘管此時中國已經有了自己的教育體系，但在他看來這一切主要是針對有錢階層的，普通的民眾，尤其是女子，在教育方面仍然是缺失的。在中國要讓一般女子都接受教育，必須打破很多傳統的禁忌，但是溥倫認為只有當中國的女子們不再為家庭所束縛時，她們的才智才可能達到最大程度的發揮。他堅定地表示，回國後將立刻在這方面進行努力。溥倫還清醒地認識到，中國目前急需的是與現代文明的對話，而非宗教的刺激。[170]

溥倫旅美期間還在不同的場合和地點，分別接待了旅美的華人華僑，「各埠華商上書者紛紛不絕，或言華商在外受苦情形，或言國家近日積弱現象」，他們對溥倫寄予眾望，希望他能「披肝瀝膽，懇切進言」，將自己在美國親眼看到的各種文明先進之處傳達給兩宮太后，成為「立革政體之助動力」。面對同胞的殷殷期盼，溥倫允諾「俟回國後，必將各埠華商所陳之事，一一奏明兩宮，以期下情之上達」。[171]今天我們尚未能切實地查到任何資料，顯示溥倫回京後是否真的向兩宮奏明華商們的要求，但是，這次美國之旅的確讓這位本身就較為開明的王爺更加堅定了立憲的主張。此後的政治生涯中，他也一直都重視工商經濟，於1907年出任崇文門監督，後又任資政院總裁，並於宣統三年（1911年）出任了著名的「皇族內閣」裡的農工商大臣之職。作為皇族貴胄，他有機會遊歷海外，成為中國較早具有開放視野的人士，也成為清末改革進程中重要的資源和助力。

---

[170] "Prince Pu Lun Will Take Up The Cause of Woman in China", The New York Times, July 3, 1904.

[171] 《倫貝子回京後之關係》，《大公報》，1904年9月1日。

隻手遮天的洋大人們

在這一次世博會的中國代表團中，還有一個特殊的群體，論身分他們是中國代表團的成員，然而他們卻不是中國人而是來自歐美的「洋大人」；論地位他們只是副監督，是翻譯官，理論上只是中國官員的助手，但實際上他們卻操控著賽場佈置、貨品選擇、運輸報關等博覽會事務的真正實權。這些來自海關的「洋員」們與中國官員們又有哪些矛盾，他們為什麼有如此大的權利，可以我行我素、為所欲為？要弄清楚這個問題，還須從清政府委託海關辦理博覽會事務說起。1866年，總理衙門首度受邀請參加1867年法國巴黎博覽會，但清政府僅是「曉諭商民」，並未加以組織。直到1873年，清政府才派員參加了奧地利維也納博覽會。然而，清政府對博覽會一無所知，勉強答應之下後發現既無經費也無熟悉此事務的外交人才。此時，海關總稅務司赫德便成為了上上人選，國際博覽會參展事務的承辦權也就此為海關牢牢控製。當然，就當時的條件而言，海關確實具備承辦這一事務的眾多有利條件，如穩定的關稅收入、熟悉外國國情的洋員等等。然而，當時間的車輪進入20世紀後，海關辦展的種種弊端逐步顯現，「一為失中國自主之權；二為耗國幣於無用之地而重困商人；三為失中國固有之利；四為敷衍將就而賽品愈劣；五為西人中飽款項；六為編譯賽貨冊誣衊中國。」[172]1904年中國赴美賽會，名義上雖由中國人擔任正副監督，實質上大權仍然被海關所控制，赫德雖然沒有直接出面操持，卻使自己的內弟柯爾樂當上了副監督的職位。所有一切有關賽會的事宜，都由他掌握，因擔心事多無法顧

---

[172] 劉楨麟：《論中國宜開賽會與商務》，《皇朝經世文新編‧卷十上》。

及，赫德又調上海海關的兩個法國人巴士博、巴幼安為隨員。巴士博在中國多年，會講京話和廣東話，1902年還曾被海關派往料理安南賽會的相關事宜，經驗豐富。抵達美國後，柯爾樂令巴士博「看守地段」，「經理一切事」，於是無論是申領門照，收訂貨櫃，皆需巴簽字方可決定，以致會場裡的人都將他視為監督，而他也樂於接受並樂此不疲。這件事情搞得連柯爾樂都後悔不迭。掌握大權的巴士博在賽場為所欲為，參展的華商即使受抑吃虧也只好忍氣吞聲。溥倫回國後，黃開甲更是無權過問參展賽品的情況，在與柯爾樂等人的幾番較量中，都敗下陣來。最後，黃乾脆「高臥不出」，並將住處遷「至印第乃波里，距會場五百餘英里」，來了個不聞不問。[173]中國會場無論陳列、評選、售賣、報關等等事務完全由洋人操辦。在當地的紳商留學生看來，黃開甲唯一可圈可點之處，只剩下慶祝太后壽辰酒會當日，發表的那篇有關中美邦交和睦的演說了。

就是在這樣的情況下，1904的世博會場上接連發生了一系列的事件，不僅被時人斥為「國恥」，後世也一直為國人所詬病，很多人以此作為清政府參與這一屆世博會失敗的證據。然而，今天看來這些事件的發生不可不說事出有因，而其解決也頗值得玩味，並在很大程度上影響到了此後清政府參與賽會的諸多政策。

其中，最為著名的是由於世博會遊戲園中出現了一名侍茶的中國小腳婦女，從而引發了中國留美學生以及當地華人華僑抗議的事件。近代西方人類學、民俗學等學科興起之初，多以「原始社會」、「野蠻人」為對象。西方各國在將

---

[173] 陳琪、陳輝德：《新大陸聖路易博覽會遊》，1905年6月，第186頁。

1904年聖路易斯世博會上的中國兒童

自己視作「文明國家」的同時，也把中國、土耳其、波斯等
國當作「半開化國家」對待。在這種思想的支配下，聖路易
斯世博會甚至專設了「人類學館」，把世界各地的土著人搬
到了世博會展館，包括來自南美的巴塔哥尼亞巨人、非洲的
侏儒、加拿大的愛斯基摩人。中國的一名小腳婦女也成為了
遊戲園中的陳列品。其實，還在聖路易斯博覽會籌備階段，
就傳來了將在人類館中陳列中國人的消息。當時，美方委託
福建海關的英某，代為尋訪纏足少女。此事一出，立即引起
國內輿論譁然，大呼此為「我國體上之奇大醜，種族上之大
污點」，計畫被迫取消。

　　然而，人類學館固然撤去了「中國人」展示，遊戲園
的茶室內卻仍然出現了一名廣東的小腳婦女，為來客侍茶。

遊戲園是世博園區內特設的一個區域，園內設置五十座戲院以及具有異國風情的各色遊玩項目。其中，由美國費城中國商人聯合會出資建造的中國村，就彙聚了各種各樣富有中華特色的遊藝：內設戲院、佛堂、餐廳、茶室等場所，還有套圈、翻魚白等傳統中國遊戲。此外，來自中國本土的商人、畫家、裱糊匠也組成了一個市集，在這裡，織布工和象牙雕刻工熟練地展示著他們的手藝，讓人彷彿置身於中國的市集。還有北京街頭的大變戲法夾雜著廣東絲竹，甚至西方音樂，吸引遊人入內。本來這是一個展現中國民俗風情的舞台，可是美國會商為了獵奇獲利，竟然在此處雇用了一名纏足婦人展示小腳，此事自然引起了與會華商及當地華僑極大的不滿。當時美國的各華文報紙均撰文抨擊，其中《文興報》還特地上書溥倫和黃開甲，要求干涉此事，但未能獲得回應。國內的《東方雜誌》也發表時評，質問道：「抑以中國婦人之醜足為世界之特別品而必欲借此以博萬國之頭等賞牌耶？」[174]留學生上書未果，他們決定自己起來進行抗議。1904年6月6日，四名廣東籍學生梁仲策、程斗、程耀、黃旭與遊戲園經理對談長達五個多小時，曉之以理，動之以情。一方面痛陳此事有辱國格，另外一方面表明作為中國學生絕對不會聽之任之。最後，園方經理同意撤去了這一展示，並答應不收取該婦女及隨行人員的房租。 這名婦女是與丈夫一同赴美的，也是被自己的丈夫租借給廣東茶商，雙方為此訂立了一份為期7個月的合同，規定每月薪金百元。展覽被撤之後，該婦女的丈夫根據合同向粵商追討剩餘款項，而粵商因為預付會場費用，虧損嚴重，不願給付，雙方爭執不

---

[174] 《時評》，《東方雜誌》，第1卷第5期，1904年6月。

下。留美學生由聖路易斯的中國維新會成員出面，調停雙方爭端。最終，他們募集到了450美元，300元給了這對夫婦，150元給了茶商，事情得到了妥善的處理。由此可見，當時的留學生也好，華僑也好，他們一方面能顧及國體尊嚴，據理力爭，一方面又極富人情味，互相扶持，共渡難關。[175]

　　類似的事情，同樣發生在海關陳列品上。在雜藝院尾部有一個名為「中國人類館」的所在，內有一組泥塑人偶：上海裝小腳婦人一；寧波裝小腳婦人一；北京裝小腳婦人一；廣東裝小腳婦人一；和尚一；老爺一（面黑黃，吸鴉片者）；兵丁一（綠營式）；蠻苗七；小城隍廟一座（內貯城隍十殿鬼判）；小縣衙一座（內貯各種酷刑為文明國人所未見者）；小木人數百個（皆泥工、苦作、肩挑、貿易、娼妓、囚犯、乞丐、洋煙鬼等類）；小草舍十餘間（皆民間旱潦疫病、困苦顛連之現象）；枷號一方；殺人刀數柄；洋煙槍十餘支；洋煙燈數具；殺人小照數方。[176]此物一出，自然不能不引起華人的憤慨，時人無不將之視作「國恥」而口誅筆伐。[177]留美學生張繼業公開呼籲道：「凡有血氣之人聞之，當如何興起奮發，及時改良，以湔洗無窮之奇恥。」[178]消息傳回國內後，引起譁然，不僅時人甚至後人也將之歸咎於溥倫、黃開甲等人愚昧腐敗。事情發展至此，作為正副監督，於情於理，均難辭其咎。但如果究其根源，則確實事出有因，絕非此二人僅憑一己之力就可承擔的。

---

[175]《留美學生力爭國體》，《東方雜誌》第1卷第8期，1904年9月。
[176] 張繼業：《記聖路易斯博覽會中國入賽情形》，《政藝叢書‧藝學文編卷二》，1905年。
[177]《聖路易會場之國恥》，《東方雜誌》第1卷第7期，1904年9月。
[178] 張繼業：《記聖路易斯博覽會中國入賽情形》，《美洲學報：實業界》，第1期，1905年2月23日。

「窄小之弓鞋、黑獄之煙具」的展品出現在博覽會上，並不偶然。作為西方人，負責挑選展品的海關洋員，除了把中華悠久傳統的文化展示在世界各國面前，同時也暴露了中國人醜陋落後的一面。小腳婦人、城隍土地、甚至煙槍刑具，或許正代表著西方人心中神秘而落後的東方形象。[179]任何一個正直的中國人都不可能坐視其出現在世博會的舞台上。不僅華商士紳多方奔走呼籲，清駐紐約總領事夏偕復也勒令負責看守地段的法國人巴士博撤去此展覽。然而，第二天一早卻又依然如故。原來此舉是因為副監督柯爾樂的夫人攜帶了三百雙中國小腳婦女的弓鞋，在展會上售賣，所以不願撤去這個具有廣告效應的展覽。此事最終驚動了溥倫，他以「偶像太劣，不堪寓目」為由，下令關閉這個所謂的中國人類館，不許遊人進入。然而巴士博卻公然陽奉陰違，表面上將這個地方改作自己的辦公場地。實際上，卻照樣允許遊人參觀。其結果自然不能如溥倫所願，反而遊人如織，「如山陰道上來往不絕」。[180]今天，當我們痛斥清政府腐敗，官員無能之時，或許也可以從另外一個側面瞭解他們心中些許的無奈。

　　或許，正是歷屆博覽會上積累的弊端在1904年的世博會上得到了集中的爆發，促使清政府最終下定決心解決這一問題。1905年，清政府正式收回國際博覽會的承辦權，並且指定以後的賽會事宜均由商部（農工商部）負責管理。還於1905年11月制定並出台了《出洋賽會通行簡章》二十條，明確了商部與各省督撫、商務局、商會和商人參加國際博覽會

---

[179] 沈惠芬：《走向世界——晚清中國海關與1873年維也納世界博覽會》，《福建師範大學學報（哲學社會科學版）》，2004年第4期，第106頁。
[180] 陳琪、陳輝德：《新大陸聖路易博覽會遊》，1905年6月，第88頁。

的管理許可權及責任，並對商人出洋賽會的商品做了較為詳細的規定。真正從根本上結束了海關洋員把持博覽會事務的時代，也使得中國籌辦博覽會向正規化和制度化方向發展。更為重要的是，此後清政府在國內也宣導舉辦商品陳列所、考工廠和勸公會、勸業會、物產會等各種類型的博覽會，刺激了工商業的發展。

　　1904年的世界博覽會已經過去了一百多年，作為晚清歷史上最大規模的賽會活動，絕非僅僅是草率或者荒唐等詞語可以概括的，或許其所獲得的經濟效益極其有限，但這次賽會帶給整個晚清社會的震動卻是勿庸置疑的。無論是統治階層的天皇貴冑、還是朝堂上的高級官吏，抑或只是普通的士民紳商，他們都透過這屆世博會看到了天朝之外一個更為廣闊的天地：西方世界的文明、先進的科技、發達的工業立體地展現在了國人的面前。同時，這一屆展會也有力地加深了各地官商對工商業發展的認識。這一屆世博會上中國代表團所暴露出來的各種問題，如官員的貪污腐敗、洋員的強權霸道、中國商品的滯銷等，固然有個人因素的存在，但更多的是當時中國積貧積弱、在國際舞台上受人歧視、尚無法真正融入國際社會現狀的真實寫照，從中也能窺見晚清政壇的走向和朝廷內不同利益集團之間勾心鬥角的激烈交鋒；而廣大留學生和華僑及當時國內輿論的愛國舉動，則大大提振了中國朝野的士氣民心，參展世博會的權力開始真正收歸國人之手，舉國上下興起了一股競辦實業及舉辦博覽會的熱潮，在世博會上展覽陋俗醜習的現象也得以有效遏制。1904年，可以說是近代中國和世博會關係的一道分水嶺。

1904年聖路易斯世博會上的中國館

17 上海與1933年芝加哥世博會[181]

　　1933年是美國第二大城市芝加哥正式登記為市鎮的100
週年紀念，美國政府遂決定於是年在芝加哥舉辦一次名為
「進步的一個世紀」的世博會，並向各國政府廣發邀請。
1932年春，南京國民政府接受美國政府的邀請，決定參加這
次博覽會；行政院通過預算，撥給法幣40萬（約合10萬美
金）作為參展費用；並成立了一個「中華民國參加芝加哥博
覽會籌備委員會」，全面負責參展事務。

中國民營資本的一次通力合作

　　1932年6月，籌備委員會正式啟動，在上海香港路上的
銀行公會舉行首次會議，要求全國各地踴躍徵集展品，積極
參加芝加哥世博會。很快，全國各省紛紛回應，並將徵集的
展品先後運往上海。當時，上海市政府也為此數次召開會
議，下達指令，要求各相應機構拿出最好的展品參加世博
會。1933年初，籌備委員會為「出品赴賽鄭重起見」，決定
在上海先開一次徵品展覽會，既作初步評審，也借此在國民
中間擴大影響。2月18日，展覽會在白利南路（今長寧路）
國立中央研究院裡的工程館開幕，蔡元培、王正廷、葉恭
綽、柳亞子等各界名流500餘人出席，實業部長陳公博、上

---

[181] 此文和黃薇合作撰寫。

中國日上的花車巡遊

海市長吳鐵城、美國駐華商務參贊安樂思等相繼致詞。這天前往參觀的市民就有2000餘人，可謂轟動。一週後，籌委會組織徵品審查委員會審查展品，由蔡元培出任主席，下設科學、工業、農業、藝術、戲劇、運動等6個組。審查委員大部為各領域的專家，如科學組的秉志、胡剛復，藝術組的江小鶼、林風眠、劉海粟，戲劇組的宋春舫、齊如山、鄭觀文，農業組的吳覺農，工業組的項康元等。

就在籌展活動進展到最緊張之際，行政院以國難日深、經費困難為由，突然於2月28日下令停止參加芝加哥世博會；同日，實業部也急電籌委會辦理結束事宜。這件事的表面理由雖然冠冕堂皇，但背後卻蘊含著不為人知的秘密。原來，國民黨內部派系分明，矛盾重重，陳公博隸屬於汪精衛派系。當時，陳公博以實業部長兼任赴芝加哥世博會代表團總代表後，即打算在美國華僑中發展自己的勢力。蔣介石、宋子文聞訊後，立即找藉口取消經費，停止參展，給汪精衛一派以打擊。這時，離世博會開幕僅有兩個多月的時間，各省運來的展品已集中在上海裝箱待運，其勢難以作罷。就

在這緊急關頭，有關人士於3月2日在上海總商會召開緊急會議，決定由出品人自行組織協會參加，不以國家名義參賽；請全國總商會出面協調，組織一個中國參賽代表團赴美。3月5日，中國參加芝加哥博覽會出品人協會正式成立，全國總商會會長王曉籟出任會長，上海銀行公會秘書長林康侯為副會長，中國銀行總經理張公權任經濟委員，蔡元培、葉恭綽等15人為理事。另推舉曾任駐紐約總領事的張祥麟為總代表，率團赴美。這時，所有籌展、參展活動已和政府沒有任何關係，因為沒有一個政府官員參與其中，而純粹由民間組織自己參與協調。就這樣，中國的民營資本運用自己的智慧和力量化解了一次危機。

芝加哥博覽會上的中國景象

國家館的設置，是一個國家在博覽會上的代表與象徵，意義重大。因而自1932年6月，中華民國參加芝加哥博覽會籌備委員會成立伊始，中國國家館的建設便著手開始操作。為了集思廣益，籌委會登報徵集中國國家館設計方案。儘管收到的方案並不少，結果卻不能令人滿意，不是太過壯觀，遠遠超出了預算經費；就是太過簡單，「不能夠表現我國建築百年來進步的精神」。籌委會只得轉而求助於建築師學會，學會慨然應允並義務進行設計，終於獲得了一個讓各方都滿意的方案。然而，美國方面卻又突然來電告知，撥給中國國家館的土地面積有了更改，原先的方案只能再度作廢。建築師學會隨即再次更改方案，終於在1933年初確定了下來，並製作了木質模型，放置在徵品展覽會現場，供民眾參觀。

中國日上的龍形花車與扮演成武生的中國華僑

　　1933年4月21日，張祥麟率團抵達芝加哥，隨即會同美
國當地的華僑商業團體，著手修建中國館。可是，此時建築
經費已經從原先預算的四十萬美金銳減到一萬五千美金，無
論是建築師學會的方案還是外國設計師Murphy的城牆式建
築都不可行。幾經波折，最終決定使用的是由上海商品協會
主持設計的建築方案。此時，距離芝加哥世博會開幕，不足
兩月，儘管建築師和工匠竭盡全力，仍未能趕上六月一日的
開幕式。直到半月之後，中國館才正式對外開放，建築費仍
比預算多出九千美金，總計約二萬二千美金，僅及日本館十
分之二。儘管如此，中國館仍以其鮮明的東方特色，吸引了
約二百五十五萬名參觀者，若僅以參觀人數而論，並不輸於
他國。中國館開幕當日，張祥麟總代表還通過電台向全美作
了廣播演說。

中國大戲院門前的黃包車

　　芝加哥世博會上的中國區取名上海街，採用四合院的建築樣式，占地近4000平方米。整個園區面向正東，由兩座七層寶塔和中式牌樓組成的大門上書由英文寫成的「上海街」字樣；被稱為「中華商業第一街」的南京路商業景觀也被移植到了這裡，對此，西方人評價道：「東西文化在這裡碰撞，南京路上的商店是中華帝國最富盛名的耀眼展品。」園內除中國館外，還設有中國廟宇，由上海玉雕協會送展的張文棣翠玉寶塔就在這裡展出。該塔採用名叫「金絲種」的名貴翡翠為材料，外形參照上海龍華塔，動用了150多名工藝師耗時10年製作完成。後院入門右側為辦事處、涼水店，中西餐館和跳舞場，對面中央為中國戲院，門前立三根旗杆分別為中、美兩國國旗以及印有「上海」漢字字樣的三角旗。戲院內上演具有中國特色的音樂、舞蹈、雜技等專案，特別

是中國柔術團表演的吊腰弄碟、屈腰吸水等項目尤為吸引觀眾和媒體的關注。此外還有中西餐館、酒吧等娛樂設施。後院由芝加哥的僑商開了一家中國餐館，為遊客全天供應茶及膳食。在餐館門前豎起了一座高5.8米，寬5.2米柚木牌樓，這座由上海徐家匯的土山灣孤兒工藝院內十餘名孤兒費時一年雕刻而成的藝術精品，是繼1915年巴拿馬世博會後第二次亮相世博。院內的另一側是中國各省展館以及民信公司、中國貿易公司等設置的企業館。博覽會期間，湖南省的湘繡和礦產，江西省的瓷器，福建省的漆器和茶葉，廣東省的陶瓷和象牙雕刻，以及浙江省的杭扇和絲綢等都大受歡迎，有的產品還接到了大批量的定單。博覽會結束後，張祥麟以中國代表團總代表的名義，將大幅湘繡羅斯福總統像贈送給羅斯福，總統夫婦表示感謝，還回贈以自己的簽名大照片。這幅繡像作為中美友誼的見證，也成為芝加哥世博會官方導覽手冊中的重點推介品。

芝加哥世博會組委會還將1933年10月1日定為中國日，由中國參加芝加哥博覽會出品人協會、芝加哥華僑以及中國駐芝加哥領事館共同舉辦了相關的慶祝活動，其中最吸引人眼球的是花車巡遊活動。當日，由同聲俱樂部組建的鑼鼓車開道，民新公司、環球酒家等企業的花車以及當地華僑組建的公眾巡遊車緊隨其後，花車上有穿著中國傳統服飾的華人少女，花車旁還有身著將軍戲服騎馬遊行的當地華僑。當日，來到中國館參觀的人數眾多，美國農業部長以及胡適、劉湛恩、陳策、陳慶雲等中外名人也悉數到場，甚是熱鬧。

芝加哥世博會召開時，中國國內的局勢日趨緊張，1933年1月，日軍入侵華北，攻佔山海關；3月，侵占熱河全境；5月，中國軍隊「長城防線」崩潰，冀東20餘座城池陷入日

華僑民新公司在芝加哥博覽會上陳列貨物的情形

軍之手。是年六月起,日本在世博會上設立南滿鐵路展覽,並且雇傭美國人寇倫在科學館演講偽滿洲國問題,進行不利於中國的各種宣傳。中國館常務理事會隨即會同當地商學界組成宣傳委員會,針鋒相對地展開中國文化、教育及藝術的宣傳。在8月6日至10月9日期間,由何鳳山、周景真、李德明等義務演講員,每天下午六點在中國戲院內圍繞中國問題發表演講,觀眾累計人數達到一萬一千五百人左右,引起強烈反響,迫使日本方面停止了演講。

上 | 金頂喇嘛廟外觀
下 | 建築中的熱河金亭

「大上海計畫」亮相「芝博會」

中國參與世博會的一個基本宗旨在於宣揚國產、增進貿易，然而當時擔任中國出品人協會總代表的張祥麟對此則有不同的看法，他評價芝加哥世博會「性質似貿易，實則重展覽」，也就是說這不僅是一個世界各國特色商品的交易舞台，更是一個展示中國近代以來變革成績的展示平台。據現存檔案，作為當時中國最繁榮、最國際化的大都市，上海市政府大約撥出了5000元作為籌辦經費，將大上海市中心建設模型，閘北電廠、水廠模型，上海市電氣事業歷年發展狀況統計圖及上海市水上交通模型（包括4號、5號渡船模型，高橋、閔行輪渡碼頭模型）等作為展品送往芝加哥。

自1843年開埠以來，上海這座城市就創造了一次又一次中國城市建設之最，然而從道路交通、水電煤、鐵路，電報電話等諸多近代城市設施，卻幾乎無一是中國人自己的原創。上海的崛起和繁華是和租界緊密相連的，華界的市政發展卻異常遲滯。1929年，成立剛剛兩年的南京國民政府，開始啟動一項名為「大上海計畫」的城市發展規劃。這項計畫撇開租界，僅以華界為半徑，將引翔、吳淞以南以及滬東沿江一帶劃為新的市中心。到1930年，這項計畫已經成為囊括南市、閘北、龍華、浦東、吳淞等全部華界，涉及交通園林、建築、公用事業、衛生設備、市政府大樓等諸多方面的綜合性城市發展規劃。1931年7月7日，以新市政府大廈動工為標誌，市中心的各項建設隨即展開。儘管期間受到「一‧二八」淞滬抗戰的影響，但圖書館、體育場、博物館等主要建築仍然得以完成。

值得注意的是，充當這項重大工程的設計、建設主力軍的是一批今天被我們稱之為「海歸派」的留洋學生。如當時擔任上海市工務局局長的沈怡即畢業於同濟大學，後又赴德國學習水利工程，獲博士學位；擔任主設計師的董大酉畢業於清華大學，後赴美先後就讀於明尼蘇達大學和哥倫比亞大學研究院。這些留學海外的有志之士，抱持著為民族爭光的信念，投身於大上海計畫的建設之中，為上海的城市發展帶來最新的理念。他們大都認為，在世博會這樣的舞台上，不能再僅僅使用皇宮城牆、廟塔這樣的傳統建築來代表中國的精神，而應該使用二十世紀最先進的科學理念和構造方法，來展示中國百年來的進步以及當下的新思潮和新藝術。正在施工建設中的「大上海計畫」能代表當時上海的城市發展面貌的展品，無疑是展示這一理念最佳的選擇。

湘繡著名作品《羅斯福總統繡像》，1933年長沙錦華麗繡莊繡製，現藏美國亞特蘭大市小白宮博物館。

18 春柳社首演《茶花女》
紀念品的發現與考釋

1907年2月，中國戲劇從春柳社同人在日本東京演出《茶花女》開始，由古典形態向近代形態演進，標誌了一個新時代的誕生。但長期以來，作為中國話劇源頭的《茶花女》演出研究一直鮮有進展。最近，筆者意外地發現了兩張1907年春柳社在東京為演出《茶花女》而發行的紀念明信片。此為這類文獻的首次發現，史料價值很大，可以澄清不少問題，筆者擬據此撰文，從以下幾個方面略為分析考釋。

一、從此次發現可以明確弄清，春柳社當年只演出了話劇《茶花女》的第三幕，解決了長期以來一直困惑的一幕還是二幕之爭。

1907年初，日本的一些報刊報導了中國江蘇等地因水災造成嚴重饑荒，急需救濟的消息，春柳社成員得悉後集會商議，決定舉辦賑災遊藝會，募集善款，救濟難民。在藤澤淺二郎的指導下，經過二十多天的排練，2月11日，春柳社在新落成的中華基督教青年會的禮堂裡演出了話劇《茶花女》的片段（劇情為阿芒的父親訪尋茶花女，茶花女忍痛離開阿芒，當時報導稱「兜址坪訣別」），這是春柳社的第一次演出。《茶花女》是法國著名作家小仲馬的作品，他以19世紀巴黎一位妓女的身世為原型，在小說《茶花女》的基礎上創作了話劇《茶花女》。在劇中，瑪格麗特與富家子弟阿芒產生了真摯愛情，然而上層社會不能接受這種結合，在阿芒父親的逼迫下，瑪格麗特不得不悄悄離開。等到阿芒得知真相，回到瑪格麗特身邊時，一切都為時已晚，病情惡化的戀人終於離他而去。早在1899年，林琴南即與王壽昌合作，將小仲馬的這本名著介紹到中國，以《巴黎茶花女遺事》為名出版，一時間洛陽紙貴。茶花女的悲慘身世在中國引起了廣泛的同情，嚴復曾有詩詠道：「可憐一卷《茶花女》，斷盡

支那蕩子腸。」有了這樣的基礎，春柳社的演出自然引起了強烈反響，留日學生們紛紛趕來觀看。春柳社的這次演出可謂非常成功，很多人因此深深迷上了話劇，春柳社的成員也由最初的幾個人迅速發展到八十餘人。後來成為春柳社主要成員的歐陽予倩曾撰文回憶：「有一天聽說青年會開什麼賑災遊藝會，我和幾個同學去玩，末了一個節目是《茶花女》，……這一回的表演可說是中國人演話劇最初的一次，我當時所受的刺激最深。我在北平時曾讀過《茶花女》的譯本，這次雖然只演亞猛的父親去訪馬克和馬克臨終的兩幕，內容曲折，我非常的明白。當時我很驚奇，戲劇原來有這樣一個辦法。」[182] 自歐陽予倩回憶當年春柳社演出《茶花女》是兩幕以後，有關演出到底是一幕還是兩幕的爭執就一直沒有間斷過。雖然歐陽予倩在二十餘年後的一篇文章中作了更正，認為演出是一幕[183]，但由於《自我演戲以來》一書的巨大影響和一些人先入為主的深刻印象，沿用兩幕說的文章還是不少，即使近年出版的一些有影響的專著仍有主兩幕說的[184]。筆者認為，歐陽予倩1957年的回憶更正說得很明確，而且春柳社在日本演出《茶花女》的盛況當時還傳到了國內，上海的報紙作了專門報導：「陽曆2月11日，日本東京留學界因祖國江北水災，特開救濟慈善音樂會，釀資助賑。其中有春柳社社員數人，節取《茶花女》事，仿西法，組織新劇，登台扮演，戲名《匏垤坪訣別之場》。是日觀者約二

---

[182] 《自我演戲以來》，神州國光社，1933年2月。
[183] 他在1957年8月27日出版的《戲劇論叢》第三輯上發表《回憶春柳》一文，其中寫道：「在我的《自我演戲以來》中，我說是共兩幕——亞猛的父親到別墅去找茶花女和茶花女臨終的一幕。以後仔細想，當時演的只有亞猛的父親到別墅的一幕。」
[184] 如田濤著《李叔同》，河北教育出版社，2003年1月。

千人，歐、米及日本男女亦接踵而至。台下拍掌雷動。此誠
學界中僅有之盛會，且亦吾輩向未經見之事也。」[185]再以此
對照筆者這次發現的春柳社演出《茶花女》紀念明信片，片
上清楚地印有「茶花女匏址坪訣別之場・春柳社演劇紀念
品」的字樣。據此，我們可以明確地斷定：1907年2月，春
柳社李叔同等人在日本演出《茶花女》只演了一幕，即第三
幕「匏址坪訣別」。

　二、話劇《茶花女》的演出劇照一直很少，僅有的兩
張，一張少掉一半，另一張則很模糊。這次發現正好彌補缺
撼，完整地再現了當年的舞台，且李叔同、曾孝谷、唐肯和
孫宗文四個主要人物俱全。

　據文獻記載，《茶花女》的劇本由曾孝谷翻譯，劇中
的角色安排是：李叔同飾茶花女默鳳（瑪格麗特），唐肯飾
亞猛（阿芒），曾孝谷飾亞猛的父親，孫宗文飾配唐（瑪格
麗特的女友普魯唐司）。李叔同本來是留有鬍鬚的，因為扮
演女角，他剃掉了鬍鬚，戴上捲髮假頭套，身著白色的百褶
裙，一條裙帶束在腰際，眉峰緊蹙，眼波斜睇，將茶花女自
怨自艾、紅顏薄命的神情演繹得非常逼真。在中國話劇史
上，《茶花女》的演出可謂意義重大，影響深遠。但其留下
的相關文獻卻極少，尤其是圖像資料，除了李叔同送給他的
學生李鴻梁的兩張自己扮演茶花女的造型照以外，多年來幾
乎就再也沒有什麼新的資料披露。但據多種跡象顯示，春柳
社的文獻在日本倒有不少保存，如著名的《黑奴籲天錄》的
演出說明書，就珍藏在東京早稻田大學戲劇博物館內。那
麼，有關話劇《茶花女》的文獻在日本有否保存呢？答案應

---

[185]《記東京留學界演劇助賑事》，載1907年3月20日《時報》。

春柳社演劇 紀念品　　茶花女茆址訣別之塲

1907年2月春柳社演出紀念明信片一。

該是肯定的。我們先來重播一下70年前一次座談會的有關場景：1937年4月27日，《光明》雜誌社在上海中國飯店召開「中國劇運先驅者懷舊座談會」，回顧中國早期話劇的活動史，出席者包括中國劇壇不同時期的代表人物，有歐陽予倩、馬彥祥、應雲衛、唐槐秋、鄭伯奇、夏衍、阿英、沈西苓、袁牧之、許幸之、凌鶴、張庚、章泯、王瑩、白楊等，記錄者是尤兢（于伶）和趙慧深。座談會的主要人物是當時資歷最老的歐陽予倩，當他講述到自己當年在東京觀看春柳社演出《茶花女》時，忙於記錄的尤兢擱下筆興致勃勃地插話：我有《茶花女》演出的明信片，可惜只有不全的半張了。鄭伯奇當即表示：這可以製版印出來。於是，一個月以後出版的《光明》2卷12期上赫然刊出了尤兢珍藏的這張已撕去了一半的《茶花女》劇照明信片。當時，尤兢沒有就這

張明信片的出處作任何說明，而以後的諸多中國話劇史專著也都只能將就使用這張殘照。

這一頁珍貴的歷史似乎就這樣被輕輕翻過去了。但冥冥之中好像有神靈在呼喚，1999年一個秋高氣爽的好日子，我在北京潘家園的一個舊書攤上驚喜地發現了兩張春柳社的明信片，其中一張即早已深深印入我腦海的尤兢收藏的那枚被撕去了一半的《茶花女》劇照，從這張完整的明信片上可以清晰地看到，那被撕去的一半正好是李叔同扮演的瑪格麗特低首悲痛的畫面；而另一張即葛一虹主編的《中國話劇通史》在插圖首頁上使用的「阿芒讀書，瑪格麗特臥榻」那張，但明信片的畫面顯然更完整，清晰度也遠遠勝於「通史」本。我毫不猶豫，當即以高價購下。回家後細細審視：這兩張明信片均為黑白畫面，紙質硬朗，品相完好，正面明信片格式為日文字樣，顯然是在日本印製；明信片背面的劇照下方均有「茶花女菀址坪訣別之場‧春柳社演劇紀念品」的字樣。這顯然係一套出品，而且正是1907年2月11日春柳社在東京演出《茶花女》第三幕時的紀念之物。兩張明信片上，李叔同、唐肯、曾孝谷和孫宗文飾演的四個主要人物俱全，舞台面清晰，完整地再現了當時的演出場面，對研究春柳社顯然頗有價值。

三、從當年的文獻可以發現，春柳社的演出因係籌款，故都有紀念贈品發送，但學術界從未能證實紀念贈品的存在，此次發現正好解決了這一問題；且筆者考證，春柳社之所以選用明信片作為紀念贈品，李叔同在其中應該起了關鍵作用。

我很懷疑這兩枚明信片是春柳社自己發行的演出紀念品，同時也作為助賑之用。春柳社文藝研究會成立之初曾公

佈有「簡章」，其中寫到：「本社每歲春秋開大會二次。或展覽書畫，或演奏樂劇。又定期刊行雜誌，隨時刊行小說、腳本、繪葉書之類（辦法另有專章）。」[186]很顯然，春柳社早有發行明信片的設想，因為「繪葉書」正是明信片在日本的稱呼；而演出賣票附送贈品也是春柳社的常用手段，如歐陽予倩就曾回憶，演出《黑奴籲天錄》時，「當時的票價一律日幣五角，最先賣出的三百張，每人贈價值一角錢的贈品」[187]。有日本學者指出：春柳社當時準備的贈品之一就是「明信片」，而且，春柳社演出《茶花女》時就製作過「明信片」[188]。筆者認為，這次發現的「春柳社演劇紀念品」明信片，應該就是李叔同他們演出《茶花女》時的「贈品」——助賑義賣的「特殊贈品」。春柳社之所以選用明信片作為紀念贈品，依筆者之見，既有其時代背景，也應該有李叔同的個人因素在其中起著關鍵作用。明信片這一郵政載體發明於19世紀60年代末的歐洲，不到十年，這一新穎實用的通訊用品就已傳入中國，而且，在隨後的幾十年間，明信片在中國的發行、使用得到了社會各界，尤其是中上層人士的廣泛認可。清末民初，明信片已成為文人雅士、達官顯貴的特殊喜好，當時把寄發收受明信片視為一種時尚，蔚然成風，舉凡朋友問候、互通資訊、報告行蹤、喜結同好、詢問故交、傾吐胸臆、通告大事等等，明信片都是一種迅捷簡便的聯絡方式，因此，它堪稱中國近代史上的奇特一頁，而與許多重要人物、重大事件結有關係。作為一個愛好廣泛、又樂

---

[186] 《大公報》，1907年5月10日。
[187] 《回憶春柳》，載1957年8月27日《戲劇論叢》第3輯。
[188] 中村忠行《「春柳社」逸史稿》，載陳星編《我看弘一大師》，浙江古籍出版社，2003年9月。

於接受西方新鮮事物的翩翩青年，李叔同也十分喜歡明信片這一新穎實用的時尚之物，從有關記載來看，他在留學日本時就曾多次使用過明信片。如1906年，李叔同給在天津的忘年交徐耀廷寄發了一張明信片，片上圖案還是他自己畫的，是日本東海道名勝地沼津風景的一幅山水畫[189]。再如1909年夏，曾孝谷回四川探親，不久，李叔同即從東京向遠在蜀中的老朋友發去了一張明信片，問候起居，並在背後畫了一幅由「曾」字組成的漫畫，其對老友的思念之情表露無遺[190]。很顯然，對明信片這一從西方傳入的新穎郵政載體，李叔同既喜愛又熟悉，因此，春柳社在演出《茶花女》時決定製作明信片，並以此當作紀念贈品，作為春柳社核心人物的他在其中所起的作用是顯而易見的。

四、《茶花女》演出的佈景為油畫所繪，是中國近代戲劇最早出現的舞台美術，筆者考證應出自李叔同之手。

在中國戲劇從古典形態向近代形態演進的過程中，受到了來自西方近代戲劇和日本新派劇的很大影響，包括劇意、對白、服裝、道具、化妝等等，其中，舞台美術方面受到的撞擊非常之大，僅僅由寫意向寫實的觀念更新，就震撼了戲劇界的很多人。在這方面，李叔同是一位善於學習，勇於創新的先行者。1906年9月，李叔同考入位於上野的東京美術學校，和他一起考取的是來自四川的曾孝谷。東京美校是當時代表亞洲最高水準的美術院校，李叔同學習的西洋畫科又是學校最有特色的專業，他師從黑田清輝等著名教授，發憤苦學，畢業時獲得了「四人中一」的好成績（即當年西洋畫

---

[189] 參見田濤：《李叔同》，河北教育出版社，2003年1月。

[190] 參見金菊貞、郭長海：《李叔同在太平洋報時期的美術活動》，載《弘一大師藝術論》，西泠印社，2000年10月。

撰科四名畢業生中成績第一名）[191]。1906年2月，李叔同、曾孝谷等發起的春柳社為助賑國內水災，在東京演出了《茶花女》片段，對此，日本演藝界予以了很高評價，其中包括舞台佈景：「裝飾畫亦皆合宜。」[192]我們從常理推測，春柳社演出時的舞台佈景一定出自學畫出身的李、曾二人之手，歐陽予倩曾回憶：「孝谷和息霜都是美術學校的學生，佈景是由他們設計，服裝也是由他們選定的。」[193]那麼，李、曾二人究竟是以誰為主的呢？根據當時的報導，可以清楚證明，春柳社最初的演出佈景都由李叔同所繪，演出《黑奴籲天錄》時，日本報紙曾特地指出：「本次的《黑奴籲天錄》五幕為美國人的作品。曾延年把它改成腳本，相關佈景由李哀策劃製作。」[194]當時的中國報紙對此也有報導：「戲園上所裝備之屏障各物，以圖畫助其景物者，日人謂之背景，即背後所見物色之光景，盡以畫屏點綴，山水林木，莫不等類，宛如眼睹其物。此則悉李哀所擔當，蓋在學校專習繪畫也。」[195]應該說，當時李、曾二人作這樣的分工是有其一定道理的。曾孝谷雖和李叔同同班學習，但繪畫成績卻並不理想，據當時他們油畫科的班長山口亮一回憶，曾孝谷「善於和日本學生交往」，「然而，不知為何，他的繪畫卻不大高明」[196]。相比之下，李叔同卻是以「四人中一」的好成績畢

---

[191] 參見劉曉路《青春的上野：李叔同與東京美術學校的中國同窗》，載《弘一大師藝術論》，西泠印社，2000年10月。
[192] 《記東京留學界演劇助賑事》，載1907年3月20日《時報》。
[193] 《回憶春柳》，載1957年8月27日《戲劇論叢》第3輯。
[194] 原載日本《讀賣新聞》10768號，轉引自中村忠行《「春柳社」逸史稿》，載陳星編：《我看弘一大師》，浙江古籍出版社，2003年9月。
[195] 《東京留學生之演劇》，載1907年6月13日《順天時報》。
[196] 轉引自陳丁沙：《春柳社史記》，載《中國話劇史料集》第1輯，文化藝術出版社，1987年12月。

品念紀　劇演社柳春　　　　場之別訣坪埴兜女花茶

1907年2月春柳社演出紀念明信片二。

業的，故畫佈景的工作由其承擔自然是順理成章之事。從這次發現的明信片來看，《茶花女》的佈景用筆大膽，筆觸粗獷，呈現濃厚的油畫味道，和其同時期畫作《朝》等有很大的相象之處，其中關係值得有心人探究。此外，這次《茶花女》演劇明信片的發現，也為「中國近代戲劇最早的舞台美術」這一斷論提供了可貴的實證！

　　珍貴的春柳社早期圖像文獻的出土現身，是中國話劇百年的幸事，而筆者居然有幸成為這些珍貴文獻的發現者和擁有者，我應該感謝命運給予我這樣難得的機會。打量著這些穿越時間隧道來到我手邊的神奇卡片，百年前中國留學生們在東京演出時的一幕幕場景，瞬間凝固了！

19 長尾雨山與商務印書館

　　1900年八國聯軍侵華，為侵略炮火所震撼，被迫逃亡到西安的慈禧太后頒佈「預約變法」的上諭，從而揭開了清末「新政」的序幕。此後的數年間，各項體制內的變革隨即次第展開。其中，「興學育才」的教育改革作為政治變革的先決條件，而受到人們重視。1902年（壬寅年），管學大臣張百熙制訂《欽訂學堂章程》（壬寅學制），經清廷正式公佈，卻未能付諸實行。於是，1903年（癸卯年），張百熙、張之洞、榮慶等人又重新擬定《奏定學堂章程》（癸卯學製），並經法令公佈在全國施行。癸卯學制的頒行，最終促使科舉制的廢除，開啟了中國教育體制的現代化進程。

　　1902年以後，中國的學校教育迅速發展，新式學堂的在校生數量增長極快。以小學教育為例，1902年在校生數量僅為859人，1903年激增至22866人，6年後的1909年，全國公私立小學校學生數量已經達到1469412人。伴隨著學校教育持續穩定的發展，呈現在近代出版業面前的是一個日益龐大而且持久的教科書出版市場。1902年入主商務印書館的張元濟，敏銳地覺察到了由教育改革而引發的市場需求，為商務印書館確立了「以扶助教育為己任」的出版經營方針，並將新式教科書的編輯出版作為「商務」的中心業務來抓。此後相當長的時期內，教科書一直都是商務印書館的主要業務和重要盈利來源。依靠出版發行教科書的巨額利潤，商務印書館迅速成長為近代中國規模最大、實力也最為雄厚的民營出版機構。

　　成立於1897年的商務印書館，最初規模不大。1898年，「商務」聘請謝洪賁牧師將英國人為印度小學生編印的英文課本分二冊編譯出版，取名《華英初階》。由於採用中英文對照的編排方式，出版後風行一時。受此鼓舞，商務印書館

隨後又譯注了更高一級的課本《華英進階》（共五集）。在
「商務」最初的若干暢銷書籍中，還包括張元濟約請杜亞泉
編纂的蒙學堂課本《文學初階》。這套課本講述科學知識的
廣度和通俗性均為當時課本中的翹楚，而且還附有簡單的教
授法，也為其他課本所無。這些書的熱銷，不僅為「商務」
贏得了高額的利潤，也造就了「商務」與教科書的不解之
緣。而真正奠定「商務」百年基業，令其執業之牛耳的則
是1904年起出版的《最新教科書》。

一

　　20世紀初，商務印書館設立編譯所並擬聘請蔡元培為首
任編譯所所長。蔡氏認定科舉廢止勢在必行，新學堂乃大勢
所趨，遂與「商務」同仁商定著手編輯新式教科書。蔡氏因
「蘇報」案離去後，張元濟入主編譯所，繼續蔡氏的方針，
並更強調眾人的力量，他根據《奏定學堂章程》的相關要
求，邀齊蔣維喬、高夢旦、莊俞、杜亞泉等人，每編訂一課
都進行集體的審訂、修改。正是這種圓桌會議式的方法，確
保了商務教科書的高品質。此外，商務印書館在當時最關鍵
的一招是引進日資，擴大資本，並直接聘請日本教育專家參
與教科書的編撰。其中提供資本的是日本金港堂主原亮三
郎，主要的日本教育專家正是本文要介紹的長尾雨山。
　　金港堂是日本明治年間的一家大書店，與文學社、普
及會、集英堂並稱為明治年代四大出版社；金港堂還發行有
《文學界》、《都之花》等文學雜誌，在日本名聲很大。原
亮三郎做事頗有魄力，曾擔任過東京書籍出版營業組合的主
席（書業公會會長）。在日本，教科書也是印數大、利潤高

左上 ｜ 1904年版最新地理教科書
右上 ｜ 1904年版最新國文教科書
下 ｜ 1906年1月，商務設速成小學師範講習所第一次畢業合影，左側教師徐球、蔡
元培、杜亞泉、徐傳霖、徐念慈；右側教師蔣維喬、奚若、長尾雨山、嚴保誠
（均從左起）

的產業，各家出版社競爭很厲害，期間自然也有拉關係送賄賂等問題。明治三十五年（1902）12月，日本政府連續兩次進行大抄查，對相關幾家出版社及有關人員提出起訴，其中就有金港堂和長尾雨山——據傳長尾因在圖書審查委員會工作時接受書店贈送的禮金而被判兩個月的監禁。此時正值商務印書館因擴大規模而急需資金的時候，而原亮三郎等人也想暫時離開日本到海外發展，於是雙方一拍即合。經商談雙方於1903年12月達成合資協定，以原亮三郎為主的日方出資10萬，「商務」方面除原有生財資產，另加湊現款亦並足10萬，並聘請日本專家襄助，但有權隨時解除。另一附加條件是經理及董事都由中方擔任，日本方面只舉一人為監察。「商務」聘請的日本專家有多人，協助編撰教科書的主要是日本前文部省圖書審查官小谷重和日本前高等師範學校教授長尾雨山，而在業務方面介入較多的則主要是後者。

二

　　長尾雨山（1864－1942），原名長尾甲，字子生，通稱槙太郎，號雨山、石隱、無悶道人等，以雨山通行於世。書齋名有何遠樓、思齊室、草聖堂（因得唐朝草聖張旭之真跡而命名）、漢磚齋（因得漢磚而命名）、猗猗園（因所居園中植竹數百竿而命名）、無悶室等。長尾雨山的父母均出自名門，故其少時得其父長尾柏四郎親授句讀。1884年入讀東京大學古典學科，畢業後曾留校助教，後又入文部省工作。1889年創設東京美術學校並兼任教授，1899年，改入東京高等師範學校、東京大學等任教授，在教科書研究方面造詣很深。1903年，由於一場官司被關押兩個月並罰金，長尾不服

判決上告，終未果，遂一氣之下於1903年底舉家移居上海，服務於「商務」[197]。長尾雨山風塵僕僕從日本來到上海，馬上就投入到他所擅長的教科書編製工作上，這也是張元濟和「商務」器重於他的地方。今知長尾第一次於「商務」現身是在1904年1月18日，地點商務編譯所，和張元濟、高鳳謙、蔣維喬及小谷重等四人會商小學教科書體例[198]。這很可能也是張元濟所定集體合議教科書制度的第一次圓桌會議。蔡元培在「商務」時曾有意讓蔣維喬一人試編教科書，即一人包辦制；而張元濟則認為應改成「集體合議」制，並堅決把這一制度付諸實行。「集體合議」制的精髓在於集思廣益，「採用合議制，由任何人提出一原則，共認為有討論價值者，彼此辯論，不厭其詳，討論至半日或終日方決定者」[199]當時具體負責教科書編撰工作的蔣維喬，在他的日記和回憶錄中，對於合議情況有具體記載。參加合議的最初有張元濟、高夢旦、長尾雨山、小谷重和蔣維喬共五人，後又增加莊俞等人；僅在三個月時間之內，「商務」同人一起會商就達九次之多，從編輯體例到內容的選擇，甚至包括課本的插圖問題，一切均在會商之列，常有為某一字句的斟酌選擇大家爭得面紅耳赤的。最後議定的原則既多且細，其中就有這樣的描述：「（一）第一冊教科書中，採用之字，限定筆劃，規定五課以前，限定六畫；十課以前，限定九畫。以後逐漸加至十五畫為止。（二）教科書採用之字，限於通常

---

[197] 參見《長尾甲生平略曆》，載長尾雨山著《中國書畫話》，日本築摩書房，1965年1月版。

[198] 張人鳳、柳和城編著：《張元濟年譜長編》上卷，第132頁，上海交通大學出版社，2011年1月版。

[199] 蔣維喬：《高夢旦傳》，載《商務印書館九十五年》，商務印書館，1992年版。

日用者，不取生僻字。五課以前，每課不得過十字，前課之生字，必於以後各課中再見兩次以上。（三）規定字數，第一冊每課從八字至四十字，第二冊從四十字至六十字，三冊以下不為嚴格限制。（四）材料方面，選用事項涉於多方面，不偏於一隅。雜採各種材料，以有興味之文字記述之。（五）各課皆附精美之圖畫，圖畫佈置須生動而不呆板，處處與文字融合。」[200]這些不憚瑣細的文字，竟出自一群學貫中西的大學者之手，今日讀之，令人感慨不已。長尾雨山和「商務」的同事相處很協調，討論時既有意見一致的地方，當然也有相左之處，但雙方合議時都能做到坦誠相見，暢所欲言。「商務」方面也能傾聽日本專家的意見，虛心接受他們的正確建議。如長尾他們認為教科書配以大量插圖極為重要，因這能引起兒童的興趣並且幫助記憶，須請第一流畫家繪製。這意見就受到「商務」當局的高度重視，並在具體編撰時得以採納。總之，中方編輯對日本專家很器重，他們還曾就日本小學校中國文科的教授方法和上課情況等，向長尾他們請教甚詳。這是初等小學國文教科書的編寫原則。再如初等小學地理教科書的編寫原則也是如此。教材供第三、第四兩年之用，共分四冊，每冊四十課。前三冊專論本國，第四冊「略述五洲各國，以發其凡，亦即為高等小學之基礎」[201]。地理課每週教授二課，每冊供半年一學期之用，四冊正好滿足兩年之需。值得一說的是，每課課文字數控制在150字左右，文字淺顯而內容豐富。編者特地指出：「我國

---

[200] 蔣維喬：《編輯小學教科書之回憶》，轉引自《商務印書館百年大事記》，商務印書館，1997年4月版。

[201]《〈最新初等小學地理教科書〉編輯大意》，載《最新初等小學地理教科書》，商務印書館1904年版。

勝地偉人，與夫商業軍政之要道，本編恒三致意，冀令總角之童，即具有遠大襟期及景慕前賢之意，而於古今戰事遺跡，亦頗敘及，以期與歷史互相發明。」編寫地理教材而有如此的眼光，即使放在今天也足以令人敬佩。和「最新國文教科書」的編撰一樣，長尾雨山也參加了這套「地理教科書」的編訂，貢獻了自己的意見。

　　1904年3月29日，「商務」編撰的《最新國文教科書》第一冊出版，初版四千冊，未及幾日即已銷罄；4月7日，第二冊出版，同樣大受歡迎。至1906年，全套書十冊出齊。由於這套教材由淺入深、循序漸進、圖文並茂，適合於少年兒童的學習心理，所以一經出版，銷售情況之佳，出乎「商務」當局之意外。據統計，在清末民初幾十年間全國書籍營業額中，「商務」長期占有百分之三十到四十的份額，名副其實地坐上出版業的第一把交椅，並最終形成「商、中、世、大、開」（商務、中華、世界、大東、開明）的業內平衡，而這一排名正是依據其發行中小學校教科書數量的多寡來排列次序的。「商務」在首發小學教科書方面一炮打響，喜慶之時，並未忘記日本專家為之付出的辛勞。我們今天在這些教材的初版本上依然能夠看到：扉頁正中直書書名，右列為校訂者：日本前文部省圖書審查官小谷重、日本前高等師範學校教授長尾槇太郎、福建長樂高鳳謙、浙江海鹽張元濟。左列為編撰者：江蘇武進蔣維喬、江蘇陽湖莊俞，其下方為上海商務印書館印行。在校訂者一欄中，小谷重、長尾槇太郎的名字還排在了高鳳謙和張元濟的前面。這當然顯示了張元濟他們坦蕩寬廣的胸懷，但也說明，長尾槇太郎等日本專家在當時確實起到了獨特而重要的作用。可以說，這一時期長尾雨山雖然工作甚忙，但卻是他心情最舒暢的一段時間。

三

　　「商務」創辦人是一批精明的商人，但他們又不僅僅是趨利的商人，想賺上一票就撒手走人。在他們的抱負中有著開發民智的願望。根據文獻，1906年清政府學部第一次審定初等小學教科書共計102種，由民營出版機構發行的有85種，其中商務印書館出版的就有54冊，占總數52.9％，商務印書館在教科書方面的成功，得益於企業先進的理念。「商務」在編印出版教科書的同時，也嘗試培訓師資。1905年8月20日，「商務」當局撥經費8千元（開辦費3千元，經營費5千元）開辦師範講習所於文監師路文昌里，由武進嚴保誠任校長，蔡元培、張元濟等大家均出任教職。第一期招學生46人，講學非常嚴格，半年後通過畢業者僅36人。接著續辦第二期，經費也增加到9千元，招生60人，畢業48人。為給師資有實習的機會，第二期起還附設了小學，將與教材配套的教學方法等直接應用於學校的教學實踐，從而及時得到資訊回饋，進行修正，從而確保「商務」教科書的長久生命力。1907年師範講習所停辦，但附屬小學卻正式開辦起來，並正式命名為尚公小學，先後由徐念慈、徐宗鑑、蔣維喬、莊俞、吳研因等名家出任校長，上海教育界也因此誕生了一所著名的品牌學校。該校以學生成績優異，教學品質高而聞名於上海，真正實現了張元濟「以出版扶助教育，以教育促出版繁榮」的理念。值得一提的是，長尾雨山因其在教育方面所具有的豐富經驗，在師範講習所開辦之初，就被「商務」當局聘為教師，委以重任，在開班教學的同時，也向學校的老師們介紹日本教育的經驗，供大家參考比較。正因為

長尾雨山在「商務」的多個方面同時任職，又任勞任怨，盡心竭力地工作，和同事們相處之間又能暢所欲言，毫無保留，因此給大家留下了很好的印象。

　　進入民國以後，民族觀念大盛，中華書局等公司因營業故，以「商務」有日本股份為藉口，「詆排甚力，公司因大受障礙。即如前清學部編成中學書，發商承印，獨不與本公司，謂其有日本股之故……如此等事不一而足。此不過取其大概。每逢一次之抨擊，辦事人必費無數之周旋疏通，於精神上之苦痛不堪言喻。故由董事會議決，將日股收回」[202]。「商務」當局從1913年開始和日方原亮三郎等人開始洽談收回日股事宜，經十餘次談判，終於1914年1月6日雙方簽字，由「商務」以58萬8千2百元的價格收回全部日本股份，十年之間增值五倍多，條件是比較優厚的[203]。

　　隨著日資的收回，長尾雨山與「商務」的合作也隨之將宣告結束。此時，長尾離國已逾十年，思鄉之情漸濃，故決定就此回國。友人聞之，紛紛惋惜，接著就是相繼為他餞行。翻開這一階段尚存的時人日記，於此多有記載：

　　1914年6月14日，蔣維喬於「午後二時半，往訪長尾君，在彼長談。渠於月內將往內地遊歷，遊歷畢即東歸矣。」[204]

　　1914年6月21日，蔣維喬與「惺存、伯俞、松如四人餞長尾雨山君於徐園，座中有小平、木本、陳慎侯、印錫璋、

[202] 「商務」《股東會記錄簿》，張人鳳、柳和城編著：《張元濟年譜長編》上卷，第397頁，上海交通大學出版社，2011年1月版。
[203] 章克標：《商務印書館引進日資雜記》，載《章克標文集》下卷，第597頁，上海社會科學院出版社，2003年1月版。
[204] 林盼整理：《蔣維喬日記選錄（三）》，載2012年7月《出版博物館》總18期，第67頁。

張菊生、李拔可、朱赤萌、鮑咸昌諸公。午後一時開宴，至三時而畢，並在園中鑑亭旁共攝影作紀念而散」[205]。

1914年7月8日，「日人公餞長尾」，張元濟、鄭孝胥等在座[206]。

1914年7月10日，「晚，張菊翁請長尾君在其宅宴飲，余往作陪，夢旦、伯尋、拔可、煒士、松如、廷桂諸君在座」[207]。

1914年7月12日，高夢旦為長尾雨山餞行。[208]

1914年12月17日，鄭孝胥「餞長尾於小有天」，張元濟、孟森等在座。[209]

1914年12月21日，張元濟在卡爾登西餐館為長尾雨山餞行，蔣維喬、高鳳謙、莊俞、李拔可等在座。[210]

1914年12月22日，長尾雨山回國。

最後，值得補敘一筆的是，1914年6月21日蔣維喬在徐園為長尾雨山餞行，宴後眾人在園中鑑亭旁攝影。時隔百年，這張原照竟然還倖存於世，更令人驚喜的是，照片上還有蔣維喬的親筆題跋，深情記錄了「商務」同人與長尾的友誼。茲特將這段題跋抄錄於後，作為本文的結束：

> 長尾雨山先生來我中國，與同人共筆硯者十年於茲。
>
> 今將歸國，同人等念文字之勝緣，悵盛會之難再，意

---

[205] 蔣維喬：《退庵日記》，未刊本，上海圖書館藏。

[206] 《鄭孝胥日記》，中華書局，1993年10月版。

[207] 林盼整理：《蔣維喬日記選錄（三）》，載2012年7月《出版博物館》總18期，第70頁。

[208] 林盼整理：《蔣維喬日記選錄（三）》，載2012年7月《出版博物館》總18期，第70頁。

[209] 《鄭孝胥日記》，中華書局1993年10月版。

[210] 蔣維喬《退庵日記》，未刊本，上海圖書館藏。

不能無戀，乃於瀕行之日話別於海上之徐園，並攝影以為紀念。憑欄中坐者為長尾雨山，左為陶惺存、張菊生，右為印錫璋、鮑咸昌，迴廊中央為木本勝太郎，左為莊百俞、李拔可、蔣竹莊，右為小平元、蔡松如、朱赤萌。

民國三年六月二十一日識

1914年6月21日，蔣維喬等為長尾雨山餞行於徐園

20 戈氏叔侄的圖書館情緣

　　江蘇是著名的人文薈萃之地，湧現過眾多的書香世家，東台戈氏是其中傑出一門。僅近代以來，戈氏門下就誕生了許許多多聞名海內外的科學家、藝術家，其中，成就最大、影響最廣的要數戈公振、戈寶權這叔侄倆。戈氏叔侄一生以書報為伴，在各自領域內都作出了傑出貢獻，在他們的學術生涯中，不約而同都與圖書館發生過千絲萬縷的關係，中國圖書館事業的進步發展凝結有他們的心血汗水，人類社會的知識宮殿中鑲嵌著他們添築的一磚一瓦。上世紀50年代，一代名報人戈公振的藏書由其侄子、翻譯家戈寶權捐贈給上海圖書館，入藏徐家匯藏書樓。這批藏書內容非常豐富，經整理編目共有1533冊之多，其中有一冊名為《中國報學史》的稿本，十分引人矚目。經筆者查閱，此冊稿本其實並非這本名著的原稿，而是該書寫作期間的一本散頁筆記，內容很龐雜，共一百多頁，有文章初稿、閱讀筆記，也有報刊剪報、信函底稿，其中對各種在華外文報紙的資料整理比較突出。中國自1840年鴉片戰爭後對外闢放，各種外國勢力爭相湧進中國，作為他們代言陣地的各種外文報刊也紛紛創刊。據不完全統計，到19世紀末，僅在上海一地問世的外文報紙就有近百種之多，如英文的《上海每日時報》、《上海晚郵報》，法文的《上海新聞》、《上海回聲報》，德文的《德文新報》，葡文的《前進報》，日文的《上海時報》等。這些報紙見證了中國近代的發展進程，具有十分重要的文獻價值，它們是《中國報學史》的敘述內容，當然也成為戈公振的研究物件。這些報紙用英、法、俄、日、意、葡等國文字發行，很多甚至沒有統一的中文譯名，研究起來很不方便。戈公振用了很大精力收集這些報紙及其相關文獻，他把外文報名和中文譯名一一對應，有疑問的則請教他人，力求準

1914年初進時報時的戈公振

確。他甚至用文言文、白話直譯和白話意譯三種方法翻譯同
一段外文，試驗哪種譯法更好。他還到徐家匯藏書樓去查
閱《容齋筆記》、《海國圖志》等古籍，從中搜尋有用的
資料。《中國報學史》出版以後以資料豐富詳實而馳名中
外，這絕非偶然，本文即對戈公振寫作該書前後的事蹟及
其藏書入藏上圖之經過作一鋪敘，並涉及戈寶權的捐贈，
以留作史料。

徐家匯藏書樓是他去得最勤的地方

戈公振，名紹發，字春霆，號公振。生於1890年11月27
日。江蘇東台人。他懷著一顆要有所作為的雄心，1913年就
離開家鄉來到上海，在名報人狄楚青手下工作，經過辛勤
的努力，成長為我國傑出的新聞工作者，所著《新聞學撮
要》、《新聞學》、《中國報學史》等書，是中國最早的一
批新聞學專著，為新聞學這門新興學科在中國的發展，作了
大量開拓性的工作。他的代表作《中國報學史》是中國第一
部系統全面地論述中國新聞事業發展的專著。在此之前，中
國一直停留在對地方報刊史研究的階段，此書一出，拓寬了

新聞史研究的物件和範圍，為後來者繼續深入研究打下了扎實的基礎，也奠定了戈公振在中國新聞史研究中拓荒者的地位。《中國報學史》自1927年11月由商務印書館出版後，暢銷不衰，曾多次重印，並被譯成日文出版，在國內外都有重大影響。以後日本人編寫的《中華新聞史》、燕京大學新聞系美籍教授白瑞華所著《中國報業》，以及林語堂用英文所寫《中國報業及輿論史》等書，都是據《中國報學史》為藍本寫成的。

《中國報學史》最受人推崇的特點之一是材料的豐富詳實，而這些材料的得來無一不凝聚著戈公振多年的精力和心血。他1912年就開始從事新聞工作，從那時起，他就像蜜蜂採蜜一樣，一點一滴，辛勤積累。十餘年來，他孜孜不倦，廣泛搜集各種新聞史料，致使擺設在他那書房兼臥室裡的4張高大的書架上，全都堆滿了有關的新聞書籍和各種稀有報刊與剪報。他的這種如癡如醉的治學精神，使同事和朋友們都大為驚歎。某日，鄒韜奮參觀他的居所，看見房內滿箱滿架堆滿中外新聞書籍和各種報刊，牆壁上也貼滿各國的日報、週報，對他這種在事業上的高度癡迷精神，不由表示深深欽佩。

1925年春，戈公振應邀為上海國民大學報學系的學生教授《中國報學史》，這使他有機會將多年積累的資料作一番認真的梳理，並正式開始著手撰寫《中國報學史》。在撰寫此書的過程中，戈公振又一次付出了巨大而艱辛的勞動。為了證實史料的可靠性，他多次寫信虛心向別人求教；為了覓得第一手文獻資料，還在《時報》上刊登「訪求舊報」的廣告，並不辭辛勞，頻頻出入滬上各家圖書館。其中，徐家匯藏書樓（今屬上海圖書館）是他去得最勤的地方。這所屬於

天主教耶穌會修道院的藏書樓創辦於1847年，是上海地區最早的一家圖書館，擁有豐富的中外文書刊。這家教會圖書館平時很少對中國人開放，尤其是教外人士。當時主持藏書樓日常事務的是徐宗澤修士，他是徐光啟的後裔，本人也是一位學者，著有《中國天主教傳教史概論》、《明清間耶穌會士譯著提要》等書。他和戈公振以學會友，一見如故，結下了深厚友誼，戈公振也因此得以自由出入藏書樓，像鳥入深山一般，暢遊書林，充分利用藏書樓豐富的館藏，尤其是上海開埠以來外國人所辦的早期報刊。這使戈公振得益匪淺，也大大豐富了《中國報學史》一書的內容，日後他曾多次對侄兒戈寶權提起過徐宗澤和藏書樓對他著書提供的幫助。

「花了最少的錢，走了最多的路」

　　1927年1月，戈公振將《中國報學史》的書稿交給商務印書館後，利用為《時報》工作15年後獲得的休假，自費出國考察報業。這次考察歷時整整兩年，足及英、法、德、意、美、瑞士、比利時和日本等8國，曾被胡愈之形容為一次「花了最少的錢，走了最多的路，看了最多的東西」的環球之行（陳學昭《追念戈公振先生》）。在海外，戈公振考察了《泰晤士報》、路透通訊社、《紐約時報》、《芝加哥論壇報》等世界著名報社和新聞社，出席了在日內瓦舉行的國際新聞專家會議，參觀了在德國科隆舉辦的世界報紙博覽會，還加入了「國際筆會」，並發回了一系列考察報告。考察期間，戈公振仍念念不忘他的報學史寫作。他到大英博物館的東方圖書室去查閱，欣喜地發現了清嘉慶年間出版的《察世俗每月統紀傳》、道光年間出版的《東西洋考每月統

紀傳》、同治年間出版的《三藩市唐人新聞紙》等原件。這些都是戈公振在撰寫《中國報學史》時只知其名而未見其書的珍稀文獻，這些發現，彌補了以前的缺憾。他據此寫成《英京讀書記》一文，作為對《中國報學史》的補充。

戈公振在海外考察期間，特別注意觀察國外報紙異於國內新聞界的地方。他發現，國外大報大都設有自己的圖書館和剪報室，有專人負責，平時勤加積累，一旦有要事、急事發生，馬上就能提供相應的背景材料，十分迅捷方便。他對此大加讚歎，並對各報圖書館、剪報室的特點、設備及其工作方法作了詳細暸解。他曾專門寫過一篇題為《報館剪報室之研究》的論文，探討這一問題。他在文章中指出：「世事極繁，千變萬化，忽有一事之發生，一人之出處，足以引起社會之興味者，欲借記憶之力，則事多輒致遺忘；若欲翻檢舊籍，則正如大海撈針，何從覓得？而新聞記者又安有如許功夫！有此剪報，早於平日預為儲蓄，則綱舉目張，一檢即得。其利之可言者，約有四端：一、可以省時間。二、可以得要領。三、可為新聞保存之便利。四、可為事物本原之考察。」他還在文中介紹了世界各國新聞界的剪報情況，然後詳細解剖了美國《世界報》剪報室的工作方法和剪報分類。他認為，剪報之法，簡而易行，因而對其在中國的推行寄予厚望：「吾國報館，有起而行之者乎？」

1929年1月，戈公振自歐美考察後回國，應史量才之聘出任《申報》總經理助理，負責調查研究、機構調整和報紙內容改進等事宜，使他有機會做一些自己想做的事。5月，他創辦成立了「申報圖書資料參考部」，大量收集各類圖書和報刊資料，開始剪報工作。他不憚煩瑣，每天埋頭於各類文獻資料的剪貼、分類、統計和編目工作，忙得不亦樂乎。

1927年戈公振訪問英國時的居留證

有人認為，幹這種工作勞而無功。戈公振卻認為：「有功無功在人，肯勞不肯勞在我，只要我肯勞，就不管有功無功了。」（徐心芹《名記者戈公振之追憶》）由於戈公振的努力，申報剪報室形成了一整套資料積累和管理的科學制度，成為當時報館中惟一科學完備的資料室。這是戈公振對中國新聞界的又一貢獻。

頗有特色的藏書

1935年10月22日，一代報人戈公振因勞累過度，染病不治，逝世於上海虹橋療養院，年僅45歲。當時各大報紙都作了報導，新聞界同聲惋悼。戈公振辭世以後，他的豐富而有特色的藏書一直為人們所關注，當時有一家進步報紙曾建議：「戈氏三年中在外所搜尋之新聞事業書籍，聞有一千餘

種多，將來或擬贈圖書館。愚意此圖書館當與尋常有別，位址宜在戈氏服務最久之上海。宜勿附屬於任何圖書館，而特創一全國新聞事業專設之圖書館，以紀念戈氏。」（《時代日報》1935年10月24日社論《聞戈公振逝世敬告全國報業》）這個建議得到很多人的贊同，但因時局轉緊，很快又爆發了抗戰，此事遂被耽擱了下來。

1941年太平洋戰爭爆發後，日本軍隊侵入上海租界。戈氏親屬考慮到這些書存放在家裡不安全，就把它們裝入好幾個藤箱和麻袋，藏於戈公振的兒子戈寶樹就讀過的徐匯公學（現上海徐匯中學）倉庫裡，就這樣，這批書一直在那裡存放到建國初。

1955年，三聯書店重新出版戈公振的《中國報學史》，戈寶權在《前言》中談到戈公振和徐家匯藏書樓的關係，戈公振的藏書再次引起社會的關注。中國科學哲學社會科學部和上海徐匯中學分別寫信給戈寶權，徵求他的意見。戈寶權接信後和姑母戈紹怡作了鄭重研究，認為這些藏書樓對新聞史研究具有很大的參考價值，不宜由戈家收藏。考慮到戈公振在寫作《中國報學史》時和徐家匯藏書樓結成的密切關係，決定將這批書捐贈給上海圖書館。上海圖書館接受捐贈後對戈公振的藏書進行了整理，並編製了《戈公振先生藏書目錄》。根據這份目錄，可以確切地知道，這批資料共有1533冊之多，其中有不少是極其珍貴的歷史文獻，如清同治十一年（1872）三月二十三日出版的《申報》創刊號，1881年出版的《新報》，1882年出版的《滬報》、《時報》、《時報》與寶記照相館簽訂的合同等等；還有戈公振兩次赴國外考察保留下來的眾多票證、門券，留存至今，有不少已成為罕有的歷史見證；這批資料中還有不少戈公振的手稿及

與文化界名人的來往信件，更是世上獨一無二的孤品，具有很重要的文獻價值。

上海圖書館非常重視戈公振的這批藏書，闢了專室收藏，定期有人打掃，對專家學者則約期閱覽開放。幾十年來，這批珍貴的文獻在上圖不但安然無恙，而且發揮了重要的作用，《上海新聞史》等學術專著，有不少章節就是借鑑了戈氏藏書才寫成的。1990年12月，在戈公振誕辰一百週年紀念活動中，陳鎬汶等新聞史專家特地向專程到場的戈寶權表示感謝，戈寶權則對這批藏書能在新時期繼續發揮作用而感到欣慰。

戈寶權一手促成戈公振藏書入藏上圖後，和圖書館的關係更為密切。他曾自云：「我一生中的唯一喜好，就是藏書。」（《記我和上海圖書館的二三事》）故他到歐美、日本各國訪問時，每到一處都要參觀當地的圖書館並把自己的譯著贈送給該館，如美國華盛頓的國會圖書館、法國巴黎的國家圖書館、蘇聯莫斯科的列寧圖書館、日本東京的東洋文庫等。戈寶權在研究中國翻譯史的過程中，專門研究了我國明、清兩代翻譯介紹古希臘文學名著《伊索寓言》的歷史，他從徐宗澤的《明清間耶穌會士譯著提要》一書中發現：明代來到我國的法國耶穌會士金尼閣，早在1625年就用《況義》的題名翻譯介紹過《伊索寓言》，但此書卻始終沒人見過，戈寶權遍尋各地圖書館，均沒有任何收穫。這成了他的一椿心病。1984年11月，戈寶權應法國對外關係部和巴黎第八大學的邀請到法國講學，誰知竟在法國國家圖書館的東方手稿部找到了尋覓已久的《況義》的兩種手抄本，這使戈寶權欣喜萬分，回國後即據此寫成了《明代中譯伊索寓言史話》在《中國比較文學》上發表。戈寶權為研究《伊索寓

言》的中譯歷史，曾得到過多家圖書館的幫助，其中，上海圖書館是他交往最多的一家圖書館。早在1963年，上海圖書館就曾根據戈寶權提供的線索，為他整理過一份《伊索寓言》的中譯書目。1990年，戈寶權趁到上海參加戈公振誕辰百年紀念活動之機，又到徐家匯藏書樓覓寶，查閱了1840年由英國人羅伯聃翻譯的《意拾喻言》。這是我國近代最早的一部《伊索預言》譯本，全世界僅存四本，版本價值極高。藏書樓破例為戈寶權全文複印了一份，裝訂成冊，並在扉頁上鄭重贈言：「百五十年睡書海，展頁今始為君開。」戈寶權接過贈書，連連致謝，日後，他曾在一篇文章中寫道：「這在我個人多年來收集的多種影印本和手抄本的《伊索寓言》中，也可說是一個難得的珍本書。」（《記我和上海圖書館的二三事》）

在與圖書館多年的交往中，戈寶權既從圖書館吸取養料，同時也將自己的學識和收藏貢獻給圖書館。20世紀60年代，上海圖書館編纂出版《中國近代期刊篇目匯錄》，戈寶權不但提出了很好的意見，還將自己的有關收藏捐贈給上圖。平時他在上圖看書，遇到所查之書有所殘缺的，便細心地記下頁碼，告訴工作人員，以便館方從他處調配補充。他還在上圖建館三十和四十週年時，從南京寫來了熱情洋溢的賀文，深情回憶幾十年來和上圖結下的深厚友誼。1986年7月，戈寶權在自己73歲之際，將自己五、六十年來含辛茹苦收藏的數萬冊中、外文圖書全部捐贈給了家鄉圖書館——南京圖書館。戈寶權是著名的學者和翻譯家，酷愛中外圖籍，幾十年來他走南闖北，勤訪博覽，積聚逾五十年，藏書達數萬冊，他的藏書之所即以「萬卷書齋」命名。這批藏書數量多，專題精，且不乏孤本、善本，如其中一部九十卷本的

1990年12月戈寶權訪問藏書樓

《托爾斯泰全集》，就為國內所僅有。南京圖書館得到這批藏書後，特闢「戈寶權藏書室」予以珍藏，並請圖書館學界前輩、上海圖書股前館長顧廷龍先生為之題詞：「寶權眷懷桑梓，慨將萬卷書齋藏書室，捐贈南京圖書館，其盛舉也。專家藏書自成系統，一旦出而供諸全省，抑將使讀者窺其治學之途徑，繼我有成，實為津逮言筏，它日研究寶權之生平，亦可取資於是也，嘉惠士琳豈淺鮮哉。」江蘇省人民政府為表彰他贈書義舉，特頒發給他一筆可觀的獎金，他分文不取，以這筆錢款設立「戈寶權文學翻譯獎」，造福後代，獎掖、扶持年輕的翻譯工作者。2000年5月15日，為「讀書、寫書、藏書」辛勤忙碌了一輩子的戈寶權，就像他翻譯的普希金童話《漁夫和金魚的故事》中的老漁夫一樣，魂歸大海，回歸大自然。

《簡明不列顛百科全書》在有關「藏書」的條目中寫道：「私人藏書是世界上許多大圖書館的基礎。」這是一個鐵的事實，如果調查一下我們各大圖書館的館藏基礎，也同樣可以開出一大批私人藏書家的名單，並且幾乎每一個人的收藏捐贈過程都可以寫出一篇令人感動的故事。在這份沉甸甸的名單上，戈氏叔侄的名字一定會赫然列在其中。

21 畢生從事文化出版事業的 胡愈之

　　從1914年到1986年，在這漫長的73年間，胡愈之為民族解放，為世界和平，貢獻了他的全部精力。他身兼數職，工作繁忙，但他一刻也沒有離開過他最鍾愛的文化出版事業，這是他的希望，他的理想，也是他為人民作出最大貢獻的畢生崗位。

「讀書主要在商務」──胡愈之和圖書館

　　胡愈之一生從事文化出版事業的基礎是在商務印書館奠定的。他1896年9月9日出生於浙江省上虞縣，最高學歷是在紹興府中學堂讀了兩年多書。1914年的夏天，胡愈之在家鄉聽說商務印書館正在招收編輯練習生，這正是他所渴望從事的工作，便匆匆從上虞趕到上海，通過父親的一位朋友，把自己寫的幾篇文章呈送給在「商務」主持出版的張元濟先生。張元濟慧眼識人材，對這幾篇文章十分賞識，立即同意胡愈之到「商務」工作。就這樣，這年10月，胡愈之便當上了「商務」的練習生。他一月工資4元，從最基礎的工作做起，先學打算盤，然後編利息表，再編動、植物大辭典的索引，一年後即調到《東方雜誌》任編輯助理。胡愈之不管幹什麼工作，總是認認真真，不分尊卑。他當時心裡藏著一個秘密，即「商務」的圖書館就在他工作的編譯所樓上，而「商務」每天工作時間只有6小時，他可以利用大量的業餘時間到圖書館自學，這個好處是其他任何地方都難以比擬的。「商務」的圖書館即日後國內最大的圖書館：東方圖書館的前身，當時叫涵芬樓，係張元濟一手所創，收藏了很多珍貴古籍和大量最新的國內外書籍雜誌，專供「商務」同人借閱參考。胡愈之嗜書如命，天天在此出入，博覽群書，如

饑似渴地吸取著各種新思想、新知識。他還參加夜校和訓練班，自學英語和世界語。《東方雜誌》是一個綜合性的大型刊物，要求編輯具有廣博的知識，胡愈之正是通過頑強刻苦的自學，以一個中學生的資格，出色地勝任了這個工作，並從一個編輯助理一直做到了《東方雜誌》的主編。僅在20年代前，他就為《東方雜誌》著譯了600多篇文章，計百萬字以上，於此可見胡愈之辛勤耕耘之一斑。胡愈之十分珍惜他在「商務」的這一段自學經歷，日後，他曾感慨地回憶：「我只有中學二年的學歷，我讀書主要是在商務讀的。」（參見胡序文《胡愈之和商務印書館》）

胡愈之通過刻苦自學，初步認識了馬克思主義。他第一次投身轟轟烈烈的革命鬥爭，是1925年在上海爆發的「五卅」反帝運動。在運動中，他和「商務」的同事共同編輯出版了《公理日報》，成為指導運動的重要輿論陣地。同時，他還專門組織出版《東方雜誌》「五卅」事件臨時增刊，親自撰寫《五卅事件紀實》一文，詳細報導了運動的起因和進程。但胡愈之真正認清國民黨反動派的真面目，則是在「四‧一二」反革命政變發生之後。1927年3月21日，北伐軍進入上海市郊，黨領導下的上海工人第三次武裝起義開始了。但是僅隔了22天，反革命政變就把革命工人淹沒在血泊之中，4月13日，他親眼目睹了反動派在寶山路對工人群眾進行的大屠殺，心中激起無比憤怒，當天晚上便起草了一封抗議信，邀集鄭振鐸、章錫琛、吳覺農等一起簽名，將這封信寄給了國民黨中央，並在《商報》上發表。當時全國一片白色恐怖，由於他寫過信抗議蔣介石的暴行，遭到反動派的忌恨，1928年初，胡愈之流亡到了法國。資本主義世界當時正發生空前嚴重的經濟危機，法國社會一片蕭條，一段時間

裡，胡愈之帶著疑惑，天天到法國國家圖書館認真閱讀馬克思的巨著《資本論》，系統地學習馬克思主義理論。正是在這家圖書館，他的思想發生了根本的轉折，開始由民主主義轉變為馬克思主義。胡愈之曾自豪地說：「這可算是我在法國的最大收穫。」（參見胡喬木《無私無畏，鞠躬盡瘁》）在胡愈之的人生旅程上，「商務」和法國的這兩個圖書館起到了非常重要的作用。

流動的小型圖書館——胡愈之和文庫類讀物

胡愈之十分重視文庫類的讀物，他認為這類讀物就像流動的小型圖書館，無論對工廠對農村，還是對知識分子或基層圖書室，都是最基本的知識源泉，會發生最廣泛的作用。他主張這類讀物範圍要廣，規模要大，要包羅萬象，每年出一些，出它幾年，合起來就幾乎變成了一套百科全書。他自己就身體力行，親自抓過幾套這樣的讀物。早在1923年底，《東方雜誌》創刊20週年之際，胡愈之就親自選編了一套《東方文庫》。這套文庫規模很宏大，內容也非常廣泛，幾乎包括了社會科學的大部分領域。每本篇幅約在8萬字左右，薄薄一本，一般人容易買得起，合起來內容就豐富可觀了，堪稱既小又全，在當時曾產生過很大影響。1937年抗戰爆發後，上海淪為「孤島」，情況錯綜複雜。胡愈之和一些堅持留在「孤島」的愛國人士每週二聚會交流情況，經大家商議，一致贊同成立一個出版社，發行宣傳愛國的書籍。這個出版社由二十位友人每人出資50元，共計1000元資金起步，就設在胡愈之的弟弟胡仲持在巨鹿路的家裡。出版社起名「復社」，取明末愛國知識分子團體「復社」的立意，成

員有鄭振鐸、許廣平、周建人、陳鶴琴、王任叔、馮賓符等20人。復社於1938年3月出版第一本書美國記者愛德格‧斯諾的《紅星照耀中國》，首版2000冊一售而空。緊接著又規劃出版了20卷本的《魯迅全集》。這是《魯迅全集》的最早版本，也是當時出版界罕有的創舉。《魯迅全集》的出版發行由胡愈之、張宗麟負責，總體擘劃發行方案的是胡愈之。當時資金非常緊張，他親自攜帶預約券，前往香港、廣州、武漢等地，沿途用茶話會的方式，介紹《魯迅全集》，並當場銷售預約券，取得了很好的效果，籌集了大批資金。胡愈之調動一切關係，不但在3個月的時間裡出版了這套巨著，而且同時推出了白報紙印的普通本，道林紙印的紀念本和配有柚木書箱的特裝本，為在各階層普及魯迅的作品作出了貢獻。今天，這套最早版本的《魯迅全集》，即使是白報紙印的普通本也是寶貴的珍本圖書了。印好《魯迅全集》後，胡愈之接受周恩來同志的指派，到達桂林從事統一戰線工作。他會同社會知名人士40多人，籌建成立了文化供應社，最早提出的編輯計畫，就是出版一套小百科全書式的通俗文庫——《國民必讀》。這是一套密切配合抗戰宣傳，完全為一般讀者和基層單位準備的文庫，內容包括各種戰時常識，各類基礎知識，還有演唱材料，中國地圖和「國民字典」等工具圖書，共達261種。胡愈之考慮得非常周到，專門設計了一隻既能保管全部讀物，又便於山區運輸的書箱，把書箱打開之後又可以公開展覽。這樣一套從內容到形式都充分為普通讀者考慮的文庫受到了人們的熱烈歡迎，廣西的工廠、農村等基層組織和各單位的文化室紛紛購備，因此，《國民必備》這套文庫當時又被稱作「文化室圖書」。

1938年《魯迅全集》
第一卷初版版權頁

　　1949年後，胡愈之仍念念不忘出版文庫類圖書。1959年他重新領導出版工作時，雄心勃勃地提出了編纂中國百科全書的設想，因當時特殊的政治氣候，這個計畫很快就「胎死腹中」了。胡愈之並沒有因此而灰心喪氣，1961年，他又提出要出版一套能振奮人心或者至少能開釋疑慮的叢書來。經過幾次討論，決定將這套書定名為「知識叢書」，其《出版說明》寫道：「知識就是力量。一個革命幹部，需要古今中外的豐富知識作為從事工作和學習理論的基礎。《知識叢書》就是為了滿足這個需要而編印的；內容包括哲學、社會科學、自然科學、歷史、地理、國際問題、文學、藝術和日常生活等知識。」一切都按計劃實施，到1962年夏秋之際，這套叢書已先後出版了《半導體及其應用》、《凱恩斯學說》、《詩詞格律》、《阿爾巴尼亞》等30餘種。每種書七八萬言，深入淺出，通俗易懂，且又引人入勝，受到讀者普遍好評。但忽然之間局勢大變，北戴河傳來了「千萬不要忘記階級鬥爭」的資訊，胡愈之苦心經營的這套《知識叢書》

就此半途夭折。以後，胡愈之還盡己所能，策劃出版了大型曆書《東方紅》，大型文摘刊物《新華月報》等。在他的心目中，這類文庫類讀物就是一座座流動的、普及的圖書館，它們在提高國民素質，普及文化知識方面所起的作用是別的圖書難以替代的，胡愈之為此傾注的心血後人應予以認真總結。

歷史的見證——胡愈之和國家書目及版本圖書館

胡愈之十分重視出版工作在繼承人類優秀科學文化遺產方面所起的作用。1949年人民共和國一成立，他出任出版總署署長，在編纂國家總書目和建立版本圖書館方面作了大量工作並使之付諸實行。他先是在出版總署下面成立了一個專收解放以後所出新書的「版本圖書館」，他強調指出，版本圖書館要收藏1949年後所有的版本，即一版就收藏一本，絕不能有遺漏；這個圖書館不做圖書的流通工作，只負責保存版本。1952年，出版總署向全中國發出《關於徵集圖書、期刊樣本暫行辦法》，規定；凡公開發行的書籍、雜誌等，均應在出版後三日內由出版者按規定向出版局繳送樣本兩份。一本用以編印《全國總書目》；一本入藏版本圖書館，非萬不得已不得動用。這個版本圖書館顯然是在為國家保存歷史。胡愈之曾表示，這不僅將來在研究歷史時有用，即使在現實鬥爭中也會有用。他的說法在日後屢次得到證實。在多次涉外鬥爭和外事活動中，版本圖書館所收藏的圖書給國家決策提供了有利的證據。

60年代初，在胡愈之重新領導出版工作時，他提議由文化部出版局編一部1949至1960的保留書目，先由各出版社在

歷年出版的18萬種新書中選出好的和比較好的圖書，再由出版局圖書審讀處從中選得1萬6千4百餘種，編成了巨冊。這份目錄為國家這一階段的出版工作保留了比較完整的書目。幾乎就在同時，版本圖書館在胡愈之的啟發下，還開展了民國時期出書目錄的調查工作，他們下重慶，去上海，奮力去作這項極其繁重的工作。80年代，因版本圖書館合併到北京圖書館，這項工作也由北圖接手去搞。此時的胡愈之雖已垂垂老矣，又體弱多病，但仍欣然為《民國時期總書目》題寫書名。1987年4月，《民國時期總書目》的第一分冊，「外國文學分冊」正式出版，而此時傾全力宣導和支持這項工作的胡愈之已經離開人世一年零三個月，再也看不見了。

胡愈之畢生從事文化出版事業，也終其一生對圖書館有著深厚的感情。1985年，他在和家屬談到如何振興家鄉上虞的文化事業時，表示願意捐獻自己的全部圖書給故鄉圖書館，以給家鄉四化建設增加一份力量。胡愈之逝世以後，他的家屬遵照老人的遺願，於1991年初將他的藏書4770冊及生前使用過的文房四寶、打字機、受聘書、印章、煙斗等遺物全部捐贈給上虞圖書館。七十三年前，胡愈之從上虞奔赴上海在「商務」的圖書館裡學到了他踏上人生旅程第一步所必需的知識；七十三年後，他又將自己在漫長的人生旅程中所學到的知識結晶全部奉還給了家鄉圖書館。在胡愈之的人生中，圖書實在是一條連接生命的索道

22 邵洵美手繪的兩枚藏書票

　　1928年初，邵洵美在靜安寺路（今南京西路）邵家住宅對面開了一家金屋書店。他開辦書店自然因為這是其喜歡的事業，但還有一個原因恐怕也不容忽視，即書店是結交朋友的極好的場所。文人之間，志趣相投者往往容易形成圈子，圈子中也必有一、二充滿智慧和風趣的中心人物，而邵洵美正是朋友圈子中這樣一位人緣極好的核心人物。郁達夫在《記曾孟樸先生》一文中對此有很好的形容：金屋書店開在邵洵美老家的對面，「我們空下來，要想找幾個人談談天，只須上洵美的書店去就對，因為他那裡是座上客常滿，樽中酒不空的」。「金屋」出了不少書，但卻不賺錢，有位研究者曾指出：「邵洵美是一位熱衷於書刊藝術的實踐家。他辦金屋書店，把資金全部投入對藝術的追求，捨得花錢，所以賠錢多，關門也快。」[211]但應該說，這一段時期，邵洵美的生意雖然賠本，金屋書店也最終收盤（1930年底為創辦《時代》而自然結束），但過的日子卻是他最愜意快活的。一應事情都是他喜歡做的，眾多朋友也均為會心之人，而整天忙得腳不著地，正是他嚮往的文人處世，兼濟天下的生活方式。至於金錢上的虧本，他並不在乎，錢本來就是拿來用的，況且蝕掉的銀子還遠遠沒有動搖其根本。

　　邵洵美和藏書票的關係就始於「金屋」時期，他也因此成為中國現代文人中最早使用藏書票者之一，可惜他興趣太過廣泛，不像葉靈鳳對藏書票那樣癡迷，否則，以他「文壇孟嘗君」的財力和影響，藏書票在現代中國的傳播很可能會開創出一個新局面！邵洵美雖然是中國文人中使用藏書票的先驅，但他在這方面的宣導之功卻是最近幾年才被人提及的。在中國

---

[211] 姜德明：《〈琵亞詞侶詩畫集〉》，載《書葉叢話——姜德明書話集》下，北京圖書館出版社，2004年10月。

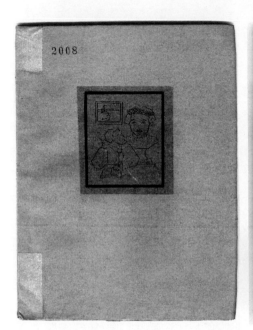

左上 ｜ 邵洵美文藝評論集《火與肉》封面，金屋書店1928年3月
右上 ｜ 滕固小說集《平凡的死》封面，金屋書店1928年3月
下 ｜ 邵洵美繪《曬書的感想》

現代文化史上，邵洵美曾是一位「失憶」人物，他在文壇的整個活動和對社會的貢獻，長久以來一直處於封閉狀態。和這些相比，他製作使用藏書票一直未被發現，實在是一件可以想像得到的事。但若追溯一下他當年留學習文，從事出版事業的經歷，他和藏書票這舶來之物有些淵源，又是合情合理，不難猜測的。大凡喜歡藏書票的人，都對書懷有一種特殊的感情，在這方面，邵洵美尤甚。他曾自負「是個天生的詩人」，其實，他對社會貢獻最大、付出心血也最多的實乃書刊的出版。他1926年回國後很快便成為獅吼社、新月社、中國筆會等眾多文藝社團的核心人物，並創辦刊物，開設書店，投資出版業，推出了一大批有影響的文學刊物，如《獅吼》、《新月》、《詩刊》、《論語》、《人言》等，其中，1930年他投資引進當時最先進的影寫印刷設備，出版大型畫報《時代》，1934年他創辦第一出版社，主持出版有巴金、沈從文等著名作家自傳的《自傳叢書》等，都是在學術界享有盛譽之舉。值得一提的是，邵洵美幾乎每次都是變賣了家產來從事這些文化活動的，1936年，在詩壇極不景氣的情況下，他甘願出資出版最沒有銷路的《新詩庫叢書》就是鮮明一例。1929年，邵洵美以「浩文」的筆名選譯了英國天才畫家比亞茲萊的一本小書，題名為《琵亞詞侶詩畫集》，書雖單薄，卻印得極雅致，著名愛書家姜德明曾特地撰文褒揚。邵洵美在這本書的扉頁上印有這樣一句話：「獻給一切愛詩愛畫的朋友。」這可視為他開辦書店，賠錢出版眾多書刊的心聲。十八年後，邵洵美在其女兒邵綃紅的紀念冊上又題了這樣一句話：「蹉跎莫嫌朝光老，人間惟有讀書好。小紅永志心頭。」言為心聲，邵洵美對書的喜好和濃烈情感並非一時興之所至，而是一生不移的衷愛。

現在我們發現的邵洵美的藏書票是一幅作者畫像，下面手書「洵美的書」四字，非常簡明。李歐梵先生曾評價這幅畫：「有趣味的是他極為『洵美』的自畫像，特別突出他自認為是『希臘式』的鼻子，加了捲曲的頭髮，頗似一個法國人。」[212]可謂對這幅畫的傳神描摹。邵洵美以詩人著稱於世，但他能畫，有這個功底。他在歐洲留學時結交的朋友中有很多是學畫的，如徐悲鴻、江小鶼、常玉等，他本人也對繪畫有濃厚的興趣，有一段時間還曾和常玉一起天天去畫苑作人體寫生的練習。這些經歷為他的美術鑑賞力打下了堅實的基礎。這以後，他雖然沒有在美術領域發展，但還是時不時畫上幾筆，滿足一下自己的私願。當時書刊上發表的他為自己文章配畫的《曬書的感想》和畫贈徐志摩、陸小曼夫婦的《茶壺和茶杯》等畫，雖僅寥寥數筆，但卻頗具文人的雅趣，別有韻味，因此給朋友們留下很深的印象，以致在數十年後還屢屢被人提起。

邵洵美1929年出版《琵亞詞侶詩畫集》時曾在扉頁背後刊出過這位名畫家的自畫像，台灣著名藏書票收藏家吳興文先生認為：「看過比亞茲萊的這幅自畫像，再去看邵洵美藏書票上的自畫像，兩者在造型方面的承繼關係應該是一目了然的。由此也可以推算出，邵洵美的這枚藏書票應該就作於此時：1929年左右。」[213]我認為吳先生的考證頗有道理，並撰文作了一點小小補充，指出這枚書票的製作時間還可以提前兩年，因為1927年10月，曾發表過邵洵美、盛佩玉新婚

[212] 《漫談中國現代文學藝術中的「頹廢」》，選自李歐梵1993年12月20日在台灣「中國現代文學國際研討會」上的發言論文。

[213] 《莎樂美、比亞茲萊與二三十年代作家》，載2001年11月《萬象》第3卷，第11期。

照片的《上海畫報》上就首次刊出了邵洵美的這枚自畫像藏書票，並配發了一則消息：「文學家邵洵美先生，將創一書店，店址在靜安寺路斜橋，與真善美書店、雲裳公司相近，亦即與君住宅相近也。聞發行之書，以君之自著者為多，封面皆印自畫之像，故顏曰洵美的書。」[214]我認為，這條消息可以證實兩點：其一，邵洵美書票上的這幅畫確為票主自畫之像。第二，這枚藏書票應製作於1927年。文章寫完之後，我又一次翻閱《上海畫報》，結果在不經意間發現自己犯了一個錯誤，原來《上海畫報》在刊出那則消息之後的第六天，於很不起眼的位置又發表了一則「更正」，言「二八三期（注：應為二八四期）本報所刊邵洵美君畫像，乃張道藩君在巴黎為邵君所作。君為文學家，藏書甚富，即以此畫像製版，印成書標（bookplate），每冊貼一枚，以資識別，非印於其著作中也」[215]。這裡說得明明白白，邵洵美的這枚藏書票製作於1927年，但畫像繪者卻並非其自己，而是他在巴黎留學時結交的拜把兄弟張道藩。張是天狗會成員之一，能寫會畫，但他回國後卻並未在藝術上發展，而是走上從政之路，曾當過國民黨宣傳部部長。至於他為一般讀者所知曉，是因為其與畫家徐悲鴻之妻蔣碧薇的一段畸戀。

　　《上海畫報》的「更正」寫得很清楚，這枚「書標」確實是邵洵美親手製作，而且是依藏書票（bookplate）的樣式製作的，雖然書票上的圖案非其所繪。但是，邵洵美除了製作藏書票，其實也畫過書票圖案。1928年，邵洵美創辦金屋書店，按其一貫做法，凡事都想幹得比別人好，他所出的書，自然也比較別致，封面上貼藏書票就是其特殊一招；當

[214] 1927年10月18日《上海畫報》第284期。
[215] 梅：《小報告》，載1927年10月24日《上海畫報》第286期。

然，做事缺少常性是其作風，這樣的特殊招法只限於「金屋」早期所出之書，就筆者孤陋寡聞，也只看到過兩種。一種是滕固的短篇小說集《平凡的死》，1928年3月3日初版，兩個月後再版。此書藍色封面，沒有任何圖案，只在右上角貼了一張「書標」（bookplate），確實別致得可愛。書標上除印有書名、作者和出版書店外，主圖即作者滕固的一幀頭像，其線條硬朗方正，有稜有角的造型，非常符合滕固臉部的特徵，非出自熟稔者莫辦。值得注意的是，頭像領帶旁，有一很不起眼的字母「m」，此即邵洵美之「美」字的拼音首字母，很明顯，書標圖案當即邵洵美手繪。另一種是邵洵美的文藝評論集《火與肉》，收論文6篇，也出版於1928年3月3日。邵洵美在書中評述了他所欣賞的5位西方文人：莎茀、史文朋、高諦藹、馬藹和迦多羅斯，他在此書《自記》中說：「這六篇短短的論文是我對於五位天才的一點敬意的表示。」《火與肉》的裝幀和《平凡的死》相像，只是封面顏色改為紅色，書標位置則移到了正中，圖案為一個讀書人正仰首凝視著一尊西方哲人的石膏胸像，很好地傳達出了作者在《自記》中的表述。此枚書標上也有「m」的署名，顯然也出自邵洵美之手。

綜上所述，邵洵美於1928年正式創辦金屋書店，在此之前他即已有了很多浪漫的想法，仿造西方文人的習慣製作藏書票即為其中之一。《平凡的死》和《火與肉》均為金屋書店最初出書，且是其自己和好友的作品，可以作主，故實踐了他的設想。可能這樣成本過高，操作不方便，營業上也不甚理想，似乎「金屋」在以後出書時並沒有延續這樣的做法。但即使只是這樣的驚豔一瞥，也足已讓後人見識了民國文人浪漫優雅的一面。

23 由一冊簽名本所想到的
——關於章靳以的《人世百圖》
和繆崇群的《人間百相》

　　最近，在朋友處看到一冊民國版稀有書《人世百圖》，作者署名蘇麟，福建南平國民出版社1943年11月出版，為靳以主編的「文藝叢書」之一冊。此書收短文31篇，僅70頁，薄薄的一冊，用當時福建特產改良紙印刷，很不起眼。書雖簡陋，作者卻非無名之輩，乃章靳以是也。1939年1月至1943年5月，靳以為重慶《國民公報》主編副刊《文群》，他用「蘇麟」的筆名，以抗戰中所見所聞，在《文群》上發表了許多隨筆，大多以動物為題材，用擬人化的方式，揭繪世相，諷刺醜惡的事物。後來，他將這些短文輯印出來，就是這本《人世百圖》。北京師範大學的朱金順教授曾撰文介紹過此書，認為是「瞭解那個時代的真實圖錄」，且存世稀少，堪稱「新文學的一個珍本」[216]。靳以本人也頗看重這些短文，後來又出版了一本同名增補本，上海文化生活社1948年2月初版，為巴金主編的「文季叢刊」第9集之一種，小32開報紙印刷，共172頁。增補本除原來31篇短文外，又選後來所寫同類文章16篇，並在原《楔子》和《後記》之外，增加了《再記〈人世百圖〉》一文，對當年的創作甘苦，多有交代。現在外間尚能看到的《人世百圖》，多為這個版本。

　　我之所以對這本南平版《人世百圖》頗感興趣，是因為此書封面上寫有兩行字：「崇群兄存作者贈」。顯然，這是靳以送給他的好友繆崇群的一冊簽名本。繆崇群這個名字，今天可能已少有人知曉了。他是中國現代一位很有個人風格

---

[216] 《我收藏的一本〈人世百圖〉》，載《博古》第5輯，上海圖書公司，2004年9月版。

繆崇群的《人間百相》發表在靳以主編的
《現代文藝》上，1942年8月

的作家，尤以散文擅長。繆崇群僅活了38歲，短短一生，就
奉獻了《晞露集》、《石屏隨筆》、《眷眷草》等8本散文
集，作品中那種精細而平實的筆觸，憂鬱而感傷的情調，和
善於講述故事、渲染氣氛、抒發哲理的本領，今天讀來仍讓
人感佩。1945年1月，他因患肺結核長期不治而悄然病逝，
當時報上刊載噩耗的標題是：一代散文成絕響！[217]猶如蓋棺
論定，使人惋惜不已。

　　靳以早在天津南開中學讀高中時就和崇群為同班同
學，時約在1923年。由於性格相近，愛好相同，關係十分
投緣；以後兩人一同涉足文壇，來往自然更多。有一個時
期，靳以和崇群手上都編著幾個雜誌，屬於一個圈子裡的
人，他們又都是黨派意識不強，偏愛隨性自由的文人，彼
此之間故走得很勤。拉近他們這種關係的還有一個不容忽
視的因素，就是他們擁有一個共同的朋友──巴金。崇群

---

[217] 參見韓侍桁：《〈晞露新收〉編者序》，載繆崇群著，韓侍桁編：《晞
露新收》，國際文化服務社，1946年2月版。

在20世紀30年代初，曾為發表巴金的一篇文章而不惜抗爭上司，並為之險些丟了飯碗。如果說，讚揚朋友的佳作還比較容易做到，那麼繆崇群所做的就並非僅僅是這些。作為一個編輯，他每次收到巴金的來稿，總是認真寫出自己讀後的意見，有時也毫不客氣地指出作品的缺點和不足，他把這也看作是對朋友的愛的奉獻。1944年10月，巴金的名作《憩園》出版，贏得一片讚揚聲。崇群此時雖然已不再當編輯，並且重病在身，但作為朋友，他還是抱病閱讀並誠懇地為巴金指出了書中的一個「毛病」，而這都是大家甚至作者自己都忽略了的。1945年1月15日，繆崇群在重慶溘然病逝，巴金聽到噩耗後，心情久久不能平靜。當時，為紀念良友圖書公司成立二十週年，趙家璧準備出版一本名叫《我的良友》的紀念文集，他向郭沫若、茅盾、巴金、老舍等二十位著名作家發出約稿信，信中說：「擬仿美國出版《讀者文摘》中之特欄『我所最不能忘懷的人物』，請你寫你生平一位最不能忘懷而值得紀念的朋友。」1946年1月，《我的良友》一書在上海出版，開卷第一篇就是巴金所寫、長達上萬字的《一個善良的友人》，這是為悼念崇群而寫。巴金寫道：「我失去了我的一部分，我最好的一部分；我失去了一個愛我如手足的友人。那損失是永遠不能補償的。」他並痛恨自己為友人做得太少。而事實上，繆崇群的創作始終得到巴金的支持，他的大部分創作集，都是在巴金主持的文化生活出版社出版的。崇群逝世以後，巴金又搜集了他的散佚之作和書信，於1948年11月出版了崇群遺集《碑下隨筆》。至於巴金和靳以，更是眾所周知的好朋友，他們長期合作，為文壇繁榮做了大量實事，為讀者奉獻了眾多精神食糧。

對靳以和崇群來說，巴金的友情就像和煦的春風一般溫暖著他們的心，這種情義，對於甘於寂寞，不擅長鑽營拍馬，不熱衷黨同伐異的他們尤其珍貴。他們之間雖然並非朝夕相對，只是若接若離，有時甚至只是靠書信往來傳遞訊息，傳送友誼，但彼此心裡都珍藏著一份滾燙的感情。抗戰爆發後，他們從上海、南京出發，經過武漢、永安，前往昆明、貴陽、重慶，一路顛沛流離，跋涉的路程都是相似的。就在這動盪的戰時生活中，靳以和崇群相約為這大時代留下一些東西。他們是貧困的文人，手中只有一枝筆和幾疊紙，於是便發願各寫一組文章，從自己熟悉的角度出發去揭示戰爭中複雜的人性。這就是靳以的《人世百圖》和崇群《人間百相》的寫作由來。作為朋友的巴金是知道他們這個寫作計畫的，他在懷念崇群的文章中曾提到：「可惜病妨害了他的工作。他似乎只寫出了『百相』中的幾相。」[218]靳以的《人世百圖》已如前敘，而崇群的《人間百相》雖然很多人都曾提到過它（如林非的《現代六十家散文札論》、《中國現代散文史稿》和張大明的《踏青歸來》等），但又誰也沒有真正評價過它的具體內容，這可能是大家從沒看到過這組作品的緣故，就連巴金，似乎也並不清楚《人間百相》具體是些什麼篇章。

繆崇群的《人間百相》雖然計畫宏偉，但由於病體拖累，其實只完成了七篇，總題目是：《人間百相——自有其人列傳》，具體篇名分別是《將軍》、《廳長》、《鄒教授》、《詩人》、《閃擊者》、《陳嫂》和《奎寧小姐》，刊登在1942年在福建永安出版的《現代文藝》上，而這份雜

────────────
[218] 巴金：《〈碑下隨筆〉後記》，載繆崇群著：《碑下隨筆》，文化生活出版社，1948年11月出版。

誌正是由靳以所主編。關於這組作品的寫作宗旨，繆崇群曾有這樣的交代：「莫泊桑從前學習寫作的時候，他的恩師福樓貝爾告訴他：『試寫出一百個不同的人物看看。』我沒有這樣的名高的先生指教，也不敢比擬莫泊桑氏的才學於萬一，只有一副傻心腸，和一雙拙笨的手，抱著『人盡可師』的態度，隨時隨地記下每一個我曾遇見的，我所認識過的人——他們就隨時隨地生活在我的周圍，我也生活在他們的裡面——他們每一個人的相貌、心眼、形態……等，未必不可以作為每一頁人生課程中的最忠實的反映與最真實的示範罷？」[219]顯然，靳以的《人世百圖》是寓言式的作品，而崇群的《人間百相》卻是一組人物素描，他是把它們作為反射社會、認識社會的鏡子來寫的，力圖揭示出社會的真實面貌和人物的複雜靈魂。散文寫人和小說不盡相同，不要求具有完整的藝術形象，也不一定要通過完整的情節來刻畫人物，繆崇群擅長的是通過典型細節的提煉和重要特徵的刻劃來展示人物的性格。以《廳長》一文為例，他以簡練的筆墨塑造了一個戰時官僚的生動形象。這個廳長長著一幅長長的臉，就像裝著公文的公函。他一訓人，臉就更長了，而他偏好訓人，每個星期必要訓人一番。下屬們躲避敵機的轟炸，被他狠狠地罵為「凌亂散漫」，而他自己卻搶先把公館疏散到城外的風景區，還安排吸足了汽油的小汽車停候在他的辦公室外面，以便隨時逃命。作者諷刺道：廳長長長的面相就像「硬生生地裝了一封套的官樣文章」。一個色屬內荏和頑固地信仰著「官貴民賤」的官僚典型，就如此生動地凸現在讀者面前！官場中這樣的典型可為數不少！

---

[219] 繆崇群：《〈人間百相——自有其人別傳〉前記》，載1942年8月《現代文藝》5卷5期。

靳以《人世百圖》封面，
1943年11月福建南平版

在《人間百相》中，繆崇群寫了將軍、官僚、教授、詩人、教會學生以及小公務員、幫傭等等，描寫的人物可謂三教九流，豐富多彩，但其中只有對醜惡現象的鞭撻而無對光明一面的讚頌。這固然和作者還未全部完成這組作品有關，但又實在和他生活的環境不無關係。靳以對此有中肯的分析：「他不喜歡這個世界，可是由於健康的限制，他只能枯守在那裡像一隻受了傷的野獸，甚至於連聲息都忍住了。……也許他實在不願看這個世界了。他厭惡這『人間百相』；假使有一天，當著死去的人復活的時候，世界該變好了，那時節他會爬起來，用快樂的眼睛觀望人生，再繼續他的《人間百相》吧。」[220]

靳以的這冊題贈好友崇群的《人世百圖》簽名本，是見證兩人友誼的信物，也是讓人懷念的那個動盪年代裡有特色作品的一冊實物。我不知道這本簽名本是怎樣流散在外的，但其所蘊藏的豐富內涵都是我們不該忘卻的！

---

[220] 靳以：《憶崇群》，載1946年7月1日《文藝復興》1卷6期。

24 跑馬引來海上潮

　　英國人特別喜歡馬，以致西諺有云：「凡有英國人處就
有賽馬活動的開展。」中國的賽馬就是由英國人引進的。世
界上賽馬最盛的城市是香港，而最早建有跑馬場的中國城市
則是上海。

　　1843年上海開埠以後，大量外國商人和僑民湧入租界，
他們在忙著賺錢之餘，自然也需要社交和娛樂。東西方文
化有著很大差異，中國的很多娛樂文化並不符合外國人的胃
口，由此，大量西方的娛樂方式得以很快在上海露面，諸
如賽艇、拋球場、彈子房、交誼舞、博物館、交響樂、俱
樂部等等之類，都是由西方人帶入上海並繁榮發展的。大
約在1850年之際，麟瑞洋行大班霍格（Hogg）剛剛在上海
站穩腳跟，即聯絡吉勃（Gibb）、蘭格萊（Langley）、派
金（Parkin）和韋勃（Webb）等幾位英國商人，發起成立了
上海跑馬總會（Shanghai Race Club）。他們以每畝10兩銀子
不到的低價，在現南京路、河南路轉彎處「永租」土地約80
畝，修建了上海的第一個跑馬場。上海的第一次賽馬就在那
裡舉行。因為場地太小，騎手們經常把馬牽到外面的泥石小
道上遛馬，人們於是把這些泥石路稱作「馬路」。以後，這
一名稱一直被沿續下來，成為今天城市道路的普遍稱呼。

　　由於租界迅速擴張，地價急劇上漲，跑馬總會決定另覓
跑馬場所。他們把第一個跑馬場以每畝超過200兩銀子的價
格出售，然後，採用圈佔、低價購買的手法，獲取了今湖北
路、北海路、西藏中路、芝罘路一帶的170餘畝土地。據當
時道契記載，跑馬總會以每畝約56兩銀的價格，向中國業主
「永租」這些土地。實際在所謂「永租」過程中，農民們掀
起過多次反抗浪潮，均被英方動用武力，並脅迫上海道台一
起將農民們的反抗鎮壓下去。1854年，上海的第二個跑馬場

20年代跑馬廳一景

正式建成使用，僅僅過了7年，由於租界地價再次暴漲，跑馬總會的董事們為了獲取高額利潤，決定把這塊土地劃塊出售。至1863年他們將土地全部售出，得銀10萬兩，平均每畝賣價約銀600兩，10年獲利10倍。幾乎同時，霍格他們在英國駐滬領事和上海道台的支持下，又開始新一輪圈地，將今人民廣場，人民公園一帶的農田400餘畝一併圈進並強行收買，於1862年在這塊土地上建成了第三個跑馬場，俗稱上海跑馬廳，當時號稱遠東第一。跑馬廳地產分屬跑馬總會和上海運動事業基金董事會。外圈的草地屬於跑馬總會，用來賽馬，草地跑道全長近2公里（2156碼）；裡圈的泥質跑道及中間的大片場地，均屬於運動事業基金會，場地上曾先後建有游泳池、板球場、高爾夫球場和足球場等設施，除舉行比賽、運動會外，租界救火會經常在此進行救火演習，萬國商

1928年跑馬廳外景

團也常在此舉行檢閱儀式。觀看賽馬的看台,西側的兩個與
跑馬廳同時建成,以後逐步增建,現上海美術館所在的那座
大樓,是1934年以200萬銀元的造價建成的跑馬總會大樓。
一部跑馬場地的擴張史,沾滿了斑斑血跡,也濃縮了南京路
的繁榮發展。

　　賽馬最初只是西人的愛好,但很快成為風靡上海的群眾
性娛樂活動。1909年,跑馬總會允許中國人購票入內觀賽,
並為此建造了一座華人看台。賽馬於每年的5月和11月舉
行,俗稱春季賽馬和秋季賽馬,每次賽馬3日,選擇在週一
到週三,休息兩天後,週六再舉行跳濱、跳花箕架等諸項遊
藝活動。滬上竹枝詞寫道:「跳濱已過跳花萁,鞍馬身輕慣
疾馳。引得遊人驚叫絕,歡聲雷動夕陽時。」(余姚頤安主
人《滬江商業市景詞》,1906年出版)每當賽馬之日,商鋪

打烊，銀行關門，領館停止辦公，洋行照例放假，賽場上觀者人山人海，甚至有人專程從外地趕來上海觀看跑馬的。有文人曾寫詩形容這種盛況：「聽說明朝大跑馬，傾城士女興飛騰。」（海上逐臭夫《滬北竹枝詞》，載1872年5月18日《申報》）新聞媒體對此也熱衷報導，推出賽馬專版的就有好幾家，以賽馬為題材的文藝作品也為數不少。1876年出版的葛元煦《滬遊雜記》寫道：洋人賽馬，華人看熱鬧，「觀者上自士夫，下及負販，肩摩踵接」；著名的《申報》1872年4月30日創刊首日，就以《馳馬角勝》為題，刊出了一篇專門描述賽馬熱鬧場面的文章。

賽馬活動使人如此癲狂的一個重要原因是博彩。賭博最初只在西人騎手之間進行，參加賽馬是要交納報名註冊費的，而這些費用的大部分最終成了獲勝者的獎金。賽馬既然有輸贏，觀者也開始彼此下注，而且賭注越下越大，一擲千金，盈虧上萬的事時有發生。當時跑馬廳周圍的小街幽巷上，典當借貸店隨處可見，專門為了應付馬迷們隨時將身上的財物兌成現金，再作投注之需。後來，跑馬總會為了增添觀眾看賽馬的興趣，還開始發售馬票，舉辦搖獎活動，於是賽馬的賭博花樣越來越多，規模也越來越大，使得在賽馬這種體育活動中，賭博的籌碼份量日益加重，並成為吸引人們眼球的最主要因素。其中，最大的贏家自然就是跑馬總會。坊間屢有傳言，說賽馬獎票都是假的，大額的尤其如此云云。其實，真的獎票才能吸引更多的馬迷，繼而才能賺到更多的錢。當年，著名作家周瘦鵑就專門寫有一篇題為《中1922年上海春賽香檳票者之談片》的文章，敘述他朋友的父親買賽馬香檳票中得20萬元頭獎的故事。可見，民間傳言並不可靠，當然，獎票是真的也絲毫減輕不了博彩賭馬的血腥氣。

25 上海舞台上的A.D.C.

　　日前，從冷攤上覓得幾冊A.D.C.劇團百年前在上海蘭心大戲院的演劇特刊，翻閱之餘摩挲把玩，不由高興了好幾天。凡對近代上海歷史略微熟悉一些的，對A.D.C.這個專有名詞一定不會太陌生。所謂A.D.C.者，即Amateur Dramatic Club of Shanghai的簡稱，其中文名稱叫上海西人愛美劇社，是早期在滬外僑中影響最大的一個業餘演劇團體。創立於1866年的A.D.C.是以「浪子」和「好漢」這兩家劇社的班底為基礎組建的，而「浪子」、「好漢」又只是早期活躍在洋行貨棧簡陋舞台上眾多外僑業餘劇社中的兩家。1843年上海開埠後，來滬的外僑漸漸增多，到19世紀60年代，在滬定居的外國僑民已達5千餘人，開設的洋行也從最初的區區幾家猛增到了3百餘家。寂寞的異國生活，使業餘演劇活動成為外僑們療慰鄉愁的一劑良藥，同時也是一種很好的娛樂消遣，而得益於近百年的堅持不懈，A.D.C.在大浪淘沙中幾乎化身為外僑演劇的唯一代表。1867年3月1日，A.D.C.在蘭心大戲院舉行了首次公演，劇碼為《銀魚在格林威治》，這以後，幾乎每年他們都要在「蘭心」為旅滬僑民和上海市民獻演幾齣戲，除了世界大戰爆發的那幾年。據筆者統計，在1914至1918年的一次大戰期間，A.D.C.在5年間上演了10齣戲，平均每年僅2齣；最少的是在1942至1945年的二戰期間，4年只演了一齣戲。而演戲最為頻繁的還是在劇社成立的最初幾年間，1867年數量最多，演了8齣戲，其次是1870年的7齣，而1872年、1874至1876年，都各演了6齣戲。

　　A.D.C最初只演出一些短劇，純為娛樂消遣。大約到1892年才逐漸開演多幕長劇，如《造謠學校》、《婦人知識》、《風流寡婦》、《三劍客》、《龐貝城的末日》等。進入20世紀以後，他們甚至有實力有信心演出一些名家巨作

1868年，第11場演出《Maid And The Magpie》劇照

了。1906年，A.D.C.計畫上演蕭伯納的《你永不能說》，為此特寫信向他徵求意見。蕭伯納回信鼓勵他們向職業劇團挑戰，大度地表示：「無論如何，倘若你們喜歡，那麼就演吧。」他並幽默地向劇社祝福：「但是上帝要助佑一些觀眾才好。」於是，蕭翁的《你永不能說》這齣戲很快就出現在A.D.C.1907年的演出節目表上，這也是蕭伯納的作品首次在中國公演。這以後，一些著名劇作開始頻頻現身A.D.C.的演出劇碼中，如席勒的《陰謀與愛情》、蕭伯納的《魔鬼的門徒》、巴蕾的《可敬的克萊頓》、高爾斯華綏的《忠誠》等，甚至莎士比亞的一些經典劇作也被他們搬上舞台，為此還惹出了一場風波。1921年，A.D.C.的第184次演出上演了莎

士比亞的名作《第十二夜》，原定演出10場，結果因工部局的一些保守董事認為業餘演員上演莎劇有辱莎翁大名，最終只演出了9場，最後一場戲只能以退款了事。

A.D.C.演出時的服裝、道具、置景、燈光、效果、音樂、舞蹈等都精美非凡，如舞台背景很多都定製於倫敦，製作十分豪華，化費了大量金錢。像1921年第185次演出的《紐約的美女》，A.D.C.僅僅為佈景一項就支出了一千英鎊，當年這要算是一筆鉅款了，這筆錢是由來自馬來亞的一名種植園主贊助的。A.D.C.的演出除了給旅滬外僑們送去歡樂和慰藉外，也給不少中國觀眾帶來了震撼和啟蒙，很多中國人正是通過A.D.C.的演出，平生第一次領略了西方戲劇的魅力：新穎別致的舞台、變幻離奇的燈光、浪漫瑰麗的佈景、分幕演出的形式，甚至於對號入座的席位和引領入席的方式，在在都令原本閉塞的國人耳目一新。這些迥異於中國傳統戲劇寫意模式的西方演劇，震撼了中國的戲劇愛好者，使他們似醍醐灌頂，豁然開朗，徐半梅、鄭正秋、歐陽予倩等中國話劇先驅們，都曾在A.D.C.的演出中受到滋潤，A.D.C.也因此成為中西文化交流的一個支點，成為西方文化輸入中國的一扇窗。

1949年5月，隨著上海解放，很多外僑相繼離滬，A.D.C.的演出也盛景不再。1952年11月，A.D.C.在「蘭心」上演了韋農‧薛爾文的三幕喜劇《婚姻自主》，這是A.D.C.的第309場正式演出，也是他們留給上海這座城市的最後一瞥。兩個月後，蘭心大戲院更名為「上海藝術劇場」，成了上海人民藝術劇院和青年話劇團的專用劇場。值得一提的是，作為和早期A.D.C.共生共榮的老「蘭心」（位於上圓明園路諾門路，今圓明園路香港路）劇院，從1874年建成到1929年被拆，盡

1952年11月，A. D. C最後一場（第309
場）演出《One Wild Oat》（《婚姻自
主》）説明書封面

立上海大地上有整整55年，但卻從未見到一張它的外景照片
在外流傳，以至於百年之後，它的「長相」究竟是圓是方竟
成了上海史研究的一個難解之謎。而令人驚喜的是，在我
覓得的這幾冊演出特刊中，就有一冊刊載了老「蘭心」的外
景照，讓人們終於在一個世紀後得以一睹它的「廬山真面
目」。我想，這也是這些冷攤殘物的價值所在吧！

26 「雷根」當年在上海

　　1984年4月30日，美國總統羅奈爾得・雷根在訪華期間來到復旦大學，對復旦的莘莘學子發表了熱情洋溢的演講。當時有一位學生向雷根提問：「哪一段經歷對他成為美國總統幫助最大？」雷根風趣地回答：「你也許會很吃驚地發現，做一個好演員的作用有多大。」曾有記者因此寫道：「上海人首次目睹了演員出身的雷根風采。其實，上海人早在60多年前就已認識了雷根——這位當時的好萊塢明星，美利堅合眾國未來的總統——當然，這是在銀幕上，那時，他的名字被譯成：勞納・李根。」

　　雷根於1911年出生在美國的伊利諾州，1932年，獲得學士學位的雷根找到了一份電台播音員的工作，但是，他的志向卻是走進好萊塢，成為一名演員。1937年，雷根夢想成真，在華納兄弟電影公司攝製的電影《雲霄戀曲》中扮演了其銀幕生涯的第一個角色，他的老本行——體育播音員。這以後，雷根的從影之路頗為順利，在近20年的職業演員生涯中，他拍攝了51部影片，儘管他沒能成為影壇的超級巨星，但他卻是一名深受觀眾喜愛的「二流演員」。

　　雷根主演或參演的影片當年有不少在上海公映過，僅筆者知道的就有《卿何薄命》、《飛行金剛》、《金石盟》、《飛騎將軍》等等，其中，《卿何薄命》可能是雷根影片中最早和上海觀眾見面的一部。筆者藏有國泰大戲院當年的一份電影說明書，正是1939年6月21日開映的《卿何薄命》。這是一部感人的愛情影片，描寫了男女主人公高尚的情操，雷根是主演之一。該片至今仍被視為是能代表美國30年代電影水準的一部佳片。在雷根主演的影片中，攝於1941年的《金石盟》被很多人認為是藝術成就最高的一部電影。該片當年也曾在上海公映，雷根在影片中扮演鐵路工人德雷克，

南京大戲院上映好萊塢影片《飛行金剛》說明書

與一醫生的女兒相愛，兩人情投意合，願結為終身伴侶。但那醫生是個虐待狂，不同意兩人的婚事，在一次手術中竟把德雷克的雙腿鋸掉了。雷根在影片中演技感人，名噪一時，至今仍有不少電影專著提到這部影片。「二戰」期間，雷根曾以演員的身分參軍，成為一名反法西斯戰爭的光榮軍官，而在雷根主演的影片中，也有不少是以「二戰」為背景的，其中，抗戰勝利後在上海公映的《飛行金剛》一片，當年曾感動過不少觀眾。雷根在片中扮演美國飛行員傑美。這是一位技術高超，英勇善戰的空軍英雄，但卻不拘小節，生性不羈，因此而屢屢受到處分。在一次戰鬥中，傑美主動頂替戰友參加敢死隊，結果，在空戰中以身殉職。雷根在影片中把傑美的「怪傑」性格演繹得非常精彩，附圖即是當年南京大戲院（今上海音樂廳）公映此片的說明書，封面劇照即是雷根扮演的空軍英雄傑美。

　　1980年11月，雷根當選第40任美國總統，他以前演戲、拍片的用品：劇照、海報、說明書等，霎時大幅升值，成為搶手的熱門藏品。20餘年後，雷根以93歲的高齡病逝，成為最長壽的美國總統，這些留有他生命痕跡的物品也成為人們懷念這位為中美兩國人民友誼作出貢獻的前美國總統的最好紀念品。

27 一枚珍貴的「英雄」煙標

　　在我二十餘年的收藏經歷中，也曾偶然過碰到一些雖然明顯不是我的收藏專題，但卻被我毫不遲疑納入囊中的藏品，這枚華菲煙公司發行的「英雄」煙標，就是其中之一。這不是一枚普通的煙標，它見證了中國軍民在抗戰時期的一段悲壯經歷，更難得的，這是一枚珍稀的手繪煙標，而且很可能是天地間僅存一枚的孤品。

　　1937年8月13日，日軍進攻上海，他們狂妄叫囂「三天佔領上海，三個月滅亡中國」。然而中國軍民決不做亡國奴，他們奮起反抗，英勇戰鬥，淞滬抗戰就此爆發。「八一三」戰鬥打響後，中國守軍在閘北、寶山等地浴血奮戰了兩個多月，給敵人以沉重打擊。10月26日，日軍佔領寶山大場，中國軍隊側背受敵，形勢十分危急。當天，國民政府軍八十八師五二四團中校團副謝晉元（後升任團長）奉命率一營部隊四百餘人（對外號稱八百壯士）進駐光復路四行倉庫，牽制日軍，掩護主力撤退。四行倉庫位於蘇州河北岸，是一幢六層樓高的鋼筋水泥建築，原係金城、大陸、鹽業、中南四家銀行的倉庫，故名「四行倉庫」。謝晉元部在此與日軍激戰四晝夜，擊退敵人三十多次進攻，斃敵二百餘人，傷敵數千，國人一時為之人心振奮，上海市民紛紛將大批藥品和日用品冒險送至四行倉庫。後租界當局畏於日寇威脅，迫我當局下令謝晉元部退出四行倉庫。謝晉元率部撤入租界後即遭租界當局羈留於膠州路的一座軍營中，當時人們都尊稱之為「孤軍營」。

　　全國人民對謝晉元及「四行倉庫八百壯士」的抗戰英雄事蹟和愛國壯舉，無不崇佩感泣，這一時期歌頌「八百壯士」英勇業績的文藝作品，參與作家之多、作品體裁之眾、數量之豐、社會反響之強烈，是現代文藝史上所罕見的。就

英雄牌煙標手繪稿

在這時，有一家由歸國華僑創辦的煙草公司也被「八百壯士」的英勇壯舉所深深感動，他們決定發行一種「英雄」牌香煙來歌頌英雄。這家公司叫華菲煙草公司，由旅菲律賓華僑林書晏等人於1935年8月在滬創辦，月產香煙近千箱，商標有前進、北極、黑人、甘草等。我收藏的這枚「英雄」樣標高7釐米、長12釐米，由聯合廣告公司承擔設計，著名廣告畫家朱瘦鶴親筆繪製。煙標的主圖是一位正在四行倉庫屋頂上跪射機槍的中國軍人，背後是一面迎風飄揚的紅旗，上書「英雄」二字，英文則以Lone Battalion命名，正是「孤軍」之意。我不知道這個品牌的香煙最終是否投入生產，進入流通，但這枚煙標卻可以說十分典型地反映了當時全國軍民同仇敵愾、反抗侵略的心聲，是印證歷史的珍貴文物。今天，「八百壯士，四行孤軍」已成為中國人民英勇抗戰的光榮象徵之一，當年的四行倉庫原址也已變成了八百壯士英勇抗日事蹟陳列室，並在近年成為上海市第二批免費開放的40處優秀歷史文物建築之一，人們在這裡感受我們這座城市的歷史文脈，瞭解中華民族的珍貴遺存。

28 傾聽那遠處傳來的口琴聲

　　口琴雖然是舶來之品，但在民國期間卻是民間最流行的通俗樂器之一。口琴傳入中國的歷史，迄今已有百年之久，最初，人們只將其視為兒童玩物，後經王慶勳、石人望、陳劍晨等人大力宣導，口琴終於成為正式樂器，昂然走上舞台，並風行全國。在20世紀30年代的中國，無論是工廠、里弄，還是學校、兵營，隨時隨地都可能斷斷續續聽到那一、二聲美妙動聽的口琴樂音。中國的教育、美學界泰斗蔡元培十分欣賞口琴的大眾特色，曾形象地將之比擬為交通工具中的自行車：簡單省事，僅費一人之力，即可行駛自如。他因此親自出任中華口琴會的名譽會長一職，並揮毫為《中華口琴界》題寫刊名。著名畫家、音樂教育家豐子愷在1928年曾自學過口琴。他認為口琴有4大優點：1.價格低廉，易於置備（一隻口琴僅售2元左右）。2.攜帶方便，使用更易（坐立行臥皆可演奏）。3.使用簡譜，人人可懂（易於普及）。4.容易成腔，易於協調（口琴有特殊的和聲設置）。因此，他發自內心地歡呼：「口琴的出世，真是音樂界的福音！一般人的幸福！」（《黃涵秋〈口琴吹奏法〉序》）確實，方便價廉，既雅又俗，這正是口琴的最大特點。據1934年的調查，當時全國的口琴團體有一百多個，其中較有影響的大多在上海。如石人望創辦的大眾口琴會，是中國最早的口琴團體之一，它堅持走大眾路線，長期到工廠、學校、兵營裡去普及口琴藝術，在市民階層中有很大的影響。陳劍晨創辦的上海口琴會，根據會員的不同情況和演奏水準的高低，先後開辦高級班、初級班、特別班、師範班和函授班，甚至進行個別教授，很受口琴愛好者的歡迎。創辦環球口琴會的鮑明珊同時是《中國口琴界》的創辦者，他在讀者中享有很高聲譽，他組織的量才（申報）口琴隊，擁有隊員達到二百餘

1931年，王慶勳在講授口琴吹奏法

人。在所有這些團體中，創辦最早、會員最眾、影響最廣、成績最著的則非中華口琴會莫屬，它的創辦人是大夏大學教授王慶勳。

王慶勳在創立中華口琴會前作了很多準備工作。早在1927年，他就在自己任教的學校裡創辦了大夏大學口琴隊，這是上海也是中國最早的口琴團體。王慶勳在校園裡為中國口琴開墾了最初的一塊園地，他開設口琴課，組織口琴演出，為普及口琴藝術竭盡全力。口琴隊有20餘名成員，其中竟然有4個是女生，這可能也是中國最早吹奏口琴的女性了。幾年後，王慶勳又將口琴藝術普及到了校外，1930年9月，他在上海基督教青年會裡創立了口琴研究會，成員多達五十餘人，活動範圍也更加廣泛。兩個月後，中華口琴會於11月16日正式成立，會所設在上海四川北路168號，王慶勳眾望所歸，當選為會長。中華口琴會發展很快，幾年後，它就在全國成立了幾十個分會，擁有會員數千人。它還培養造就了不少口琴專業人材，中國的大多數口琴演奏家都曾是中華口琴會的成員。中華口琴會全盛時擁有7個口琴演出隊。程度最好的是基本隊，所有隊員都有兩三年甚至六七年的吹奏歷史，代表了中國口琴界的最高演出水準。其餘6個隊分別為A隊、B隊、C隊、D隊、E隊和女子口琴隊，1938年12月，中華口琴會為慶祝成立8週年假座麗都大戲院舉行盛大音樂會，7大口琴隊共160人全部亮相，舉行大合奏，在當時曾轟動一時。

中華口琴會非常注重口琴普及工作，它長年累月舉辦各類口琴學習班，會長王慶勳親自編寫講義，為大家講授口琴演奏知識。每年會慶期間，口琴會總要舉辦一次盛大的口琴音樂會，除了專家演奏外，學習出色的學員也有機會上台演

中華口琴會1931年6月第二次口琴音樂大會節目單

出。每年的賑災、救濟難民的活動，也總有口琴會活躍的身影。1931年8月，正是中國有聲電影剛剛興起之時，天一電影公司鑑於中華口琴會在社會上的廣泛影響，專門邀請口琴會拍攝了一部名為《口琴有聲影片》的紀錄片，影片為當時日趨活躍的口琴活動起了推波助瀾的作用。

　　附圖這張說明書，是中華口琴會成立之初第二次正式舉辦口琴演奏會的節目單，時間是1931年的6月2日，地點為夏令配克大戲院（1949年後易名為新華電影院），距今已有七十餘年的歷史了。從節目單上看，口琴會演奏了貝多芬、莫札特、比才、瓦格納等音樂大家的作品，至今傾聽，仍依稀能感受到當年口琴普及的盛況。今天，「夏令配克」的建築雖已拆除，但口琴藝術的魅力卻仍長存。據報載，上海在2003年還特地建立了全國第一個以普及和提高口琴吹奏、促進學校素質教育為內容的口琴教育基地，使口琴藝術得以代代相傳，這是令人欣慰的。

29 一張見證歷史的音樂節目單

　　關於上海工部局交響樂隊的創始時間，長期以來一直眾說紛紜。現在，已有確鑿資料證明，這個20世紀初亞洲地區最具聲望的交響樂隊成立於1879年（見該年英文《北華捷報》的有關報導），前些年，上海舉行一系列活動紀念這個樂隊誕生120週年，就是根據此來計算的。

　　工部局樂隊成立以後，媒介對其的稱呼五花八門，有稱「公共樂隊」的，也有稱「西人樂隊」的，但它的正式名稱應該是「上海工部局公共樂隊」。樂隊最初規模較小，只有銅管樂，成員大都來自菲律賓馬尼拉。1907年，德國籍音樂家魯道夫・布克任指揮後，帶來了六名歐洲樂師，規模也擴充為約三十人的管弦樂隊。這一時期的樂隊活動較少，主要是為工部局和一些外國駐滬機構的活動奏樂助興，間或也在蘭心大戲院、虹口娛樂場（今魯迅公園）等場地舉行一些音樂會。1918年，工部局樂隊史上的第一個重要人物出現了，他就是「鋼琴之王」李斯特的再傳弟子、義大利音樂家梅・帕器（Maestro Paci）。這一年，梅・帕器一路旅行演出來到上海，誰知突染重症，並且一病就是半年，以致囊中羞澀。1919年，梅・帕器接受了工部局的邀請，出面重組樂隊，並擔任指揮。他不但在上海的酒店和咖啡館物色了四十名樂手，還親自回到歐洲，招聘來了義、德、奧、俄等國樂師十二名，並聘請剛從義大利米蘭音樂院畢業的小提琴高才生富華任樂隊首席，將樂隊陣容擴大到了擁有五十多名演奏人員的規模。梅・帕器還為樂隊制定了一整套演出制度，使樂隊的演出曲目日漸增多，演奏品質也不斷提高。1922年，樂隊正式改名為「上海工部局交響樂隊」，這是樂隊向職業化和規範化發展的重要飛躍。短短幾年，梅・帕器把一支原由「菲俄洋琴鬼」（菲律賓、白俄舞場樂師）雜湊而成的樂隊

改組成了一支高水準的樂團，樂隊的聲譽也被提高到了「遠東第一」的地位。

　　梅‧帕器領導下的工部局樂隊每年於夏季舉行露天音樂會，時間為6月1日至8月30日（有些年份為7月1日至9月30日），地點一般固定在兆豐公園（今中山公園）音樂台、法國公園（今復興公園）法文協會、外灘公園（今黃浦公園）音樂亭等地。這也可說是上海歷史上最早的廣場音樂會了。9月1日起全隊休假三週，然後每逢週六在蘭心大戲院舉行星期音樂會，票價為樓上成人一元六角，兒童五角五分；樓下成人一元一角，兒童三角三分。樂隊的演出曲目十分豐富，從當時的報導看，作品演奏較多的音樂家有「北寥慈」（白遼士）、「特卜西」（德布西）、「皮多芬」（貝多芬）、「司托老斯」（史特勞斯）等。世界著名音樂家的精采樂章在梅‧帕器的指揮棒下化為美妙的樂聲，使上海的聽眾大飽耳福。當時的報刊讚揚道：「自多年以來，該樂隊曾屢以世界偉大作曲家所製之名樂，使此間人士每得一悅耳賞心也。」（1936年1月18日《競樂畫報》第2卷第3期）

　　工部局樂隊雖然幾乎全部由外籍樂師組成，但它在上海這塊特殊的土地上生存，卻又不可避免地融入中國的社會和民眾，為中國的音樂和音樂教育作出自己的貢獻。它曾與中國音樂家馬思聰、王人藝、趙梅伯等合作演出過，也曾演奏過中國作曲家黃自、沙梅等人的作品；它最早哺育、影響了中國早期從事西洋音樂工作的幾代音樂家，1927年上海國立音樂院建立後，富華等不少樂隊中人應邀到校兼課，中國眾多老一輩音樂家都接受過他們的專業指導，如梅‧帕器就曾擔任過董光光、傅聰等人的鋼琴老師；樂隊還先後邀請小提琴家波利索夫、蒂博、波拉克，鋼琴家莫伊賽維茨、克萊采

爾、齊爾品，大提琴家雅迪高斯基等各國著名音樂家來滬演出，培育了中國最初一代交響樂聽眾，讓他們欣賞到了當時世界最高等級的音樂演出，提高了中國聽眾欣賞交響音樂的水準。總之，要研究十九世紀末期到二十世紀中期中國對西方音樂的融入和理解，是繞不開上海工部局樂隊這個特殊團體的。

1941年日本侵略軍進駐上海租界後，工部局樂隊一度改稱「上海音樂協會愛樂樂團」，由樂隊首席富華臨時接替梅·帕器任指揮。1942年，戰爭形勢更加緊張，工部局樂隊在舉辦了一場告別音樂會後暫時停止活動，其人員全部移交給日商音樂信託公司。抗戰勝利後，樂隊復活，改稱「上海市政府交響樂團」，但困於經費嚴重不足，一直無法開展正常活動。經過樂隊和有關人士的一再呼籲，1946年夏，市政府批准每月撥款二千萬元作為樂隊活動經費，每名樂師平均月薪可達三十萬元，可以免除生活之憂，專心從樂。也即從這時起，樂隊恢復正常演出，每週二、週五上午在逸園（今精文花卉市場）排練，週三、週六晚舉行露天演出。排練時歡迎市民免費觀看。當時的樂隊編制為54人，其中外籍樂師46人，中國音樂家僅8人，分別擔任第一小提琴（兩名）、第二小提琴（三名）、中提琴（兩名）和小號（一名）之職。逸園的音響效果不是最好，從1946年8月18日起，樂隊又在每週日晚增加了一場在中山公園音樂亭的演出。中山公園的這個露天演出場所最初建於1923年，當時叫音樂演奏台。此台呈喇叭形，寬17米，進深8米，台前有2700平方米的草坪，可放置上千把移動式園椅。四周以中國式燈籠照明，可舉行日間或夜晚音樂會。戰前，工部局樂隊曾多次在此舉行過音樂會。1935年，僑民愛斯拉夫人（Mrs.Edward Ezra）給

上海市政府交響樂團夏季
露天音樂會說明書

公園贈建了一座古典式大理石亭，它的階、欄、台、柱、壁以及二尊西洋女神雕像等均以大理石製成，故名。亭建在園中部原一座中國式涼亭的位置上，基座似長方形的舞台，高4.1米，寬15米，進深5米。台前及兩側各有6級石階，亭後以高大的綠籬作屏障，亭前為大草坪，可容納上千名聽眾。這個大理石亭建成後就取代了原來的音樂演奏台。附圖這張說明書，就是工部局樂隊在戰後改名上海市政府交響樂團後首次恢復在中山公園舉行露天音樂會的節目單，它見證了一段歷史，也算得上是一件小小的信物！

30 令人髮指的野蠻風俗

　　雖然很早就知道世上有貞操帶這一野蠻的風俗，但親眼從明信片上看到這一怪物，心靈仍然受到一種強烈的震慄。這兩枚明信片是上世紀末我從上海文廟舊書市場上淘來的，顯然攤主並不曉片上圖案究為何物，故只以普通舊片視之，開價每枚20元，我還價以30元將兩枚購下。

　　今天的讀者恐怕已很少有人知道貞操帶了，也難怪，就連一些權威的大型辭典，如中國的《辭海》、英國的《簡明不列顛百科全書》、美國的《大美百科全書》等也都沒有列入這個辭條。但在歐洲中世紀的歷史上，卻確實存在過這一令人髮指的野蠻風俗。所謂貞操帶，是指歐洲中世紀盛行的防範婦女不貞行為的一種用具。普通的貞操帶多是單式的，只有一塊金屬片用來遮住陰部；以後由於中上階級間流行男色，有著這種經驗的丈夫，對妻子便也擴大了防範的領域，出現了複式貞操帶。這種貞操帶有前後兩種金屬片，連肛門都遮住了。貞操帶的腰帶上有鉸鏈，可以隨腰部的肥瘦隨意伸縮；腰帶上有鎖鑰，可以開啟；金屬片上有小孔，可以通大小便，然而孔小得連手指都難以放進。這樣鎖著，門禁森嚴，當然足以令殘忍而愚笨的丈夫認為萬無一失了。

　　貞操帶的發源，據葉靈鳳先生考證，是在東方，非洲的土人和流浪的吉卜賽人中都曾風行過此類風俗（秦靜聞〔葉靈鳳〕《貞操帶之話》，載1934年6月24日《萬象》第2期）。但那是處女守護自己的貞潔，與妻子被丈夫強迫加上去的貞操帶截然不同。十字軍東征以後，貞操帶流入歐洲，並逐漸盛行開來，最初是在義大利，以後慢慢流行到法、德等國，現在收藏有貞操帶實物的也多為這些國家的博物館，如法國的克魯尼博物館、德國的卡瑪律博物館、義大利的威尼斯博物館等。貞操帶之所以能在歐洲流行，是有其歷史原

因的。中世紀的歐洲，正是封建社會形成時期，騎士盛行。他們把婦女當作私有物，自己則在外面縱欲荒淫。淫風的熾盛，整個社會的腐敗墮落，也從反面促進了貞操帶的流行。這不僅從當時的文藝作品和有關社會風俗的著述中，甚至從當時法庭的案卷中，都可以獲得不少有力的佐證。僅僅一部《十日談》，就淋漓盡致地描寫了當時教徒僧侶表面上道貌岸然，實際上男盜女娼的醜惡行徑。在法國曼皮列法庭的卷宗中，還保存著一份1780年的開庭辯論記錄，當時一位叫弗雷笛的律師，勇敢地為一名婦女辯護，控訴她的丈夫如何強迫她帶上貞操帶。一直到19世紀中葉，蘇格蘭還有一位叫做穆岱的醫生，竟公然散發傳單，承做各式貞操帶。他在傳單上寫道：「貞操帶不僅可以使為父母的省了許多不必要的擔心，而且可以使為丈夫的免除不少污辱門楣的恥辱。」這對標榜尊重婦女、尊重人權的資本主義社會不能不說是一個絕妙的諷刺。與此相對應的是，中國的封建王朝也流行過這一陋俗，在劉達臨先生創辦的中國古代性博物館裡，就赫然陳列有清代貞操帶的實物。

　　由於記敘與貞操帶有關的書籍被認為是淫誨的，因此在一般的圖書館裡此類的文獻很難讀到；至於貞操帶的實物，更非一般人所能見到。這兩枚明信片展示的貞操帶實物均收藏於法國巴黎的克魯尼博物館，而且一為單式，一為複式，非常罕見。明信片發行於20世紀初，對我們認識歐洲中世紀這一野蠻的風俗，堪稱難得的教材。

法國巴黎克魯尼博物館收藏的貞操帶明信片

1909. PARIS — *Musée de Cluny - Ceinture de Chasteté*
Origine inconnue - Ancien symbole de l'antiquité devenu un instrument barbare employé au moyen-âge
par les chevaliers jaloux partant pour de longues guerres et désirant avoir un gage certain de la fidélite
de leurs épouses
C. M.

31 手繪明信片的珍品

　　2003年初夏的一天，經朋友介紹，我在滬南上海花園社區內的會所裡和上海貝爾阿爾卡特股份有限公司的工程師派特里斯·加西亞有過一次見面。加西亞是法國著名的明信片專家，尤其對明信片的款式和印製方法極有研究，是這方面的國際權威。我們互相交流了藏品。加西亞拿出來的是幾張20世紀初的彩色石印明信片，圖案是非洲法屬殖民地的風光，色彩鮮豔而又細膩，非常精緻，令人愛不釋手。石印術是18世紀末由德國人阿洛伊斯·塞尼費爾德發明的一種印刷方法，特別適合印製美術作品，19世紀中晚期傳入中國，曾經很盛行過一陣子。但用這種方法印製的彩色明信片卻很稀見，難怪加西亞頗以此為榮。我當然也不甘示弱，要顯示一下中國藏家的實力。我拿出來的是幾張上世紀初的手繪油畫明信片，這也是我平時最鍾愛的藏品之一。加西亞接過我遞過去的收藏冊，打開後眼睛頓時一亮，他問我，是否能拿出來欣賞？我表示可以。他小心翼翼地從收藏冊中抽出明信片，仔細觀察，神態是那樣專注。過了好一會，加西亞才抬起頭對我說，他十分喜愛這類手繪明信片，尤其是油畫繪製的，但多年來四處搜尋，至今只覓到一張，這次可說是大開眼界。第二天，他託人帶口信給我，表示非常希望我能割愛轉讓一張給他。作為一個收藏者，我當然能夠理解加西亞的心情和渴望，但卻難捨自己的鍾愛，只能有禮貌地對加西亞報以歉意。

　　手繪明信片，歷來屬於美術類明信片中的頂級品種，若是油畫手繪，就更為稀罕了。而我收藏的這幾張明信片，既是油畫手繪，又為早期實寄，當然要令加西亞先生「青睞有加」了。油畫，一向是以鴻篇巨幅而稱雄藝壇，油畫而又微型，歷來比較少見。在西方美術史上，也有一些國家的畫

家繪有比較小幅的油畫作品，如法國、俄羅斯等國的畫家，但那種「小」只是相對於常見的大而已，一般尺寸均在50釐米以上，和明信片相比，又稱得上是「大型」油畫了。1998年，杭州「雨夜樓」珍藏了半個多世紀的李叔同繪畫作品32件被學者發現公佈於世，其中有一幅取材於「平湖秋月」景觀繪製的布面油畫《湖邊亭閣》，畫面很小，僅17.6×12.8釐米，這倒是接近一般明信片的尺寸了。

在明信片上直接繪製圖案的做法，早在19世紀末就已流行，但那用的通常都是水彩顏料，這從現在流傳下來的眾多實物就可辨識。用油畫顏料繪製明信片不知始於何時，但我收藏的這幾張屬於早期作品則無疑。郵學界一般都知曉的手繪封片的大家是一個美國人，即著名的卡爾·路易斯（Karl Lewis）。此人出生於1865年，喜愛航海，到過歐亞很多國家。1901年，他結束自己的漂泊生涯，定居於日本橫濱，並和一個日本女子結了婚。路易斯精於攝影和繪畫，他在橫濱開辦了一家照相館，以「日本唯一的西方攝影師」自稱。1905年起他開始涉足集郵領域，為客戶製作手繪明信片。大約從1934年開始，路易斯又經營起了實寄手繪封業務，一直到1942年他逝世。路易斯美術素養深厚，職業道德嚴謹，作為以經營封片著稱的郵商，他的每一件作品都是手工親筆精心繪製，故其作品存世數量並不多，在國際郵市上受到廣大集郵愛好者的追捧，受歡迎的程度可謂與日俱增。但奇怪的是，現在所能見到的路易斯手繪作品，絕大多數都是1934年以後的手繪封，而早期的手繪明信片則幾乎不見蹤影。我收藏的這幾枚明信片，所蓋郵戳均為大正六年（1917），所繪圖案俱為日本風光，從白雪皚皚的富士山峰，到晚霞絢麗的黃昏江景，流水潺潺，白帆點點，海鷗群飛，冷月清

1917年實寄的油畫手繪明信片

暉，各色美景，組成了一個靜穆和諧的世界。明信片尺寸為
14.2×9.4釐米，雖僅方寸之間，油畫筆觸仍歷歷在目，無論
近觀遠望，視覺效果均十分美妙。我請不只一位的美術界人
士欣賞過，他們都大為讚歎，承認是專業水準，並認為這樣
微型的油畫精品，的確非常少見。畫上無任何署名痕跡，我
想，這些手繪油畫明信片如果不是路易斯的作品，那也應該
出於同時期的藝術家之手，存世數量不會多。

　　我收藏的這些油畫手繪明信片都是從日本國內寄往長崎
大浦18號，寫信人的筆跡不同，而收信人卻是同一個叫安妮
的小姐。長崎是日本著名的港口城市，自1571年開港以來，
長崎與海外的交流就沒有停止過，即使是實行鎖國政策的江
戶時代，長崎也是日本保留的和海外聯繫的門戶。因此，和
日本的其他城市相比，長崎的外國人要特別多一些。我請教
過熟知歷史的日本朋友，據他們言，大浦一帶，當時是傳教
的歐美人集中居住的地方。那麼，這些明信片很有可能就出
自於當年的傳教士之手，於今已有八十餘年的歷史了。而當
年的那位安妮小姐，如今也應該是升上天堂的安妮婆婆了。

32 最是溫馨情人節

前段日子偶然興起盤點自己的明信片藏品，結果發現和宗教內容有關的竟然占了不小的部分，諸如耶誕節、復活節、萬聖節、感恩節等等之類，品種繁多，數量不少，而且英、法、德、美等各國出版的都有，時間最早的距今已有百多年的歷史，簡直可以出一本專集了。其中最富有溫馨情味、值得後人咀嚼的則屬專為情人節發行的明信片了。說情人節和宗教有關聯，可能有些人會感到奇怪，而這卻是在史書上有記載的。

關於情人節的由來，一直有好幾個版本在流傳。如有一種說法是情人節的發源跟鳥類在每年的春季之初（2月14日）開始交配有關，情侶們在這一天彼此交換表達愛意的賀卡及禮物的念頭可能就是受此啟發。還有一種說法認為情人節起源於古羅馬的「牧神節」，該節在每年2月15日舉行，這一天除了舉行儀式祈求豐收外，少女們還寫作情書儲藏在甕內，讓男子們去抽取，然後這些男子就對書寫情書的少女們展開追求。以後這個日子逐漸衍變成了2月14日。儘管這些傳說都有根有據，並在各國的典籍上有所記載，但在世人的心目中，最感人也最為大家所接受的則是關於聖瓦倫丁（St.Valentine）的傳說。《大美百科全書》在「瓦倫丁」這一條目下有這樣的說明：「瓦倫丁，早期基督教殉道者，通常被認為是情人們神聖的庇護者。」即是關於情人節源於瓦倫丁的最簡明注釋。瓦倫丁的故事淒慘而美麗。西元三世紀的羅馬，正是暴君克勞狄烏斯（claudius）當政時期。當時的羅馬內外戰爭頻發，將士死傷慘重。為補足兵員，克勞狄烏斯宣佈，凡是在一定年齡範圍內的男子，都必須加入羅馬軍隊開赴前線。為了達到自己的目的，他竟然殘忍地下令禁止國人舉行婚禮，甚至強迫已經結婚的毀掉婚約。於是，

丈夫離開妻子，少年離開戀人，整個羅馬被籠罩在愁風苦雨之中。然而，暴政豈能禁得了愛情？就在暴君的國都裡，居住著一位德高望重的修士，他就是瓦倫丁。他不忍看到一對對伴侶就這樣生離死別，於是冒著危險為前來請求幫助的情侶們秘密主持婚禮。一時間，這一令人振奮的消息在整個國度傳開了，更多的情侶秘密趕來請求修士的幫助。事情很快便被克勞狄烏斯探知，於是，他再次露出殘暴的面目，將瓦倫丁修士打進大牢，並最終將其折磨致死。瓦倫丁死的那一天，是西元270年的2月14日，後來人們為了紀念這個敢於與暴君鬥爭的人，漸漸地使2月14日演變成了後來的情人節，而瓦倫丁也成了聖瓦倫丁。據說，聖瓦倫丁的遺體埋葬在都柏林的Carmelite教堂裡，愛爾蘭的都柏林也因此被稱之為世界浪漫之都，每年的2月14日聖瓦倫丁節，那裡總是有一對對深情相偎的情侶在聖瓦倫丁的雕像前祈求天長地久。

在所有的賀卡中，最有來歷者便是情人卡。自從郵政系統建立後，郵寄自製的聖瓦倫丁節賀卡的風氣便開始普及。1840年，情人卡首度在美國進行商業銷售，很快便受到少男少女們的歡迎，發明者豪蘭（Howland）當年的銷售額即達到了五千美元，這在當時是一個顯赫的數字；而在一百多年後的今天，僅僅美國每年印製的情人賀卡已經數以百萬計了。情人卡上一般均印有詩句和款款情話，但無論怎樣，「To My Valentine」這句話總是不會被忘記印上的。這也是有其來歷的。據說，瓦倫丁在被處死前曾託獄卒帶給他失明的女兒一封訣別書，在其上簽署有「你的瓦倫丁敬上」的字樣。這給情人卡製造商以啟迪，故一般情人卡上均印有「給我的瓦倫丁」字樣。情人卡是向最愛的人表達愛意的，因此，情人們常常為此費盡心思，想顯示出自己的嘔心瀝

血，故「情書指南」之類的書也就應運而生了，其中最有
名的有1797年在英國出版的《年輕人的情人卡作文範本》，
1876年由倫敦馬庫斯‧沃德公司發行的《愛之箭袋》等。這
些書上百年來不知印行了多少版，由於其中提供了大量可供
挑選的雋永詩句，因此而受到一代又一代的情侶們的歡迎。
文字美麗固然會吸引顧客，但更重要的還是賀卡的外觀要不
落俗套。出版商們在這方面的努力可謂不遺餘力，從紙到
絹，從黑白到彩色，從平面印刷到凹凸版壓印燙金，技術的
不斷進步讓情侶們的心願得到了充分展示。拙文付印的這幾
枚情人節明信片，均是20世紀初的實寄片，閱讀片上的款款
情語，真恍如穿越了時間隧道，感受著當年少男少女們的滾
燙情懷。這些明信片分別採用了浮雕壓印、亮片綴珠等先進
技術，畫面內容既有傳統的愛神丘比特，也有時髦的福特轎
車、可謂代表了近百年前年青一代的時尚追求和審美心理。

20世紀初發行的情人節明信片

33 世俗的「哈羅溫」

　　世界各地的節慶風俗，真可謂千奇百怪，精彩紛呈，萬聖節堪稱代表之一。現在大家都知道每年的11月1日是西方的萬聖節，英文叫All Saints Day或All－Hallows Day（諸聖占禮），而這個節日的來歷可一直追溯到基督教時代以前的德魯伊特教（Druid）儀式。

　　據歷史記載，萬聖節源於西元前的古西歐國家，主要包括愛爾蘭、蘇格蘭和威爾士等。這幾處的古西歐人叫凱爾特人（Celt），他們的新年在11月1日。新年前夜，年青的凱爾特人結隊成群，戴著各種怪異面具，拎著刻好的蘿蔔燈（南瓜從美洲傳往歐洲後，蘿蔔燈被南瓜燈取代），遊走於鄉鎮村落間。這種風俗有的說是秋收的慶典，也有的說是為了嚇走鬼魂，同時也是為鬼魂照亮道路，引導其回歸。11月1日既是凱爾特人的新年元旦，也是他們的主要神祇之一——死神（Samhain）的節日。後來，死神的節日逐漸融入到天主教儀式內（凱爾特人多為天主教徒），教皇聖卜尼法斯四世（St.Boniface IV）於西元609年5月將羅馬的萬神殿改為天主教堂，獻給聖母瑪麗亞和所有的殉教者，並定5月1日為諸聖占禮。西元八世紀，這一節日逐漸改到了11月1日。西元835年，教宗國瑞四世正式宣佈奉每年的11月1日為萬聖節，命令舉世遵行這一節日，這一天為追思已亡者的日子，天主教徒們為已故親友獻彌撒。

　　自從歐洲人把萬聖節日習俗傳入美國後，美國逐漸成為最重視慶祝萬聖節的國家，但美國人卻歷來把萬聖節的慶祝活動提前到10月31日舉行，另取一名叫All Hallows Eve（萬聖節前夜），後轉音成為Halloween，中文譯為「哈羅溫」。《大不列顛百科全書》這樣解釋「哈羅溫」的來歷：「10月31日，在中世紀時是宗教節日前夕，在現代是縱情狂

歡的時節。……該日也是凱爾特人和盎格魯薩克遜時期的除夕。又是古代煙火節日之一，屆時在山頂點燃篝火，袪除鬼怪。萬聖節前夕逐漸成為世俗節日。」「哈羅溫」的習俗在19世紀後期的美國逐漸風行起來，並且宗教氣氛越來越弱，時至今日，已變成一年中最為流行和最受歡迎的節日之一，許多人都以極大的熱情來慶祝這一節日，特別是年青人和孩子們。傳統的「哈羅溫」習俗中包括很多古老的內容，如眾人把蘋果用繩子吊起來，讓男女情人們不許用手，只准用嘴去咬；再諸如情人們敲開堅果，將其扔進火裡燃燒，觀察其徵兆以預測婚姻前景等。這些習俗在民間非常流行，蘇格蘭著名詩人彭斯就專門作有《哈羅溫》一詩，具體描繪了這些古老的風俗；英國作家哥爾德斯密斯在其名著《威克菲爾德的牧師》中，也提到了敲堅果這一風俗。在「哈羅溫」風俗中，最著名也最流行的則是點南瓜燈和兒童索糖。前者是在「哈羅溫」之夜，家家戶戶把南瓜掏空內瓤，並在其外殼上雕出類似人的眼睛、鼻子和嘴的四個洞，殼內放上點燃的蠟燭，然後把這盞南瓜燈放在窗台上，表示為夜間旅行者指路及為之驅鬼之意。後者則源於19世紀末愛爾蘭人的一項風俗，他們相信在萬聖節前夕，小精靈、仙子和女巫們會出來活動，戲謔人類，以致小孩和青年人在當晚模仿精靈作出種種鬼把戲。時至20世紀，這項風俗已演變成一種固定的活動：孩子們開動腦筋，打扮成各種奇特的模樣（類似鐘樓怪人、化身博士等恐怖形象），挨家挨戶去敲門嚇人。門一開，「小鬼」們便裝出嚇人的表情說出那句在西方人人皆知的經典話語：「Trick or treat（不款待就搗亂）！」主人便裝出被嚇著的樣子，拿出早已準備好的糖果和硬幣，孩子們則一一收入自己的袋內，歡笑著離去。

20世紀初發行的哈羅溫明信片

　　「裝鬼索要糖果」是孩子們最喜愛的「哈羅溫」活動，然由於經常會出現一些過火的行為，諸如恐嚇性的惡作劇等，因此，近年來這項風俗已有演變的趨勢，如要求大人帶領小孩一起出門（一般是大人駕車停在路邊，小孩去敲門討糖），大人還應該要求孩子只許去門口有節日裝飾，並點了燈光的人家，否則不去打擾。此外，討糖過程中應該站在門口等待，不要進屋；討回的糖果也要交大人檢查後才能食用。對接待孩子的人家也要求給從正規商家中買來的食品，並且包裝好，而不要給自己製作的食品。如果有哪家的裝飾做的過分恐怖，會遭到有關方面的制止，媒體也會令其曝光，接受公眾的指責。本文所附兩照，即是美國人在20世紀初專為慶祝「哈羅溫」而發行的專題明信片，均在10月底實寄，圖案反映的正是情人咬蘋果的習俗和小鬼精靈們四處活動的內容，至今已有百年的歷史了。

　　今天，「哈羅溫」及萬聖節已成為西方人一個很普通的節日，宗教氣氛越來越淡，世俗味道越來越濃，而且近年來有逐漸向東方蔓延的趨勢。在中國的一些大城市，年青人中已有醞釀歡慶的苗頭，這勾勒出我們這個時代生活的潛流：世界正變得越來越小！

34 過個快樂的耶誕節

　　記得小時候，一聽到過年，立刻就會想到「穿新衣、放鞭炮、走親戚、吃年夜飯」的熱鬧景象，於是，便天天數著手指頭過日子，翹首企盼著這一年當中最溫馨美麗的節日。同樣，在西方世界也有和中國的春節一樣讓人期待，全家人齊聚一堂，聊天、吃大餐、送禮物、上教堂望彌撒的團員日——耶誕節。如今，耶誕節的慶典不但在西方國家保持不輟，甚至強力擴散到了世界各地，只是它的宗教色彩已變得越來越淡薄，而世俗人情味卻越來越濃郁。春節和耶誕節還有著一個相像的地方，就是都和「郵」味沾邊：中國在春節時期發行生肖郵票，西方國家則在聖誕期間發行聖誕郵票，而耶誕節郵票的發行歷史則比中國的生肖郵票要悠久得多。早在1898年，加拿大就發行了世界上第一套聖誕郵票，距今已有一百餘年的歷史了。但若要和聖誕賀卡比起來，聖誕郵票又只能說是「小弟弟」了。1843年，英國皇家科學院的著名科學家約翰・霍斯利為科爾爵士設計了一張祝賀聖誕的紙質卡片，於是，世界上便誕生了第一張聖誕賀卡。這張卡片用石版印刷，手工著色，圖案雖然簡單，但卻很受歡迎。據說，這張聖誕賀卡當時只印刷了一千張，原物如能留存到今天，堪稱是一件人情味十足的古董了。到了20世紀初，喬伊絲・霍爾設計出了各種各樣的賀卡，並賦予它們以特殊的含義，於是，聖誕賀卡開始在普通市民中得到廣泛流行。在耶誕節前幾週，人們便開始互贈聖誕賀卡，互致節日問候。由於賀卡還需要用信封套寄，使用起來有所不便，於是，簡捷方便的聖誕明信片得到了大家更多的青睞，流行的款式也越來越多。20世紀30年代中期，作家朱自清到英國考察，聖誕期間，他親眼看到成千上萬的聖誕明信片通過郵局寄往四面八方的情景，他因此專門寫了一篇《耶誕節》，描述自己對

聖誕片的感受：我「曾經到舊城一家大書紙店裡看過，樣本厚厚的四大冊，足有三千種之多。……有全金色的，晶瑩照眼；有『蝴蝶翅』的，閃閃的寶藍光；有雕空嵌花紗的，玲瓏剔透，如嚼冰雪。又有羊皮紙仿四折本的；嵌銅片小風車的；嵌彩玻璃片聖母像的；嵌剪紙的鳥的；在貓頭鷹頭上粘羊毛的；都為的教人有實體感」。今天，收藏家們手中收藏的聖誕明信片珍品，大多正是20世紀初實寄的物品。這薄薄的一方紙的精靈，給現代社會帶來了多少人間暖意和深情！

　　和聖誕賀卡一樣，聖誕明信片的圖案也可以大致分為宗教性的和非宗教性的兩類。宗教性的明信片有濃厚的宗教色彩，一般均帶有《聖經》中描述耶穌誕生的話語，或和《聖經》故事有關的圖畫，如小天使像、耶穌像、睡在馬槽裡的聖嬰和聖母瑪利亞的像，以及牧羊人、東方三賢朝拜聖嬰圖等等；賀詞通常含有「上帝祝福你」、「上帝與你同在」等等意思。但是，近代社會，耶誕節的雙重意義越來越明顯，一個是作為傳統的基督宗教節日，一個是作為社會大眾的公共假日，對於一般公眾來說，後者的普遍意義肯定更為重要，它昭示著歡樂的假日時光和新的一年的來臨，對於孩子來說尤其如此。因此，淡化宗教內容的聖誕明信片受到了越來越多人的喜愛。這類明信片的畫面可能是一個冬天的場景、一朵美麗的聖誕花，或是一幀名畫、一幅讓人疼愛的兒童畫像、一隻可愛的寵物和一件漂亮的玩具等等，其內容豐富，色彩鮮豔，讓人賞心悅目，愛不釋手。這些明信片的畫面沒有傳統聖誕故事的人物、場景，一般不會產生宗教誤解，使用範圍也因此而更為廣泛。

　　聖誕文化中的傳奇人物很多，其中最負盛名的應該是聖誕老人了。在整個聖誕期間，聖誕老人都扮演著重要的

角色，大小城市的商店內外都可以看到聖誕老人，他身穿白色軟毛滾邊的紅色大衣，腳上蹬著皮靴，頭上戴著聖帽，腰間綁著粗腰帶，長有紅紅的鼻子、白花花的眉毛和飄到腰際的白色絡腮鬍鬚。聖誕老人和善、友好、開朗、快樂，有時還有些俏皮。他一整年都不知疲倦地為孩子們製作各種玩具，然後在聖誕前夜乘著馴鹿拉的雪橇造訪每一戶人家。他背著一隻大禮袋，裡面裝著各種禮物，趁孩子們熟睡之際，悄悄地往他們的聖誕襪裡放禮物。到底有沒有這樣一位可愛的聖誕老人？這個問題一直讓孩子們感到困惑，而世界上有不少國家也為此發生過爭論，甚至引發過宗教辯論。照通行的傳說，聖誕老人與一位真實人物有關，這個人物叫尼古拉。他是西元4世紀米拉地區（位於小亞細亞，在今土耳其境內）的一個主教，為人善良，樂意幫助窮人。在傳說中，他具有魔力，能夠起死回生，並幫助所有需要幫助的孩子和旅行者，因此而成為聖人。後來，去美國的荷蘭移民把有關聖尼古拉的風俗也帶到了美洲大陸。這些荷蘭人稱聖尼古拉為Sint Niklaas，美洲大陸的英國移民聽到這個發音，就用英文寫下來，於是，Sint Niklaas成了Sinter Claas，以後，又訛傳為Santa Claus。因此，聖尼古拉在英國英語中是St.Nicholas，在美國英語中成了Santa Claus。聖尼古拉的生日是12月6日，但西方國家的人們在12月25日慶祝聖誕時，把和聖尼古拉有關的風俗也演變成了聖誕慶祝活動的一部分。雖然，不同國家的聖誕老人穿著有所不同，乘坐的交通工具也不一樣，但有兩樣東西卻是共同的，即聖誕老人的頷下都長著一把直飄腰際的雪白長鬚，手裡都提著一大袋準備送給小朋友們的禮物。聖誕老人也因此成為最可愛的聖誕人物。

聖誕老人的形象並非生來固定，而是經歷過多次變遷。現今我們大家都熟悉定型的身材圓胖、滿臉笑容、充滿快樂的老精靈形象，據說還是20世紀30年代以後，哈頓·桑德布洛姆在繪製可口可樂廣告時創作的；而拖拉雪橇的紅鼻馴鹿的形象，則是沃德百貨連鎖店為一次促銷活動而創造出來的。現代社會，聖誕習俗已越來越成為人們藉此加強溝通聯繫的一座橋樑。1914年12月24日，正值一戰期間，西部戰線戰火正酣，但英、德兩國士兵卻因聖誕來臨而停火罷戰，數以千計的聖誕樹被運到前線，用以裝點片刻停火的瞬間。德國歷史學家麥克爾·尤格斯在其專著《一戰期間的短暫和平》中寫道：「那時燈火通明，戰壕邊擺滿了聖誕樹和燃燒的蠟燭。」隨之而來的，是兩支敵對軍隊之間的互贈禮物和一起唱歌。戰爭的時鐘在這一刻停止了擺動。

　　耶誕節，一個讓全世界在寒冬充滿暖意的溫馨節日！

20世紀初發行的耶誕節明信片

35 晚清民初的海上影樓

　　在早期傳入中國的諸多西洋文明中，攝影是比較早的一種。1839年，法國巴黎一家歌劇院的佈景畫師達蓋爾發明了銀板照相法，同年，法國科學院公佈了這項發明。神奇的攝影術猶如一夜春風吹開萬樹梨花，1840年，美國人率先在紐約創辦了全球第一家照相館，這之後，攝影作為一門新興的應用科學迅速傳遍了歐美各國。與此同時，去東方冒險的攝影師也把鏡頭對準了中國這塊神奇的土地。早期的攝影器械相當笨重，出外拍照分外惹眼；再加上攝影術能把人像風光留在紙上，在當時顯得十分神秘，因此，文人筆記和當時的一些媒介留下了不少有關早期攝影的記載。湖南進士周壽昌於道光二十六年（1846年）旅粵期間寫的《廣東雜述》云：廣東「奇器多而最奇有二。一為畫小照法：人坐平台上，面東置一鏡，術人自日光中取影，和藥少許塗四周，用鏡嵌之，不令洩氣。有頃，鬚眉衣服畢見，神情酷肖，善畫者不如。鏡不破，影可長留也。取影必辰巳，時必天晴有日。」[221]此為中國最早記載攝影的文字。引進攝影技術最早的城市是廣州和香港，而開展攝影活動最活躍的地方卻是上海。王韜的《瀛壖雜誌》（1862）、葛元煦的《滬遊雜記》（1876）、李默庵的《申江雜詠》（1876）、吳友如的《點石齋畫報》（1884）等大量出版物都記載了當時上海一地的攝影活動，有的還生動地畫下了攝影師拍照時的情景。從這些記載中我們可以瞭解到，作為中國最大通商口岸城市的上海，在19世紀中後期，攝影活動已相當活躍，並且已有不少專業照相館出現。

---

[221] 馬運增等著《中國攝影史：1840-1937》，中國攝影出版社1987年8月。

萌芽時期的海上影樓

　　儘管相關文獻存世不少，但上海最早的照相館究竟有哪幾家？出現在哪一年？這些問題史學界一直無法確切回答。然而幾乎所有的材料都一致認為，法國人李閣郎開設的照相館應該是上海影樓業的先驅。王韜曾在1858年10月25日的日記中記道：「關郎（即李閣郎）善照影，每人需五金，頃刻可成。」且所照之影「眉目畢肖」。[222]大約出現於19世紀中期的「公泰」當然也是上海最早的照相館之一。王韜的《蘅華館日記》在咸豐九年（1859年）二月九日中記載了他與友人同去上海城裡看羅元祐拍照的情景：「晨同小異、壬叔、若汀入城，住棲雲館，觀畫影，見桂、花二星使之像皆在焉。畫師羅元祐，粵人，曾為前任道台吳健彰司會計，今從西人得授西法畫，影價不甚昂，而眉目明晰，無不酷肖，勝於法人李閣郎多矣。」[223]以後，王韜在《瀛壖雜誌》一書中又再次寫道：「西人照相之法，蓋即光學之一端，而亦參以化學……法人如李閣郎，華人如羅元祐，皆在滬最先著名者。」[224]這羅元祐原是上海道台吳健彰手下的會計，吳被革職後，他另謀生計，隨外國人學攝影，成為上海灘上最早的職業攝影師。據《黃浦區志》載，這羅元祐即「公泰」的老闆，他於1857年「在漢口路開設公泰照相館，為首家華商照相館」[225]值得插敘一筆的是，1872年中國首批赴美的30名官

---

[222] 《王韜日記》，方行、湯志鈞整理，中華書局，1987年7月。
[223] 《王韜日記》，方行、湯志鈞整理，中華書局，1987年7月。
[224] 上海古籍出版社1989年5月。
[225] 《黃浦區志》，上海社會科學院出版社，1996年4月。

費留學生中，有一個叫黃仲良的廣東小孩即來自「公泰」，可見當時影樓中人的眼界的確比較開放。我們從王韜的零星記載中可以推測：上海開埠後不久，至遲不晚於1858年，即有一個叫李閣郎的法國人在上海開了一家照相館。稍後，廣東人羅元祐也在城裡開辦了一家照相館，清欽差大臣、大學士桂良和吏部尚書花納沙都曾在羅氏店裡照過相。李、羅二人所開的店，無疑是上海大地上最早出現的照相館。「公泰」一直到1890年還在報上刊登廣告，以後就不見其影蹤了。

公泰照相樓樓址位於三馬路（今漢口路）口，和「公泰」隔街相望的是蘇三興照相樓，這也是得西人傳授在上海開設的最早的照相館之一。1872年4月30日《申報》創刊，在《申報》上最先刊出廣告的照相館就是「蘇三興」，時間是5月2日。「蘇三興」的歷史十分悠久，清無名氏撰《絳雲館日記》同治十年（1871）八月初四日中就有這樣的記載：「春木須照小照，即偕至三興照相館樓照之。」[226]這是關於「蘇三興」見諸文字的最早記載。蘇三興照相樓究竟創辦於何時？至今尚無確切史料能考證，但根據其1891年11月14日在《申報》上刊登的「本號照相開張三十餘年，遠近馳名」這則廣告來看，「蘇三興」的開張日期至遲不會晚於1860年。

除了「公泰」、「蘇三興」，上海最早的照相館還有一家「森泰」。這家照相館史書上鮮有記載，相關文獻保存也很少。筆者曾在同治二年正月初八（1863年3月7日）的《上海新報》上查到森泰相館的一則啟事：「本館印照上等

---

[226] 《清代日記匯抄》，上海人民出版社，1982年4月。

1900年左右耀華照相館外景照

小像，上午十點起至晚三點鐘為止，價錢甚為公道。行在頭壩禮查行隔壁便是，如有貴商欲印小照者，請至本館可也。」這應該是上海灘上最早的一則照相行業廣告。近幾年在歐美還發現了幾十張1870年左右「森泰」拍攝洗印的社會新聞照，如上海苦力、官員出行、砍頭行刑等等，有的還被製成了明信片，供旅遊者選購，說明這家照相館當時的營業範圍已相當廣泛。「森泰」的老闆是個英國人，叫威廉·桑德斯，19世紀70年代還到日本的橫濱開過「森泰連鎖店」，曾有日本人專門到上海來找過「森泰」的資料。這裡有一個有趣的例子：1864年，日本派往法國的池田使節團途中曾在上海停留，當時他們下榻在外灘的「英人的客舍」，也即著名的禮查飯店（1852年創立，現為浦江飯店）。據使節團成員之一、幕府大臣杉浦讓自撰的《奉使日記》記載，當時的上海遠比日本繁華，他們在「禮查」遭遇了各式各樣的「西洋事物」，如在日本不可能吃到的正宗西餐、「洋琴」（鋼琴）的演奏，以及早餐後端上來的咖啡等等。其中，令他們最感興趣的是旅館附近的照相館（這顯然即指「在頭壩禮查

行隔壁」的森泰相館），他們不僅全體出動去那裡參觀，而且對這個新的「文明利器」非常著魔。受他們的宣傳影響，此後的日本遣外使節團和留學生，也對上海當時的繁華留下了很深的印象，「值得一提的是，1866年幕府派往英國的留學生們一行，早早地在上海登岸，他們全體毅然斷髮，英姿颯爽地去照相館拍攝留念照片」。[227]我甚至懷疑，威廉·桑德斯可能正是從這些日本人身上敏感地覺察到了商機，而將森泰相館開到了日本。早期照相館中知名的還有一家叫「宜昌」的。「宜昌」本是清咸豐年間（1851－1861）三個廣東人（周森峰、張老秋、謝芬）在香港開業的畫店名，後三人改營攝影，經營數年後大有盈餘，乃分途謀進取，往各地開店營業，店名皆取「宜昌」，上海的「宜昌」也是其中一脈，店主為謝芬。宜昌照相鋪的開業時間，以往一直無法搞清，有關史書大都含糊地稱作19世紀70年代。筆者花時間靜心細查，終於在1864年5月20日的《上海新報》上查到了「宜昌」的開業廣告：「宜昌巧手照相鋪在福州路開張，倘有貴客光顧者，價錢相宜。」這當是上海照相館中有確切開張日期最早的一家。「宜昌」開業10年後因故停業，後「重建新鋪，改易光陰」，於1875年9月重新開張。[228]1891年11月，「因有別業」，而將「生財全盤招頂」，結束了它20餘年的開店營業歷史。[229]

　　一般攝影史籍多將活躍於清末民初的「寶記」、「耀華」、「英昌」和「同生」這四家照相館稱為清末上海照相

---

[227] 劉建輝著，甘慧傑譯：《魔都上海──日本知識人的「近代」體驗》，上海古籍出版社2003年12月。
[228] 「宜昌」廣告，1875年9月2日《申報》。
[229] 「宜昌」廣告，1891年11月22日《申報》。

業的「四大天王」，以此衡量，則「公泰」、「蘇三興」、「森泰」和「宜昌」這四家堪稱上海照相業萌芽時期的第一代「四大天王」。[230]

海上影樓的分佈與活動

　　根據筆者的初步統計，從1863年滬上出現第一家照相館的廣告起一直到19世紀末，這30餘年間，上海一地開設的照相館大約有50家之多。這個數位主要指具有一定經營規模的正規影樓，而且，幾十年間基本維持不變。據每年增訂的《上海指南》和《上海商業名錄》統計，進入民國以後，上海一地上名錄的照相館，1914年是38家，1918年是39家，1920年是44家，1922年是54家，1925年是53家，1928年是49家，1930年是50家。這些照相館主要集中在租界大馬路（今南京東路）到五馬路（今廣東路）之間，覆蓋面非常集中。這幾十年間，攝影技術進步神速，從日光到電光，從黑白到彩色（著色），從小幅照片到巨幅放大，從銀板到濕片再到乾片，新技術層出不窮。最初的照相館都叫影樓，因拍照必須在一定的亮度下進行，當時上海尚無電源，故照相館大多在頂樓採光較足的房間內，且必須天晴光能充足才能營業。大約作於1878年間的《春申浦竹枝詞》中有一首吟詠此事：「日成照相絕無倫，電氣傳神信有神。何必畫師揮彩筆，依然紙上喚真真。」詩後有注解釋：「日成，照相樓也，必待日中照之。其法亦以電水抹玻璃上，置器中，向人照之，轉眼而成。以水洗淨，再

---

[230] 參見馬運增等著：《中國攝影史：1840-1937》，中國攝影出版社，1987年8月。

用藥水以紙印之，神形必肖。」[231]1882年，英國商人C‧狄斯和另外兩個合夥人，出資銀5萬兩，購置美國克利芙蘭白勒喜公司出品的電機，在上海創辦了中國境內的第一家電廠，外灘、南京路一帶，豎起了上海第一批電燈杆，黑沉沉的夜空，開始大放光明。幾年後，上海的照相館也普遍打出了「電光照相」的廣告，再無「靠天吃飯」之虞，且照片也可因此放至數十寸之大。今試引一例：「蓉鏡軒電法照相今另有用電照相新法，照出之相，神色生輝，且能永存，永無退色之虞。由六寸起可映至六十寸高，配景備有樹木、竹籬、樓台、亭閣、石山等，一應俱全。」[232]當時影樓的店主在經營上是頗費心思的，顧客有所喜好，商人必會投合，滬上的照相館為此花樣百出，進行了激烈競爭，如著色、化裝、剪影、軟焦點、二我圖等等。雖然各家都有自己的特色，但有一樣卻幾乎是家家都有的，這就是漂亮的背景和道具。我們審視晚清民初的人物照，這幾乎已成為當時影樓的必備設施。道具以新潮時尚為好，早期是瓷凳、書櫥、落地燈具之類生活用品，隨著時代發展，逐漸演變到自行車、留聲機、飛艇模型等時髦風尚，其間的社會進步脈絡清晰可辨。背景畫多為鄉野風景和都市建築，有水彩畫，也有油畫，由專業的美工繪製，規模相當宏偉，畫技也堪稱精湛，黃士陵、張聿光、鄭曼陀等名畫師早年都曾在照相館幹過這個營生；周湘當年在上海開辦「背景畫傳習所」，培訓的人才之一就是影樓畫師。照相館的這一路畫其實也是中國美術史的一段，可惜至今尚無人注意及此。

---

[231] 轉引自顧炳權：《上海洋場竹枝詞》，上海書店出版社，1996年12月。
[232] 「蓉鏡軒光告」，1888年8月2日《申報》。

左 ｜ 清末耀華照相館拍攝的照片。
下 ｜ 清末寶記照相館拍攝的人物
照，後有美工繪製的背景圖。

　　租界方寸之地，比肩林立著幾十家中外照相館，這足
以說明當時上海市面之繁榮，也暗示了照相行業利潤之厚。
1877年5月17日，會地理洋行在《申報》上刊出廣告：「照
人像連照費及像十二張，取銀三元。」其時物價極廉，19世
紀70年代，一兩紋銀可兌1.4元大洋，而一元大洋又合一千
文銅錢。當時名畫家蒲華的一幅五尺畫，只賣大洋一元；蘇
滬之間的郵資為五十文，而戲園的正桌戲票為二百文，散座
一百文。由此可見，當時拍一張照對一般人家來說確實非
尋常小事，故著名的寶記照相館在開業後不久即因人謂其
「取潤不廉」而被迫降價。[233]筆者曾以當時報刊上的廣告為
依據進行統計，在1909年左右，也即清朝末年，諸家照相館
的收費若取其平均值，大概拍一張4寸照要1元左右，8寸是
2元，如放大到18寸到24寸，則大概要8－12元。一般照相館
放大最多至40寸，價約24－30元，見諸名錄中有一家能放大
到極限是60寸，開價50元，這已是當時一個普通人全年的伙
食費了。利潤既厚，競爭必烈，各家照相館為此使出了渾身
解數，有的說本店照片「著色鮮豔，歷久不退，描摹逼真，
色澤新鮮」，有的自誇能「縮放各像，光彩生動」，最大能
「如人四五尺高，形容畢肖，妙極新奇」；有的照相館能將
照片印製到紙、瓷、石、木、五金、象牙和綾絹等各種材料
上，「情景逼真，勝過丹青描摹」，有的照相館則推出了泰
西、日本服裝和滿、漢古裝、時裝，「任選穿著，分文不
加」。這些競爭還都發生在照相館內，19世紀80年代起，競
爭沿伸到了館外，當時一些著名園林，如豫園、徐園、張園
等，俱有人包租開辦照相館，打出招牌，標榜「所照之相，

---

[233] 「寶記」廣告，1890年10月26日《申報》。

與迥眾別，因有亭台樓閣，樹木花卉，以及文房寶玩，書畫琴棋，無不俱備。或臨池而垂釣，或倚石而閒吟，或藉蒼苔以對弈，或就綠蔭以眠琴，各有愜心之處，盡可隨意撿擇」。[234]激烈競爭的結果，必然優勝劣汰，呈現長江後浪推前浪之情景。從當時的廣告看，每年不斷有老照相館停業招盤，也陸續有新的照相館開店營業。據1930年的《上海指南》記載，當時共有照相館50家，當然這並不包括一些小型的照相店家。[235]從這個數字來看，上海市中心在20世紀30年代初開設的照相館基本和19世紀中、後期相同，保持著行業均衡的局面。這些早期照相館為中國、特別是上海的近代史留下了不少珍貴記錄，值得後人緬懷。

影樓與青樓

照相初起之時，市井百姓中拍攝最踴躍的竟是一班青樓女子。細想也毫不奇怪，大凡「奇器淫巧」最初引進之時，一般良民對此多心存疑慮，缺乏親身嘗試的勇氣，而青樓中人見多閱廣，勇於嘗新；且倩影一幀，饋贈所歡，既溫情脈脈，又不失為最好的廣告，何樂而不為？故早期照相，妓女留影為多，且不少都塗抹上了鮮豔的色彩。1872年就有人為此作詩：「傳神端不藉丹青，有術能教鏡照形。贏得玉人憐玉貌，爭模小影掛雲屏。」詩後且有注：「照相乃西人術，能以藥水照全影於玻璃或紙上，神采畢肖。勾欄中人必各照一像，懸之壁間。」[236]李默庵1876年寫的《申江雜詠·照相

---

[234] 1887年12月6日《申報》「悅來容圜景照相」廣告。
[235]《上海指南》，上海商務印書館編譯所編撰，1930年1月增訂第23版。
[236] 海上逐臭夫：《滬北竹枝詞》，1872年5月18日《申報》。

樓》，更傳神地寫出了嫖客爭相購買藝妓照片的情景：「顯
微攝影喚真真，較勝丹青妙入神。客為探春爭購取，要憑圖
畫訪佳人。」[237] 滬上風月的昌盛與上海開埠後市面繁榮所帶
動的人口流動加大不無關係，其中福州路（俗稱四馬路）是
最著名的風月街。西人在上海曾先後建立過三個跑馬場，首
當其衝的是1848年建於今南京東路河南中路一帶的第一跑馬
場，因嫌其狹小故於1854年將地皮賣出，所得資金用於購置
湖北路、北海路、西藏中路、芝罘路範圍內170畝土地，建
造第二跑馬場，由此帶動了近在咫尺的四馬路西段的發展，
雖然僅隔7年，1861年跑馬總會即將其售出，另闢今人民廣
場一帶作第三跑馬場，但城市娛樂中心的一路西移已成定
局，而四馬路西段無疑是其中受益最多的。1884年劉維忠在
福州路湖北路口創辦「新丹桂茶園」，以後梨園同仁相繼在
福建路以西地區創辦戲館，由此，繼「書街」、「報街」
後，四馬路又成為茶樓、書場、戲館最集中的街區，其中著
名的有一品香番菜館、青蓮閣茶樓、杏花樓、聚豐園、文明
集賢樓、大觀樓、奇芳、平安等等。文人多了、茶樓多了、
戲園多了，於是妓女也逐漸開始向以四馬路為中心的地方活
動。19世紀40年代，租界剛闢之時，上海的娼妓業中心位於
五馬路寶善街一帶，其時每到子夜，車水馬龍、鶯歌燕舞，
有詩歎云：「寶善街頭似海春，冶遊個個鬥精神。應稱第一
銷金窟，辜負嘉名愧楚人。」[238] 自19世紀末起，寶善街逐漸
沒落，四馬路異軍突起，取而代之，成為鶯鶯燕燕麇集之
所。據1909年出版的《上海指南》所寫：「長三其家多在三
馬路、四馬路、五馬路，……野雞多在福州路胡家宅、南京

---

[237] 轉引自顧炳權編：《上海洋場竹枝詞》。
[238] 葛元煦著，鄭祖安標點《滬遊雜記》，上海古籍出版社1989年5月。

路香粉弄一帶，夜間多在四海升平樓、福安、易安、同安、永安、五龍日升樓各茶肆啜茶，或佇立於路旁，招徠遊客，及更深夜靜，或行人稀少地方，則動手強拉遊客。」[239]娼妓業的興隆使四馬路一帶成為舊上海著名的「紅燈區」，久安里、清和里、尚仁里、日新里、同慶里，鱗次櫛比，彙集了多少名妓花魁，真是「十里之間，瓊樓綺戶相連綴，阿閣三重，飛臨四面，粉黛萬家，比閭而居。晝則錦繡炫衢，異秀扇霄。夜則笙歌鼎沸，華燈星燦」。[240]

　　青樓中人招引顧客，本以傳統的琴棋書畫爭勝，現在，時尚的攝影術很快就成為了她們手中的利器，幾乎人人都攝有倩影小照，無論是對影自戀，還是贈客留情，都是再好不過的旖旎新潮之物。手頭正好有一本書，頗具代表性。光緒十三年（1887），有文人古吳掄花館主出資編纂一本青樓畫錄，書中收編風月女子50人，每人一影一傳，「俾深心人按籍而稽」。[241]值得注意的是，書中50幅倩影圖像，全部是編者請畫壇高手對照臨摹的，編者對此特別說明：「是集各圖悉由城北生鉤摹照片，點染芳姿，寫來仙骨珊珊，凌波緩步，描出柔情脈脈，愛月遲眠。」並希望後繼者源源不斷寄去新的名花照片，「海內同志苟有賞鑑，不限方隅，均堪入選。但請惠寄名花形象及居址、年華、性情、技術各項事蹟，如數家珍，如聞仙樂，衣香鬢影，簇簇生新，本館即照來稿摹詠，隨時入冊，原像繳還，……由初集而再集、三集，遞衍無窮」[242]從中可以想見，當時青樓中人去影樓拍照

---

[239] 《上海指南》，商務印書館宣統元年（1909）。

[240] 王韜：《淞濱瑣話》，齊魯書社，2004年。

[241] 古吳掄花館主人：《〈鏡影簫聲〉例言》，光緒十三年《鏡影簫聲初集》。

[242] 古吳掄花館主人：《〈鏡影簫聲〉例言》。

留影已成為普遍之事，像「耀華」等照相館甚至打出「倌人半價」的廣告，吸引花叢中人前往，獲取名妓照片放大成像，充做廣告懸掛，以招徠顧客。[243]晚清之際，青樓女子已名副其實成為照相館的一支主要消費力量，本文所附民國初期署名「顧八奶奶」者留贈「榜生老爺」的照片，正好能讓我們得以依稀見識當時的青樓風尚。

稍後幾年，市井小民只要掏得出銀子，俱能坦然入樓照相，而良家婦女，閨閣小姐，仍礙於傳統禮教，很少出門拍照留影，她們尤其顧慮的，是自己的照片被派作他用。針對市民這一普遍心理，很多照相館都作出「莊嚴承諾」。寶記照相館在開張之日便在報上承諾：「閨眷影片，永不零售」；[244]而另一家著名相館「耀華」，更是揣摸心態，體貼入微，表示：「倘有閨秀婦女不便出外拍照者，盡可相邀到府，玻璃底送還。」[245]這些細緻的舉措，今日看來可能有人會掩嘴而笑，而在當時，卻實實在在是必需之舉，於生意興衰大有關係。歷史在這裡給人們留下了足可玩味的細節。

影樓與新聞

20世紀初，隨著新聞事業的發展，對新聞時事照片的需求也愈來愈廣泛迫切，1902年出版的《大陸》雜誌、1904年出版的《東方雜誌》，都開始較多地採用刊登新聞照片；以後，隨著製版技術的進步，時事照片在新聞報導中得到了更普遍的應用。但當時尚無專業人士去採訪拍

[243] 光緒三十年（1904）正月十四日《時報》廣告。
[244] 1889年9月3日《申報》。
[245] 1894年9月20日《申報》。

《鏡影蕭聲初集》書影

攝新聞，時事照片的提供明顯有著臨時、隨意的特點。總
括說起來，晚清民初的報館，尤其是中文報館，一般都不
設專職的攝影記者，所需新聞照片，多半委託照相館的攝
影師代為拍攝。對此，林澤蒼等人在《增廣攝影良友》一
書中有專門論述：「華文各報之新聞照片，均仰給於各照
相館，往往不另付值。蓋各報館於登出時，照片之旁注
明：某某照相館攝。在照相館方面，則為廣告作用，而報
館則得免費之資料，是因互相利用耳。」書中並對上海的
照相館中，有哪幾家能拍攝新聞照片供報館使用作有詳細
介紹：「華商照相館之兆芳、匯芳及光藝、卡爾生等，所
攝之新聞照片多供外國報紙之用，中華、心心及王開等照
相館所攝新聞照片，則多供華文報紙之用。」[246]這裡有一
個極好的例證：1920年6月9日，報人戈公振創辦《圖畫時
報》，雖云「圖畫」，卻以攝影報導為主，實開中國新聞
攝影畫報之先河。戈公振開篇即明言：「世界愈進步，事
愈繁巨，有非言語所能形容者，必藉圖畫以明之。夫象物
有鼎，豳風有圖，彰善闡惡，由來已舊。今民風蔽錮，政

---

[246] 林澤蒼、高維祥：《增廣攝影良友》，1928年8月，中國攝影學會發行。

教未及清明，本刊將繼文學之未逮，一一揭而出之，盡像
窮形，俾舉世有所觀感。此其本旨也。若夫提倡美術，增
進閱者之興趣，乃其餘事耳。」宗旨雖定，執行起來卻並
不容易。[247]因來稿中新聞照片太少，且清晰堪用的不多，以
致報社方面屢屢刊出「徵求照片」、「歡迎投稿」等「啟
事」，並一再強調「新聞照片優先」，「照片以清晰為第
一要義」。經過一番努力，1921年3月，《時報》終於為自
己在照片提供方面找到了一家長期的合作夥伴：寶記照相
館；雙方並請人作見證，鄭重地簽定了一份合同書。[248]這是
目前僅見的一份報社和照相館之間簽定的合同，其中涉及
很多具體事宜，對雙方的權利和義務有著詳盡的解釋，具
有重要的文獻價值，本文有幸首次在此披露其中的一些重
要條款：

> 時報館委託寶記照相館為時報攝影部代表，專攝
> 取關於地方上隨時發生有價值之新聞事情。
> 時報每次委託寶記所照之件，如是當日貳點前攝
> 畢返館者，至遲不過五點完竣，交付時報製版。
> 時報所委託攝之件每次刊出報面，應於圖版旁邊
> 明顯之處排印「寶記攝」字樣，以為酬勞。寶記特訂
> 一特別優待辦法，只取藥料成本，不記手工。其辦法
> 如下：四寸每張四角，六寸六角，十二寸貳元。如用
> 電光，每次另加貳元。
> 寶記交付之照片，時報須於四十八小時內刊出報
> 面，四十八小時以內，寶記不得將該相片出售，以保

---

[247] 公振：《〈圖畫週刊〉導言》，1920年6月9日《圖畫週刊》第1號。
[248] 《投稿諸君注意》，1922年12月24日《圖畫時報》第129號。

存時報權利；倘已刊出或四十八小時之後，寶記得任
便將該相片分售他人。

　　寶記交付時報之相片，未經刊出報面或刊出報面
而漏排「寶記攝」字樣，則照普通照相計算，其辦法
如下：四寸每張貳元，六寸三元，十二寸捌元。電光
另加貳元。

　　時報應給付之款，每逢月底清算，不得拖欠。每
次攝影三里以內近道，車費免計；三里以外之遠道，
車費由時報供給。

　　地方上隨時發生有價值之新聞事情，時報如需攝
影製版，當然委託寶記代攝。倘遇寶記攝影員等先有
他約，不能應命時，時報得任便委託他家代辦。

　　此合同履行期內，寶記不得再為其他報館攝影代
表，時報館不得再託其他照相館為攝影代表。

　　此合同為無限期性質，如有一方面不願履行時，
須預先早一月通告取消，但未得通告取消前，仍然發
生效力。

　　合同簽定以後，寶記照相館拍攝的新聞照片便頻頻出
現在《圖畫時報》的版面上，筆者統計了一下，署名「寶
記攝」的照片僅在1至200期內就在百張以上，遠遠超過「英
明」、「心心」、「中華」等其他照相館，名符其實地成為
《圖畫時報》新聞照片的第一供應大戶，《時報》和「寶
記」獲得了雙贏。

　　如前所述，中國職業攝影記者的出現很晚，進入20世紀
20年代以後，始有人專門從事這一行業，故中國早期的新聞
事件、民俗風情以及政要名人的照片拍攝，一般均由照相

館的攝影師承擔；即使在20年代以後，也仍有不少照相館依舊在「攝影記者」這一領域內辛勤耕耘，並拍出了不少足以留傳後世的佳作。這方面，我們可以舉出很多例子。光緒二年（1876）由英商建造的上海至江灣鎮的吳淞鐵路是我國境內通車的第一條鐵路，定於7月舉行的通車典禮成為當時社會的熱點新聞。《申報》為凸顯自己的優勢，特請上海日成照相館拍攝通車時的熱鬧情景；而「日成」也鄭重其事地在報上刊出「啟事」：「本店現蒙《申報》館主託，照上海至吳淞火輪車影像，以便裝潢寄發各埠。訂於此次禮拜，即明日念五八點鐘，本店攜帶照相機器，前赴停頓火車處照印。惟肖物圖形，尤須點綴，故敢請紳商士庶，屆時來前，俾同照入，庶形景更得熱鬧，想有雅興者定惠然肯來也。特此預布。」[249]這張照片發行後轟動一時，成為中國早期新聞攝影的一個先例。與此同時，上海的一家著名照相館森泰相館的攝影師也走出店堂，拍攝了很多諸如官員出行、市民逛街、罪犯行刑等新聞時事和社會風俗照片，並將此製成明信片向來滬旅遊的外國人士廣泛發售。今天，這些照片已成為再現19世紀中晚期上海風情的寶貴形象資料，並頻頻出現在各中外著名拍賣行的拍賣圖錄中。創辦於清末的上海同生照相館以拍攝人物照片而著稱，同時，它也拍攝了很多風光時事照片，其中尤以反映1909年中國人自己築成的第一條鐵路——京張鐵路的新聞照片最為著名，這些照片新聞氣息強，攝影技術也達到了很高水準，堪稱中國早期新聞照片的典範。開設在上海南京路上的心心照相館在20年代拍攝了很多新聞時事照片，1925年五卅慘案爆發時，「心心」充分利用自己地

---

[249] 日成照相館：《拍照火輪車》，1876年7月15日《申報》。

域上的優勢，派出攝影師搶拍了很多直接反映事件的照片，並無償提供給《上海畫報》等新聞媒體發表，為後人保留了珍貴的歷史鏡頭。為此，《上海畫報》特地發文表示感謝：「此次滬上發生空前之慘劇，南京路一帶，戒備甚嚴，行人且不易通過。故攝影等事，無從著手，本社特請心心照相館，於無可設法中，攝取數影付印，以供眾覽。心心照相館之熱心匡助，本報至深感佩。今後該館仍允繼續供給各種攝影，本報當轉以貢獻於一般讀者。」[250] 1927年，王開照相館以高價獲得遠東運動會各比賽專案的拍攝權，然後將照片免費提供給各報社，「王開」的名聲也隨之不脛而走，這已成為現代企業巧於運作的一段經典案例；而1929年孫中山奉安大典時，「中華」、「王開」、「同生」等眾多照相館的積極參與採訪拍攝，1931年「一。二八」事變時，「羅芳」等多家照相館深入戰地，搶拍戰事照片，這些都從一個側面反映了這些企業的社會責任感。大約一直要到20世紀30年代中後期，職業攝影記者得到很大發展，照相館才逐漸退出新聞攝影的行列。

滬上幾家著名影樓

寶記

如果進行一次問卷調查：上海最有名的老照相館是哪一家？那麼，民國時期的十有八九會是「王開」，而晚清期間的則一定非「寶記」莫屬。事實上，我們今天尚能看到的

---

[250] 《感謝心心》，1925年6月6日《上海畫報》第1期。

清末人物肖像照，也以印有「寶記」館銘的居多。「寶記」
由廣東新會人歐陽石芝創辦，時間是1889年9月，據說歐陽
曾向羅元祐學生意，後在漢滬同昌公司主筆揮毫，設色修底
手藝堪稱一絕。1889年接手原麗華照相放大公司的設備開辦
「寶記」，因服務周到，作品精緻，受到眾多文人雅士的歡
迎；20世紀20年代初與《時報》簽訂合同，建立合作關係，
名聲更噪。歐陽石芝是康有為的學生，性喜交遊，一般文人
雅士多喜歡去他那裡拍照，並常常愛在照片上題詞寫詩。孫
寶瑄的《忘山廬日記》中就有其呼朋喚友多次到「寶記」拍
照、交談、歡宴的記載。這種交流方式成為當時文人墨客的
一種時尚。歐陽石芝自己也喜吟詩作聯，他曾撰有一聯，將
自己喜好的佛理及所從事的攝影行業都寫了進去：「圓鏡放
光明，照見本來面目；幻身觀自在，長留不壞金剛。」[251]他
也因此被稱為「最有書卷氣的影樓老闆」。歐陽石芝交友既
多，難免招待不周，當時就有譏諷他待人刻薄的流言，孫寶
瑄曾特地在日記中記了一筆，並為好友辯誣：「在上海，聞
有人譏歐陽石芝，謂其待人之禮貌，不無於貴賤貧富微有區
別，遂呼曰勢利之俗兒。余曰不然，此人之常情，不足為異
也。所謂勢利者，平日交好，一旦驟富貴，驟貧賤，而待人
忽改其常度者是也。若夫漫不相識之人，酬接之間，豈能一
律平等？」[252]

　　寶記照相館的館址，歷來說法混亂，就是《上海攝影
史》這樣的行業專著也無法說清。其實，「寶記」在約五十

---

[251] 參見孫寶瑄：《忘山廬日記》「光緒二十七年十一月二十二日」，上海
古籍出版社，1983年4月。

[252] 孫寶瑄：《忘山廬日記》「光緒二十九年八月二十日」，上海古籍出版
社，1983年4月。

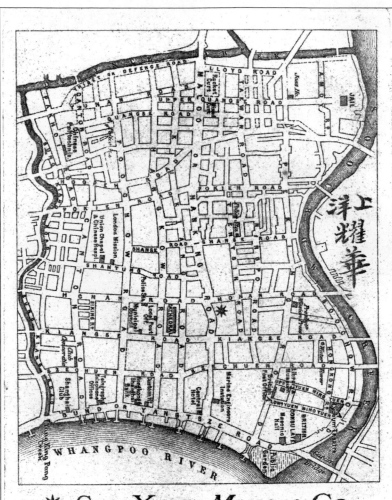

耀華照相館照片背面廣告

年間曾先後在南京路上搬遷了多次，每個年齡段的人只知其一而不知其二、其三，因此出現多種互相矛盾的說法也就不足為奇了。因篇幅有限，筆者無法在此詳加考證，只能簡而敘之：從1889年至1931年間，「寶記」先後有過五處館址，1889年創辦時位於南京路499號，1902年左右搬至377號，1916年由377號遷往542號，20年代初又搬遷到521號。1931年因舊屋翻造而搬往「新世界」隔壁，另造新屋營業。一家照相館在幾十年間這樣頻繁地搬遷，在行業裡恐怕也算得上獨此一家了。好在「寶記」並不因此降低服務水準，而是幾十年如一日視顧客為上帝，因而博得滬上眾多普通人家的青睞。筆者這幾年曾屢屢應邀為人鑑定老照片，過目最多的就是「寶記」的出品，甚至遇到一家幾代只認「寶記」拍照的。康有為說：「滬上之為攝影久且世而精妙者，應無出歐陽生可說並不誇張粉飾。」[253]歐陽石芝晚年因吃齋談佛而把「寶記」傳給兒子歐陽慧鏘。慧鏘畢業於南洋公學，幼承家學，頗有心得，著有《攝影指南》一書，屢次重版，康有為、張元濟等名人均曾為是書作序。歐陽石芝另有慧真、慧芳兩個女兒，也從小愛好攝影，至20年代中期，兩姐妹已先後挑起主持「寶記」業務的重擔。一家四人均從事照相館業務，且承接綿延垂四十餘年，當可算是創造了一項難得的記錄了。

耀華

在許多攝影專著中對耀華照相館都有所提及，而「耀華」老闆施德之中英混血的身分卻鮮為人知。施德之本名斯塔・塔爾博特（Star Talbot），施德之是他最常使用的中

---

[253] 康有為：《〈攝影指南〉序》，載歐陽慧鏘著《攝影指南》，1923年4月。

文名字，他還有一個中文名字叫施潤明。施德之一生經歷豐富，涉獵極廣。開辦耀華照相館之前他是一名電機製造商。1900年他開辦耀華施德之藥廠，生產的施德之濟眾水在很長時間內都是平民喜用的消暑良方。施德之癡迷中國古玩，自稱「耗去三十年血汗之資」搜求古董，總計達萬種左右。1930年他編印出版《中國美術》圖冊，收錄所藏180件古月軒瓷器中的102件，圖冊一經出版立刻引起古月軒瓷器收藏熱。1926至1929年間，施德之還曾連續擔任精武體育會會長一職。可以說，施德之在多個領域都獲得了成功，而其成功之路正是自耀華照相館開始。1888年，不到三十歲的施德之在博物院路（今虎丘路）61號開辦了一家沒什麼名氣的施潤明電氣機造廠，3年後即1891年搬遷到南京路42號。這裡原本是一家外商開設、名叫沙為地的照相館。兩年後，工廠搖身變為照相館，店招英文沿用施潤明三字（Sze Yuen Ming），中文店名則換成了更氣派的「耀華」。

施德之敢於在當時照相館開設最集中的南京路地段開店，除了勇氣，自有其過人的本事。翻一翻當年的報紙，「耀華」可以說是做廣告最多的一家照相館，而且每隔一段時間，它就會推出一款新鮮別致的服務專案，充分顯示了其大膽創新，敢於嘗鮮的胸襟。這裡，我們隨意從當時的報刊上截取幾段廣告，領略一下當年「耀華」的盛景：「大小各像，可照在五金、木器、瓷器、象牙及一切綢布，價均從廉；放大可放長至一丈四尺，闊八尺。」[254]「新增古裝及泰西、日本、滿漢男女衣服，一律鮮明，隨客所用，分文不加。」[255]「來耀華拍小照者，每款多送一張，分文不

---

[254] 1893年7月13日《申報》。
[255] 1894年5月5日《申報》。

加。」[256]「承接出門拍照，或家中大宴賓客，或大壽日亦可以，且不拘照片之大小，生意之多寡，一律惟命是聽。」[257]「新到獅子、虎、豹、大鹿、大洋狗等獸，以佐照像之用。」[258]「新法照像，能見人之前後左右全體。」[259]「耀華」還很善於做廣告，在其為客戶洗印的照片背後印有南京路一帶的地圖，並在地圖上標明「耀華」的具體方位，在不經意間就展示了自己，其效果要比單純印「某某照相館位於某某路」之類的廣告好得多，且很實用，容易贏得顧客的好感。

　　「耀華」的老闆施德之不但攝影技術精湛，且見解獨特，深諳以黑出白的用光美學，如他認為：「世人論相貴白而不貴黑，不知黑為陰，白為陽，陽非陰不顯，白非黑不浮，故骨格高底，鬚眉隱現，以及精神之流動，層次之深微，必藉黑以施其巧，倘白太多則像與紙平，焉能浮凸？」[260]這就突破了當時一般中國攝影師只用平光照明的做法。故施德之所攝的人像照，形象鮮明，立體感強，慕名而去者絡繹不絕，以致他只能掛出每天只拍三個小時的「免戰牌」施德之還頗能揣摩顧客心理，適時推出富於人情味的舉措。[261]晚清時分，良家婦女，閨閣小姐，礙於傳統禮教，很少出門拍照留影，她們尤其顧慮自己的照片被挪作他用，敗壞名聲。針對女性群體的這一普遍心態，當時很多照相館都作出了「莊嚴承諾」，而「耀華」更是體貼入微地表示：「倘有閨秀婦

---

[256] 1894年7月3日《申報》。

[257] 1894年9月20日《申報》。

[258] 1895年5月1日《申報》。

[259] 1897年5月26日《申報》。

[260] 參見1896年3月20日《申報》「耀華」廣告。

[261] 《上海攝影史》，上海人民美術出版社，1992年11月。

女不便出外拍照者，盡可相邀到府，玻璃底送還。」[262]連底片都答應奉還，這就徹底打消了別人的顧慮和擔心，揣摩心態可謂周到之致。1905年，施德之乾脆讓其長女在跑馬廳旁另設「耀華」西號，「專拍女照，以便閨閣」，父女二人在滬上競獻技藝，一時傳為佳話，而他的女兒也因此成為中國最早的專業女攝影師。[263]1900年，法國在巴黎舉辦世界博覽會，大家都知道，在這屆世博會上，美國人研製的巨型相機「猛瑪」（能拍1.4×2.4米的照片）獲得了大獎，從此馳名世界；而很少有人知曉的是，耀華照相館選送的照片也在巴黎世博會上喜獲獎憑，「耀華」因此榮幸地成為清末中國在世博會獲獎的唯一一家照相館，這也是「耀華」事業發展的巔峰時期。其時，日後在上海灘照相業如日中天的王開照相館店主王熾開，尚是「耀華」的一名小學徒。

同生

如果說，1880年之前開設的照相館寥若晨星的話，那麼，1880至1911年間則是上海照相業蓬勃發展的黃金時期。這期間創辦的照相館，保守估計也在百家之上，其中寶記、耀華、英昌、同生四家尤為出名，人稱清末上海照相業的「四大天王」。「同生」是這四家照相館中資歷較淺的一家，但發展迅猛，到民初前後，已成風頭最健之勢。

「同生」開設在四馬路上，老闆叫譚京堂（唐），也是廣東人。其手腕靈活，交遊廣闊，在官場中擁有極為廣泛的人脈關係。宣統初年，「同生」被聘進京拍攝光緒帝和西太后的葬禮照片，因活兒幹得漂亮，從此在北京紮下了根，並

[262] 1894年9月20日《申報》廣告。
[263] 參見《上海攝影史》。

得到很大發展。而上海的「同生」也仍繼續營業。起初北京「同生」的館址在廊坊頭條，後來在中央公園開設分號。二十世紀二十年代，譚景堂的侄子譚林北在天津開設「同生」分號。

　　我們今天看到的大量清末和北洋時期的名人肖像，很多都出自「同生」，其當時廣告稱：「屢蒙公府及各部署招往攝製，故歷任總統、總長、次長及名人各像無不網路盡致。」[264]名人肖像也因此成為「同生」的鮮明特色。值得一提的是，中國共產黨創始人之一的李大釗也曾在「同生」拍過照，1920年，他將自己的這幅肖像照親筆題贈給章士釗夫人吳弱男，而吳在晚年則將這張珍貴的照片捐贈給了上海中共一大會址紀念館。今天，李大釗的這件遺物已成為該館的鎮館之寶，並被評定為國家一家文物。「同生」還拍攝了很多風光時事照片，其作品曾多次在各類展覽會上被授予大獎。其中《京張路工攝影》是新聞特色較濃的一本攝影集，分上、下集，1909年由上海商務印書館出版，共收12寸大照片176幅。京張（北京到張家口）鐵路由中國傑出的鐵路工程師詹天佑等設計，是中國人用自己的資金和技術修築的第一條鐵路，1909年鐵路修建完工典禮時，清廷政府特令嘉獎，並撥出專款要求詹天佑委託北京同生照相館以玻璃底片拍攝下整個京張鐵路的全程，製作成書，以此紀念這一中華盛事。「同生」也不辱使命，非常出色地完成了清政府的委託。這本《京張路工攝影》全面介紹了鐵路全線完工通車的情況，新聞氣息強，攝影技術達到了很高的水準，裝幀也非常豪華精美，即在今天來看，無論從拍攝內容還是外觀裝

---

[264] 參見《實用北平指南》廣告，商務印書館，1919年。

幀，都堪稱一本非常出色的新聞藝術影集。詹天佑對「同生」拍攝的這本《京張路工攝影》非常滿意，曾多次以此圖集題詞贈予中外友人。

1929年出版的《總理奉安紀念冊》是「同生」拍攝的又一本出色的新聞攝影集，全書記錄了1929年5月26日至6月1日孫中山靈柩從北平碧雲寺起靈到南京中山陵止的全過程，共收有8寸照片160幅，既有大場面的全景照，也有細膩傳神的局部照，內容非常感人。「同生」攝製出版的這些成套作品，不僅真實記錄了中國近現代史上的重大事件，而且畫面耐人尋味，意境深遠，具有相當高的藝術水準，今天已成為珍貴難覓的重要歷史文獻，同時，它們也是當年照相館參與社會，反映現實的見證物。

時報、寶記1921年3月合同

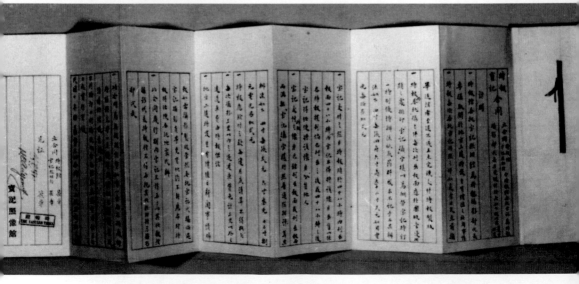

36 瞬間永恆
——上海圖書館藏歷史原照概述

　　古代中國，「圖書」並稱，史稱「左圖右史」。宋代
學者鄭樵在其《通志略・圖譜略》中就提到「古之學者為學
有要，置圖於左，置書於右；索像於圖，索理於書」。至近
代，這一傳統得到光大發揚，而「圖」的概念則有了質的變
化。1825年，法國人涅普斯發明了攝影術，從此，人類可以
通過一種載體永久地封存回憶，留住任何一個人們願意留住
的特定瞬間。由此以來一百多年的時間裡，攝影不僅作為一
門獨立的藝術得到蓬勃發展，而且已成為一門應用科學在社
會各個領域中佔據著重要地位。站在21世紀的門檻前，回首
過去的百年，近代中國的發展進程有幸與攝影術的發明和應
用幾乎同步，這一巧合使利用光影膠片完整地記錄中國近代
歷史成為可能，也使我們這一代人有機會形象地一覽百年，
將無數資訊碎片連接成一幅歷史長卷。

照片文獻的重要性

　　歷史曾被人說成是任人打扮的小姑娘，那是因為文字可以
不斷地改寫歷史。但科學技術的發展，卻終於使得許多真實的
細節和豐富的側面保存了下來。從這個意義上來說，照片可以
說是形象的歷史，它將逝去的一切定格為一個個永恆而真實的
瞬間，讓我們在溫故中重新打量歷史，重新認識我們原來自認
為已經認識或熟悉的人和事。可惜的是，這種認識來得晚了一
點。很長一段時間裡，歷史照片主要僅用作插圖，供學術研究
和通俗讀物比較形象地去吸引和打動讀者。這種情況直到今天
仍十分通行，照片在出版物中的位置決定於投資方案和生產費
用，而不取決於其本身所包含的資訊。許多學科的研究者都不
甚熟悉作為原始材料的照片，因而把它摒棄在自己的研究視野

之外。令人欣慰的是，這種現象現在已有了很大改觀。自二十世紀八十年代以來，隨著史學理論的合理重建，史學工作者不斷嘗試從多種考察角度、描述方式去構築新的「史」的模式，其中，圖史的模式是最引人矚目的，出書數量也最為豐富。過去，我們也能在一些研究著作中時或看到三、四幅或者十來幅插圖照片，但那通常只是起些點綴、陪襯作用，而圖史模式的史書則不同。這類史書一般收圖片在百幅以上，占全書一半左右篇幅，圖片的數量之多，使其與同類的純文字著作有著很大的不同。作者們將「圖」作為探索寫史的一種新形式，切入史的獨特側面，另闢蹊徑，以史為徑，以圖為緯，以史統圖，以圖出史，力求圖有神采，文有情趣，在以生動、簡潔的語言勾勒歷史線索的同時，對圖片加以畫龍點睛的闡釋，將趣味性、知識性、學術性較好地結合在了一起。人們常用「難以言狀」這句成語來解釋語言文字功能的固有缺陷，而傳神的圖片恰恰彌補了這一缺陷。其實，照片也是一種語言，一種直觀的語言。在很大程度上，人們重視的並非照片本身，而是那張特殊的紙上所託載的形象資訊，資訊越豐富，形象越豐滿，題材越重大，細節越生動，照片的價值就越大。當那些破舊發黃的圖片穿越時間隧道，拂去歷史塵埃，集中陳列在我們面前時，我們被激發的感受與誘發的聯想絕不是文字描述所能代替的。

今天，已有越來越多的學者發現，照片是一種很有價值的資訊源。用具體的圖像來反映一段歷史的進程，一樁事件的過程，一個人物的故事，一家公司的興衰榮哀，一座城市的發展變化，比起文字文獻來顯然更形象生動，並令人一目了然。它的清晰、明確、真實、細膩的特點，是其它任何載體文獻無可比擬的，因此能更好地為研究提供依據，為書刊出版提供資料，為社會大眾提供資訊，故有

著極其廣泛的利用價值。例如，歷史學家往往通過對普通人的研究來探尋歷史，他們發現，在很多家庭照片集和地方文獻照片中彙集了豐富的材料，它們所提供的資訊和證據，正是其它文獻所缺乏的。社會學家、民俗學家則把照片當作一種分析工具，用來研究社會結構、社會行為和社會價值模式等，婚喪嫁娶和社會其它傳統慶典的照片，送往迎來及展示其它民俗風貌的社會風情照片，都是可供研究的絕好材料。城市史學家和城市規劃人員，往往對一些歷史建築的照片頗感興趣，因為許多被規劃進城市保護計畫的建築已經遭到毀壞或者改變了模樣，無法看出原貌，只有在歷史照片的幫助下，才有可能復原。文藝工作者在籌備一部新作品時，案頭常常需要大量的歷史照片，以幫助自己沉浸在歷史氛圍之中，體驗歷史人物的心路軌跡和服飾裝扮，探索那個時代的風俗民情。資訊時代，具有多種資訊源的歷史照片正越來越受到人們的重視。

歷史原照的價值優勢

目前，我們正處於一個資訊時代，照片文獻作為一種重要的資訊資源，正以它形象、直觀的優勢，顯示出強大的生命力。但當今市面上所能看到並使用的所謂歷史照片，大部分都是後人從各種文獻上翻拍的，有的甚至經過了多次輾轉，成像清晰度大打折扣，裡面內容也已習見不鮮。正是在這些層面上，原照的優勢顯現無遺。對歷史原照，在業界有嚴格的認定標準，即指用當年生產的相紙以原始底片沖印放大而成的照片。由於早期攝影底片一般尺寸較大，且沖洗工藝普遍採用傳統的銀水藥液，故放大還原的照片品質較好，

具有很高的清晰度，且成像均勻，紋路細膩，光線柔和，紙面泛有銀光，具有歷史滄桑感，今天很難仿冒。

由於各種歷史原因，上海圖書館收藏了大量珍貴的歷史原照，刊有照片的文獻資料更是不勝其數，這為歷史照片的整理和研究打下了堅實的基礎。早在二十世紀九十年代初，上圖就舉辦了以歷史照片為主的「上海建城七百年圖片文獻展」等多個大型展覽，贏得社會廣泛好評，也取得了寶貴經驗。1995年，上圖在創辦上海地方文獻專室時曾進行過多方面的考察和比較，決定把工作重點和發展方向放在歷史圖片的發掘、研究和開發上，先後整理翻拍了兩萬餘張歷史照片，出版了《老上海風情錄》等多種大型圖錄，為眾多海內外團體和個人進行了專業諮詢，獲得了豐碩成果。近年來，上圖更組建了「上海年華」專項課題組，致力於歷史照片的研究，並開展了對塵封已久的大量歷史原照的整理，開拓出一片嶄新的天地。

和翻拍照片相比，原照的最大優勢就是它的清晰度。一張相同場景的照片，如果將原照和翻拍照放在一起比較，原照不但所有人物和場景都清晰可辨，甚至服飾、器物的細部都一清二楚，二者在文獻價值上的優劣立判高下。其次，原照有私密性的特點。很多歷史原照由於各種原因深藏秘密，從未公開披露過，猶如一座資源豐富的礦藏，一旦開發，其價值是難以估量的，各行各業的專家學者乃至普通的研究者和平民百姓，都有可能從中探尋到寶貝。這些寶貝究竟是什麼？非整理人員能夠界定，有待眾人從不同角度、不同感知去尋覓。正是這種不確定性，使原照充滿了神秘的魅力，也讓人們對它們寄予期望。歷史原照還有一個特點，即它們往往出自一個家庭，甚至一個家族。因此，不但數量龐大，

涉及面也特別廣,除了家族成員,親朋好友、門生故舊、上
司下屬等等都可能在同一批照片中出現,且往往有相關事主
在照片上註明人物名字、身分和彼此間的關係,甚至會有人
物、事件背景的詳細描述,有時,一個家族的照片甚至就是
一個很好的研究專題,且通常具有唯一性,故其文獻價值很
大,蘊含的資訊資源也特別豐富。除此以外,歷史原照本身
還具有特殊的審美價值。當我們面對一張有著幾十年甚至上
百年歷史的照片,那發黃變暗今天已難以複製的紙基、獨特
不可再生的歷史場景、散發濃郁時代特色的照片裝幀⋯⋯一
切都給予我們以心靈震撼和視覺衝擊。這種歷史滄桑感是那
些百人一面樣式、成千上萬發行的印刷物所無法比擬的,如
果這張照片是經過某政要名人親眼凝視、親手摩挲、親筆題
簽過的,那種獨特的感覺會一下子拉近我們與歷史的距離,
感覺時光倒流,餘韻無窮。

若論歷史照片的文獻、文物價值,業界一般認為:年代
距今愈久、拍攝者的名氣愈響、反映的歷史事件愈重大、展
示的民俗民風或名勝古蹟今天已經消亡消失,這樣的照片就
愈有收藏價值,其增值空間也愈大。但所有這些必須具有一
個前提,就是這些照片必須是歷史原照,如是翻拍的,那就
得另當別論了。

隨著收藏市場逐漸火爆,歷史照片的收藏也漸漸升溫,
不少老照片的拍賣價漲勢喜人。2002年的中國嘉德拍賣會
上,一組民國時期反映青藏高原的歷史照片以4.4萬元成
交;2003年舉行的中國嘉德拍賣會上,一張上海外灘景色長
卷和英美艦船行駛在黃浦江上的老照片,以14.8萬元的高價
成交,遠遠高出估價;2003年底北京華辰秋拍,中國早期攝
影大師郎靜山的《願作鴛鴦不羨仙》和《疏林巒影》,分

別以4.4萬元和2.2萬元成交；2004年5月舉行的華辰春節藝術品拍賣會上，估價為3萬至3.5萬元的郎靜山攝影作品《石徑歸人》和《雲山茅屋》，以總價6.6萬元成交。國外的資料更令人瞠目，1999年，倫敦蘇富比舉行的一場老照片專場，總成交額達740萬英鎊；2002年，一張被認為世界上最早的照片在巴黎拍出了45萬歐元（約合人民幣500餘萬元）的天價。這些得以登上拍賣大廳的攝影作品，無一例外都是歷史原照。今天，歷史原照的上拍和影像專場的開設，已為很多拍賣公司所實施，尚未涉足這一領域的，也大都虎視眈眈地盯著這一塊誘人的「大蛋糕」，隨時準備上陣拼殺，這也從一個側面反映了原版照片的歷史價值和審美價值。

上海圖書館於2007年舉辦照片大展並出版相應圖錄，所展出、收錄的照片全部為歷史原照，其中約有半數以上的照片內容是從未公開披露過的。這些照片資訊蘊藏量既鮮活生動，又細膩豐富，不同領域、不同層次的人都可能從中獲取自己需要的東西，並開拓出一片新的天地。我們之所以在這裡特別強調這一點，是因為這些照片是真正意義上的「歷史原照」，它們不僅僅只是直接從原底沖印，而且是長期沉睡庫房，「養在深閨人未識」的原始文獻，即從未經過任何角度的肢解、誤讀和篡改，是一片純淨的處女地，各人從不同的角度去觀察解讀，所謂「橫看成嶺側成峰」，這張白紙有可能畫出最美的圖畫。

上圖館藏原照的幾項特色

由於歷史的原因，上海圖書館館藏的歷史原照大都長時間沉睡在庫房裡，很少有與公眾見面的機會，有的甚至在世

上僅存一份，堪稱孤品。各人從不同角度對其畫面景物的觀賞研讀，都是一次原始新鮮的品味，完全有可能激發起意想不到的觀感，其文獻價值是顯而易見的。這些歷史原照，內容廣泛，時間悠久，品種豐富，數量眾多，是一座難以估值的文獻富礦。筆者在此僅稍加選擇，略作介紹，挂一漏萬，在所難免。

人物照片

歷史照片中人物照是大宗，上海圖書館收藏的歷史原照有不少是顯赫人物的家屬所捐贈，也有接受相關人物檔案移交的，故人物照更多。這些照片有幾個顯著特點。首先，人物名氣大，很多是各個領域內的著名人物，有的甚至是影響歷史進程的關鍵人物，如孫中山、李鴻章、瞿鴻禨、朱啟鈐、唐紹儀、張學良、宋美齡、葉恭綽、章宗祥、劉承幹、黃佐臨等。其次，這些人物身居高位，兼職很多，和各類重要活動和事件多有關聯，故照片數量多，品質精，專檔中還夾雜有大量同僚、朋友及家屬成員的照片，涉及面非常廣泛。第三，因照片原係私人收藏，有很多是從未披露的「私房照」，又多涉及名人大事，所蘊含的資訊也因此而顯得異常豐富，文獻價值很大。

由於這些照片數量浩瀚，涉及人物廣泛，時間跨度更長達百年以上，故稍作辨析歸類，就可分理出：清晚期君臣系列、北洋政府系列、國民政府系列、電影戲劇・新聞出版等文化領域人物系列、金融銀行・工商實業等經濟領域人物系列，以及外國來華人物系列等等，堪稱一個龐大的近代人物照片寶庫。清末民初的這幾十年，勾聯兩個世紀，承接兩朝紀元，期間東西方文明碰撞，種種思潮湧動，政局錯綜複

1943年宋美齡在美國

雜，重大歷史事件頻發，由此出現了英才與梟雄迭出，大師與聞人並進的局面。而這些風雲人物的決策言行，不單決定了他們個人的榮辱沉浮，更牽動著國運的興衰起落，因此，與之相關的影像資料也就顯得彌足珍貴，它們在某些方面是不可或缺的史料文獻，可補文字不足。這些照片中，有不少是平時難睹真容的神秘人物；也有部分人物照雖然在近年出版物中屢被引用，但因本非原照，加之輾轉翻拍，因此畫面模糊不清，致使使用價值大為降低，因此就凸現了上圖所藏這部分人物原照的價值；更有一些照片，人物活動的場景、

涉及的領域是以往鮮為人知的，因而頗具文獻意義，可稱珍罕。這裡略舉幾例：

唐紹儀是清末民初政壇的一個重量級人物。他是中國最早一批官費留美學生之一，回國後歷任侍部、尚書、巡撫和對外交涉大臣等要職。辛亥革命時期，他代表袁世凱參加南北議和，並出任民國第一任總理。抗日戰爭爆發後，他成為各種政治力量爭奪和拉攏的對象，1938年9月，在上海寓所被軍統特務刺殺身亡。唐紹儀作為中國近代歷史上的重要人物，一直受到各界關注，出版有不少研究論文和論著，並召開過多次學術研討會，對他的評價也更趨客觀，其晚節未失的觀點已為學界所公認。上圖收藏有關於唐紹儀生平和活動的大量照片，大部分未曾公開披露，且尺寸碩大，部分照片上還有唐紹儀的親筆題跋，對研究唐紹儀其人及清末民初的政壇，都不乏文獻價值。

宋美齡1942年11月至1943年6月對美國的訪問，是中國抗戰期間一件有影響的大事。在長達7個多月的訪問中，宋美齡通過報紙、雜誌和無線電廣播等多種管道發表演講，強調中美兩國的傳統友誼，宣傳中國抗日戰爭的偉大意義。同時，她也積極會晤和遊說美國政界要人，並直接參與了中美間一些重大問題的交涉和談判；她還出席各種民間外交活動，在美國民眾中留下了良好印象。總體來看，宋美齡的美國之行起到了一定的積極意義，喚起了美國朝野對中國抗日戰爭的普遍關注，爭取到美國政府一定數量的軍事援助，以及民間慈善團體的各種捐款。上圖收藏了有關宋美齡這次訪美的全套歷史原照，詳細記錄了這一重要事件全過程。照片全部由職業攝影師拍攝，抓拍技巧高，動感強，尺寸達到26×20cm，畫面生動清晰，對相關文字記載是一種重要的文

獻補充。

外交活動是李鴻章洋務活動的重要方面，晚年的李鴻章幾乎參與了清廷所有的重要外事活動。自19世紀70年代起，李鴻章就代表清政府辦理了天津教案、中秘華工教涉、中法新約、中俄秘約、馬關條約和辛丑合約等多起對外交涉事件。無論是在生前還是身後，關於他的爭議就從未停止過，研究中國近代史，李鴻章是一個無法繞開的關鍵人物。2007年8月，安徽教育出版社以煌煌39卷，總共2千8百萬字的浩大篇幅推出了《李鴻章全集》，是為國家古籍整理的重點專案，也是國家清史基礎工程的大型文獻整理專案。「全集」按照奏議、電報、信函和詩文四部分類編年，幾乎囊括了所有有關李鴻章的文獻，是目前出版的個人著作中篇幅最巨、字數最多的一部，凝聚了全國30多位專家學者歷時15年的心血。但也仍有遺憾之處，如有關圖像文獻就少之又少。李鴻章的照片很難收集，尤其原照，多年未見新的發現，這方面，上圖所珍藏的李氏家族歷史原照系列很可能就是最大的一座「富礦」了。這些照片記錄了李鴻章晚年外交活動的很多重要歷程，大部分是圖像清晰、尺寸碩大的當年原照，尤其珍貴的是部分照片上還有李鴻章本人的親筆題跋和其兒子李經邁的題注說明，對瞭解事主心態和照片背景極有裨益，具有很高的文獻、文物價值。有些照片，外間雖有流傳，但和上圖保存的原照相比，其間差距顯然不可以毫釐計。如1901年9月7日，清政府全權大臣奕劻、李鴻章與英、美、法、俄等11國駐華公使訂立《辛丑合約》，這是中國近代史上的重要事件，中學歷史課本上也有詳細記載，簽訂條約的照片也因此被廣泛引用。然而，所有文本使用的這張照片都頗顯模糊，有些人甚至全然看不清臉部和身體輪廓，如位於

照片右側簽約的清廷全權代表除奕劻、李鴻章外，第三人的頭臉就始終漫漶難辨。但在上圖所藏的出自李鴻章照片專檔中的那張簽訂條約的原照卻顯得異常清晰，不但這第3個代表、外務部右侍郎聯芳明晰可辨，甚至連後面站立的所有隨行人員和談判桌上的器物細部都一清二楚。這就是歷史原照的權威所在，原照和翻拍件二者在文獻價值上的優劣立判高下。

簽名題跋照

所謂題跋，是指在書籍、字畫、碑帖等物品上的題記文字，標於前者稱題，繫於後者為跋，統稱題跋。它約始於唐，行於宋，而後代代相傳。如果說，古籍善本和字書碑帖往往一經名人題跋即身價百倍，那麼，歷史原照上名人政要的品題同樣不容忽視，何況這些筆墨印痕還往往見證了一段凝重的歷史。上圖收藏的歷史原照因關涉眾多名人，故簽名題跋照特別多，有的僅有照片主人的瀟灑簽名，有的則上、下款及簽名的時間、地點俱全，頗顯規範；還有的甚至書寫有大段題跋，其注明的史實、抒發的情感值得我們重視。

贈人照片並簽名留念是清末民初時期的流行時尚，也是體現贈照人鄭重心理的一種表示。照片是比較私密的物件，非關係密切者一般不會隨意相贈。如在照片上親筆簽名題跋，那就更能顯示出贈、受兩人關係的非同一般。此外，清末民初的消費水準不高，照片是舶來之物，價格遠較一般尋常之物昂貴，一張放大精裱的照片，其價往往可能超過一個普通職工的月薪，故簽名贈照之事一般均發生在中、上層人物和殷實家庭之間。親戚朋友、門生故舊、同僚之間、上峰下屬以及拜把兄弟，甚至冤家對頭，都有可能通過這一張薄

左上 ｜ 民初青樓中人送給顧客的留情小照
右上 ｜ 唐紹儀1920年題跋照
下 ｜ 清末上海耀華照相館內景

薄的、題有墨蹟的照片去傳遞資訊、抒發情感、互通款曲、彌補縫隙，其背後往往會牽涉到一些風雲人物，或和一些重要事件有關。

　　如果略作歸納，題跋照大致有這麼幾種情況。首先是照片主人的親筆題跋。一般往往是步入老年、退隱之後，在整理照片、回顧人生時有所感觸，於是情不自禁，援筆題寫。這對研究人物的心路軌跡是一種比較可靠而以前又往往缺少重視的獨特文獻。其次是家屬、親戚、朋友、下屬等相關人物的補注說明。由於他們與照片主人的關係特殊，故這類題跋注明的內容往往具有較強的文獻價值，有的甚至是捨此無人知曉的獨家史料，尤其值得關注。再者是照片主人因人所請而提筆書寫，類似今天的讀者買書後請作者簽名。這類題跋一般較多應景話，但如果兩人關係特殊，則也有可能筆下流淌出真情之語。上圖珍藏的歷史原照中，題跋照片是一大特色，幾乎張張背後都有一段往事可述，值得後人去爬梳剔抉，鉤沉索隱。如上圖珍藏有一張孫中山贈尚周的簽名照，經考證，這位尚周先生即1872年中國第一批官派留美學生中的一員，姓牛，名尚周，字文卿。他和宋耀如有頗多交往，宋耀如和倪桂珍的結識，他是兩個牽線人之一。牛尚周的妻子是倪桂珍的大姐倪桂清，故他是宋耀如的連襟，也是宋慶齡的姨父。這張照片的發現，對解讀孫中山與宋家親友間的關係顯然大有裨益。上圖這次發現的孔祥熙、張學良、閻錫山、胡適等政要名人三十年代贈送給胡美博士的一批簽名照，對學術研究也頗有價值。胡美是美國人，原名愛德華·休姆（Edward H. Hume, 1876－1967）。他20世紀初來華，1914年春在長沙創辦有「北協和，南湘雅」之稱的湘雅醫學院，歷任湘雅醫院院長、湘雅醫學院首任教務長、雅禮大學

曹汝霖題1905年東三省善後會議攝影照

校長等職。他是基督教在華醫療事業的重要人物，以往學術界對他的研究大都局限於1927年他返回美國之前，而此次這批中國政要名流題贈胡美照片的發現，則對他1934年重返中國後的活動提供了很有意義的線索。再如，1905年12月22日，清政府全權代表奕劻、瞿鴻禨、袁世凱與日本政府全權代表小村壽太郎和駐華公使內田康哉各率一班隨員，經過二十二次會議近三十五天的談判，在北京簽訂了中日《會議東三省事宜正約及附約》（又稱《滿洲善後協約》），這是中國近代史上的一個重要事件。上圖的瞿鴻禨照片專檔中有一張簽約現場的原版照片，上有事件中方當事人瞿鴻禨的一段親筆題跋：「光緒三十一年乙巳孟冬，以東三省事，中日議

約於練兵公所，十一月二十六日約成，兩國全權大臣簽押既畢，拍照合影。坐者五人，慶邸之右為小村大使，左為內田公使，慰庭制軍居小村之右，予居內田之左，隨同與議者為唐侍郎紹儀、鄒右丞嘉來、楊參議士琦、金檢討邦平、曹主事汝霖五人，日本則山座、落合、鄭永邦、高尾君四人，餘不備書。鴻禨記。」這段題跋將事件的起因及簽約的時間、地點和主要人物都交代得一清二楚。無獨有偶，上圖還收藏了曹汝霖題跋的同一照片。曹是1905年參與中日談判的中方五名隨員之一，十年後，他和陸宗輿、章宗祥因代表北洋政府簽訂賣國的「二十一條」而聲名狼藉，1919年還由此引發了波瀾壯闊的五四運動。1948年底，時曹汝霖正在上海，和葉景葵等人時有往來，並應葉之請，在這張拍攝於四十三年前的照片上寫下了如下一段題跋：「光緒三十一年乙巳孟冬，日俄戰役告終，中日全權開東三省善後會議於北京。兩國約定列席者各五人，余以末秩忝列議席。袁全權對於東三省權利爭之甚烈，歷一月有半之久，僅允日人繼俄人旅大租借權、南滿鐵路權、撫順煤礦及合辦鴨綠江森林，東三省不修併行線，舉舉數大端而已。日人以未償其欲，深致不滿，終提廿一條之要求，卒釀『九‧一八』事變，浸及於世界二次大戰。倖獲勝利，還我河山。曾幾何時，戰火蔓延黑龍江、長白山，以迄山海關內外，東三省前途尚未可知也。戊子孟冬，余居滬上，揆初先生出視議約全權及隨員合影，屬記其姓氏，因就記憶所及者記之。回首前塵，感慨繫之矣。戊子冬日，覺盦謹誌。」題跋中隱約含有為己辯白之意，從中也能感受到曹汝霖在事過多年之後的複雜心態。這兩張照片，正典型反映了題跋照片的特色和價值。

總括而言，歷史照片本身的價值，再加上題跋者的顯

赫地位和親歷身分，兩者相加，題跋照片的重要性是顯而易見的；而同僚、下屬以及親朋故友的題跋，則有助於我們比較全面地瞭解照片主人的社會關係網。此外，題跋照片一般都有上款，受贈者為何不能保存此照？其散佚流失的經過，背後也往往蘊含深意。題跋照片的文獻、文物價值乃至經濟價值，業界目前還沒有統一規範的衡量尺度，一般只能通過作品在攝影史上的地位，作品的題材和拍攝年代，由何人所攝和曾經何人收藏、題跋，以及作品的存世數量和尺幅大小等諸種因素來綜合評估。但由於照片題跋者往往是當時社會的名流政要，有不少還在書法上造詣頗高，享有盛名，他們的題跋無疑會提高照片的知名度，增強可信度，提升照片的品味和價值。故總的說來，題跋照片要比一般歷史照片更具文獻價值，也更有觀賞性。然而，與書畫碑帖、古籍善本的題跋相比，長期以來，題跋照片顯然沒有得到人們充分的重視，至今鮮見有人提及，遑論系統的整理和研究了。今天，我們既要充分重視題跋照片具有的多種價值，認真考證，加以研判，努力挖掘它們背後隱藏的故事，又要小心謹慎，甄別真偽，防止弄假成真。總之，此一領域，是一塊尚未開墾的處女地，亟待有識之士善加開發和利用。

照相館照

在近代傳入中國的諸多西洋文明中，攝影是比較早的一種。大約在19世紀40年代中晚期，中國的一些沿海通商口岸城市就已有照相館開張營業的記載。因迎合了人們趨時喜新的心理和都會發展的需求，照相業在各大城市中擴展很快，據統計，在19世紀下半葉，僅上海一地開設的照相館就超過了50家，照相業也因此在當時成為了一門欣欣向榮的時尚行業。

　　20世紀初，隨著新聞事業的發展，對新聞時事照片的需求也愈來愈廣泛迫切，1902年出版的《大陸》雜誌、1904年出版的《東方雜誌》，都開始較多地採用刊登新聞照片，以後，隨著製版技術的進步，時事照片在新聞報導中得到了更普遍的應用。但當時尚無專業人士去採訪拍攝新聞，時事照片的提供明顯有著臨時、隨意的特點。中國職業攝影記者的出現很晚，進入20世紀20年代以後，始有人專門從事這一行業，故中國早期的新聞事件、民俗風情以及政要名人的照片拍攝，一般均由照相館的攝影師承擔；即使在20年代以後，也仍有不少照相館依舊在「攝影記者」這一領域內辛勤耕耘，並拍出了不少足以留傳後世的佳作。這方面，我們可以舉出很多例子。光緒二年（1876）由英商建造的上海至江灣鎮的吳淞鐵路是中國境內通車的第一條鐵路，定於7月1日舉行的通車典禮成為當時的熱點新聞。《申報》為凸顯自己的優勢，特請上海日成照相館拍攝通車時的熱鬧情景，照片刊出後轟動一時，成為我國早期新聞攝影的一個先例。與此同時，上海的一家著名照相館森泰相館的攝影師也走出店堂，拍攝了很多諸如官員出行、罪犯行刑等新聞時事和社會風俗照片，並將此製成明信片向來滬旅遊的外國人士廣泛發售。今天，這些照片已成為再現19世紀中晚期上海風情的寶貴形象資料。創辦於清末的上海同生照相館以拍攝人物照片而著稱，同時，它也拍攝了很多風光時事照片，其中尤以反映1909年中國人自己築成的第一條鐵路——京張鐵路的新聞照片最為著名，這些照片新聞氣息強，攝影技術也達到了很高水準，堪稱中國早期新聞照片的典範。開設在上海南京路上的心心照相館在20年代拍攝了很多新聞時事照片，1925年五卅慘案爆發時，「心心」利用自己地域上的優勢，派出攝影

師搶拍了很多正面反映事件的照片，並無償提供給《上海畫報》等新聞媒體發表，為後人保留了珍貴的歷史鏡頭。1927年，王開照相館以高價獲得遠東運動會各比賽專案的拍攝權，然後將照片免費提供給各報社，「王開」的名聲也隨之不脛而走，這已成為現代企業巧於運作的一段經典案例；而1929年孫中山奉安大典時，「中華」、「王開」、「同生」等眾多照相館的積極參與採訪拍攝，則從一個側面反映了這些企業的社會責任感。

綜上所述，我們可以說對照相館的研究是中國攝影史研究的重要組成部分，也是社會史、城市史研究不可或缺的一個環節。然而遺憾的是，在諸種專業史的研究中，攝影史的研究一直比較薄弱，對於有著濃重商業文化色彩、以營利為主的照相館，就更缺少關注了。中國的各大城市中，至今無一家能拿出一份比較完整的早期照相館名錄，對其進行研究就更難以進行了，以致有關攝影史專著中，在敘述早期照相館活動時錯誤連連，而發現一份20世紀頭十年的遺物就要連稱珍罕了，這些現象正說明了我們研究視野的狹窄。

上海圖書館收藏的歷史原照中，清末民初的照相館專題是比較顯眼的一個專題，僅上海地區，就能整理出約百家照相館拍攝的照片，其中不乏公泰、寶記、耀華、光繪樓、英昌、麗華、同生等早期著名影樓；外埠一些著名照相館拍攝的照片，如北京豐泰、天津福生、杭州二我軒、廣州豔芳、長沙鏡蓉室、香港璸綸等，上圖也都多有收藏。在這些照片上，照相館地址、館銘中英文名稱、門牌號碼和影樓電話、老闆姓名以及遷移更名記錄等等原始資訊，都有可能一一找到。對研究中國早期攝影，這是非常難得的實物，既有文獻價值也有文物價值，應該引起我們重視。

專題攝影集

　　清末民初，由於受製版條件的限制以及其他一些原因，出現了不少用手工方式編印發行的專題攝影集。當時，一般用玻璃版原底直接曬印成照，然後手工裱貼在硬紙板上，每頁一幅，彙編成冊，留作紀念，以供流覽；使用的照相冊，大都經過特製加工，裝幀豪華精美，且往往封面鑲嵌銅牌，三面書頁燙金。攝影集上裱貼的照片，尺寸一般均在20×30釐米之間，這在當時可說是最大尺寸的單幅照片了。這種攝影集由於攝製編印的成本較高，故一般均請攝影名家或著名影樓擔綱拍攝。清末民初，拍照是一件費時費力又費錢的麻煩事，攝影師外出拍照常需帶著幾百斤重的設備，故拍攝之前攝影師大都經過周密謹慎的構思、取景、用光，因此這一時期拍攝的照片，無論是技術上還是藝術上都達到了高峰。我們打開清末民初製作的專題攝影集，其中的照片大都構圖嚴謹，曝光精確，成像清晰，品相完好，代表了當時攝影作品的最高水準。製作發行這些專題影集的，一般都是大戶人家和著名機構，有時甚至是官府衙門，只有他們才有這樣雄厚的財力打造如此精品佳作。當然，這種純用手工精心製作的影集，在當時往往是作為高檔禮品而策劃的，顯然印製數量不可能很多，留存至今，就更為稀見了，故無論是照相工藝還是文獻價值，都彌足珍貴。

　　手工製作專題攝影集在清末民初頗為流行，進入20年代以後逐漸減少，但仍有沿襲舊法製作這類手工影集的，抗戰勝利以後則基本絕跡。從外觀上來說，愈是早期的攝影集，裝幀製作愈是精美考究，因當時限於條件很難將照片製版印刷，而手工製作數量必定較少，甚至有可能是孤品一份。因

此，主事者就是把它當作正規而有限量的出版物來製作的，非常鄭重，也捨得花錢；而時代愈是晚近的攝影集，裝幀製作則愈顯粗糙，主事者一般把注重點放在照片的拍攝取景與選擇上。因為那時照片的製版印刷已普及，非常方便，攝影集中的照片有不少甚至會在挑選後公開出版，故你這一本攝影集只是有別於印刷品的原件，在照片數量、文獻價值上，以及收藏、紀念等等方面要強於印刷品的原件，主事製作者對其的敬畏神秘感顯然要遠遠遜於早期。

上海圖書館收藏的手工製作專題攝影集數量眾多，其中較有影響的有1904年的《北京庚子事變照相冊》、1909年的《京張路工攝影》、1910年的《南洋勸業會攝影集》、1911年的《津浦鐵路南段攝影》、1925年的《紀念孫先生照片之一》、1934年的《雷士德工學院和雷士德醫學研究院》、1936年的《中國南洋商業考察團》，以及清末民初的《浙江風景》、《北京名勝》、《香港風光》、《曲阜勝景》等，距今時間大都在百年左右。這些攝影集製作精美，存世稀少，每本內容都堪稱一個精彩的近代史研究專題，不少影集上甚至還有製作者或拍攝者親筆書寫的說明，其重要價值顯而易見。筆者現略選一二，稍作敘述。

京張路工攝影

所謂京張，指北京和張家口。這條鐵路全長201公里，始建於1905年10月，1909年9月竣工。整個工程歷時4年，用銀1046萬元，不僅比原定工期提前了一年多，還節省了大約4%的工銀。京張鐵路的意義在於，這是由詹天佑出任總工程師主持建造、完全由中國人自己修築的第一條鐵路，它極大地振奮了民族精神，成為近代歷史上國人自強不息，科技

1909年出版的《京張路工攝影》

興國的典範。《京張路工攝影》為上、下兩冊，係反映京張鐵路沿途各主要路段、車站以及工作場景和通車典禮盛況的留影，共計183張照片，尺寸為27×21cm。攝影集裝幀精美，紫紅絨布覆面，封面上鑲嵌有鎸刻著「京張路工攝影」的銅牌，莊嚴而大氣。影集為1909年京張鐵路修建完工典禮時，清政府特令嘉獎，撥出專款讓詹天佑委託北京同生照相館以玻璃底片拍攝下整個京張路的全程，手工製作成書，以此紀念這一中華盛事。該影集主要作為高檔禮品贈送，製作數量不多，存世更少，今天已成為珍貴的文化遺產而名揚學界和收藏界。

南洋勸業會攝影集

南洋勸業會的舉辦直接受到世博會的影響。1905年，清政府派遣載澤、端方等五大臣出訪歐美考察。端方等在國外除考察各國政治外，還注意留心各國的博覽會，對博覽會的作用有了比較深刻的印象和認識。端方回國後即奏請在江寧（今南京）舉辦南洋勸業會。1909年7月，清廷下諭同意開辦南洋勸業會，同時任命新任兩江總督兼南洋大臣的張人駿為勸業會會長。1910年6月至11月，南洋勸業會在江寧召開，除蒙古、西藏、新疆外，全國22個行省全都呈選了展

1901年9月7日李鴻章和慶親王代表清政府與眾列強簽署辛丑合約

品，英、美、德、日以及東南亞各國也都有展品送展。南洋
勸業會歷時半年，參觀人次達30多萬，它的成功使社會形成
一股宣導實業的風尚，不少教育和實業團體也由此而成立。
影集以桔紅色絲絨覆面，書頁三面燙金，頗為豪華。共收
照片整100張，有三種尺寸，其一為大型照，26.8×20.5cm，
共30張，大多係大場面外景照，如南洋勸業會牌樓、廣場、
會場和各專業館外景等；其二為中型照，20×14cm，共28
張，多為各地方館外景照；其三為小型照，13.8×9.8cm，共
42張，主要展示各場館內景。無論是外景照還是內景照，畫
面均人跡稀少，有的甚至空無一人，顯然是勸業會開幕前請
人拍攝存檔所用，具有鮮明的官方色彩。影集內照片曝光準
確，構圖均勻，當出自專業人士之手，估計應是請專業照相
館所攝。反映南洋勸業會的圖冊當時出版不少，但無論從視

覺上還是品質方面來比，顯然都不及這本影集。

紀念孫先生照片之一

1925年3月12日，偉大的革命先行者孫中山在北京逝世，終年59歲。家屬尊其遺願，將他的遺體像列寧一樣保存，並選擇南京紫金山作為安葬地。當時軍閥仍在混戰，政局不穩，要將孫中山的靈柩運往南京顯然頗不穩妥，故他的靈柩被暫厝北京西山碧雲寺，直到1929年5月始移往南京舉行奉安大典。反映孫中山後事的照片，時人所見大多是展示1929年奉安大典的情景，直接針對1925年孫中山逝世後追悼活動的照片則很少見。這本《紀念孫先生照片之一》由北京同生照相館所攝，共收照片46張，比較全面地反映了1925年孫中山逝世後北京的追悼活動，如孫中山行館內設的靈堂、宋慶齡等親屬守靈、北京市民迎送靈柩、中央公園社稷壇公祭、移靈碧雲寺等。影集內照片大都為26×20.5cm和19×13.5cm兩種尺寸，全部原照粘貼，每張照片下方並有文字說明。不少照片為大場面照，如「靈柩出中央公園時哀送之群眾」等；有的是俯拍照，如「靈柩經西四牌樓時道旁哀送各校女學生」等；也有一些是室內照，如「靈柩發引前齊集靈堂哀送之家族」等。影集照片場面宏大，莊嚴有序，光線均勻，人物清晰，體現了很高的藝術水準。

歷史可以由文字來書寫，也可以用圖像來記載，兩者互有所長，不可偏廢。從某種程度而言，一部由圖像構成的歷史，可能更鮮活生動，活色生香，從而充滿魅力。人們常說：「魔鬼藏在細節裡。」其實，天使又何嘗會脫離細節而存在呢？歷史的真實，很多時候、很多地方就往往呈現在細

節之中，而圖像正是最擅長展示細節的載體。若干年來，我們已經習慣於接受教課書般抽象的宏觀敘事方式，而對鮮活感性的具體細節的重視則遠遠不夠。從這個意義上來說，歷史照片就是一部近代史的細部構成，涉及到大量當年社會各個層面的生活場景，有些甚至深入到常人無法想像的隱蔽深處，具有文字所無法達到的明晰生動和視覺衝擊，值得我們深入探尋，仔細考辨。對這些視覺碎片的辨識、拼貼和解讀，除了能對以往的文獻結論提供有力的證據，更重要的是能夠還原當時社會以往常為人所忽視的一些生動場景，如當時人們的某些特殊的人際關係、他們心靈深處一些難以付諸筆端的真情流露、他們的一些罕為人知的經歷、他們生活中未被人所知的一些生活細節等等。

攝影技術的發展改變了人們對世界的感知方式，世界也開始了從單純文字時代到文圖相容時代的轉變。但無可諱言，對歷史照片（特別是原照）的重要性，以往缺少充分認識，利用自然也遠遠不夠。近年來雖有了較大改進，圖片類書籍大量湧現，但也只是將此當作插圖點綴、烘托氣氛的為多，以照片圖像作為主體仔細研究的仍然少之又少。基於此，可以說歷史照片的整理研究和開發利用是一個十分誘人的學術領域，前景廣闊，潛力巨大，方家學者未曾顧及而又值得採掘的寶藏甚多。這方面的工作還剛剛起步，本文論述只是把個人的一得之見加以歸納整理，敷衍成篇，不足之處尚祈大家指正。

37 邵洵美的書生事業

　　在中國現代文化史上，邵洵美曾是一位頗具影響的風雲人物，然長期以來，由於種種原因，他逸出了人們的視野，成了一個尷尬的「失憶人」。二十世紀八十年代以後，作為詩人、出版家、翻譯家和社會活動家的邵洵美始漸漸「浮出水面」，受到各方的關注，有關他的論文和專著也出版了不少——雖然由於「失憶」多年，這些作品都難免存在這樣或那樣的缺陷，特別是在一些具體史實和文獻徵引方面，有著較多的不如人意處。從這個意義上來說，上海書店的這套「邵洵美作品系列」可謂出得及時，很有必要，讓我們向邵洵美這位時代風雲人物更走近了一步。

　　邵洵美以詩而為人所知，他的詩作，除了1937年抗戰後所寫之外，主要作品在生前基本都收進了集子，沒有大的遺漏。但是他的散文就沒有這樣幸運了——雖然邵洵美不以散文而出名，但他寫的散文卻實在比詩作要多得多。這次上

邵洵美像

海書店出版「邵洵美作品系列」，全套五本，除了一本詩歌，一本小說，其餘三卷：隨筆、回憶錄和藝文閒話，都屬於散文的範疇；而且，這還是經過編者精選過的，未收進集子的文章其實還有不少。僅此，我們就可知邵洵美一生（準確地說應該是半生，1949年以後邵洵美幾乎沒有任何創作問世）散文創作的產量之豐。上海書店這次將邵洵美的散文分作隨筆、回憶錄和藝文閒話三個部分，還是比較恰當的，也符合邵洵美散文創作的實際情況。很顯然，回憶文章和文藝評論的概念比較明確，編者將這兩類之外的文章都歸到了隨筆卷，這就大大加重了「隨筆」的份量，而我們現在所看到的，僅僅只是邵洵美「隨筆」創作的很少一部分，這是需要向讀者說明的。之所以如此，我想既有篇幅的限制，也有搜尋的艱難——畢竟時隔已半個多世紀，邵洵美撰稿署用的筆名又多，想畢其功於一役是不現實的。

邵洵美的這本隨筆卷，共收作品66篇，始於1927年，迄於1948年，時間跨度達21年，卷內文字皆從未結集出版，此次可謂是第一次「出土」。如果大概作一下歸類，可以發現，這些文章主要作於1928年左右和1932年左右這兩個時間段，也就是人們常提起的「獅吼——金屋」時期和「時代——論語」時期。對邵洵美來說，這是他一生當中最活躍、同時也是最重要的兩個時期。

1926年夏天，邵洵美從歐洲留學回國，途中在新加坡上岸時偶然看到滕固等人編輯的《獅吼》半月刊，極為欣賞，一到上海即去拜訪獅吼社同人，與滕固等一見如故，並很快成為獅吼社的一員。於是，這年8月出版的獅吼社同人叢著《屠蘇》上立刻引人矚目地刊出了邵洵美的4篇著譯，這是邵洵美回國後首次發表作品。從這時起，即標誌著獅吼社從

以滕固為中心的前期階段開始逐漸過渡到以邵洵美為中心的
後期階段。當時，無論從社會影響和文學成就來說，邵洵
美都還無法和滕固他們相比，但他富有年青，對文學充滿熱
情，又肯拿出家產來支持社務，再加上滕固此時又有志於從
政，因此，邵洵美實際上已成為後期獅吼社的主要人物。

邵洵美和獅吼社一拍即合絕非偶然。他在歐洲生活，
學習過幾年，最初崇拜古希臘女詩人薩福，以後又對唯美主
義詩人斯溫朋、羅賽諦、魏爾蘭、波特賴爾等頂禮膜拜，寫
過不少追求官能享受的詩篇，甚至模仿波特賴爾的《惡之
花》，將自己的詩集命名為《花一般的罪惡》。而獅吼社其
他成員的著作也有著濃郁的唯美色彩，他們寄社會叛逆精神
於放蕩頹廢，以唯美感傷的風格背棄和衝擊數千年來的封建
倫理道德，作品經常是美感與道德相悖，妍麗與恐怖並存，
體現出鮮明的唯美主義傾向。邵洵美主持社務以後，憑藉
其經濟實力，先後推出了「獅吼社叢書」和《獅吼》月刊
（1927年5月至1928年3月）、《獅吼》半月刊復活號（1928
年7月至1928年12月），出版了滕固的理論專著《唯美派
的文學》、自己的詩集《天堂與五月》，發表有詩歌《神
光》、小說《搬家》等受到文壇好評的作品，還撰文介紹了
羅賽諦、喬治·摩爾等有影響的外國作家，小說、散文、詩
歌紛呈，書評、譯文、繪畫雜覽，其汪洋恣肆、自由灑脫的
作文風格，顯示了邵洵美的美學追求，也開啟了他以後的創
作之路。

就在邵洵美創辦《獅吼》月刊的同時，金屋書店也宣
告誕生。早在1927年10月，就有刊物報導邵洵美將開設一家
書店（見浮雲《記洵美的書》，載1927年10月8日《上海畫
報》第284期），但金屋書店的真正開張卻要到1928年初。

書店位於靜安寺路（今南京西路）邵家住宅對面，雖只有一開間門面，但卻佈置得富麗堂皇。至於「金屋」這名字的來歷，章克標晚年曾回憶：「『金屋』這名字的取義，既不是出於『藏嬌』的典故，也不是緣於『書中自有黃金屋』詩句，而是由於一個法文字眼，即『La Maison d'or』的聲音悅耳動聽，照字義翻譯過來便成了『金屋』。英國十九世紀末有一種刊物被叫做Yellow Book（黃面書），是唯美派文學的濫觴，邵洵美十分愛重，就模擬仿效，也出了這種用黃面紙作封面的雜誌，叫做《金屋月刊》。」（章克標《邵洵美與金屋書店、時代書店》，載1987年7月《出版史料》1987年第3期）

邵洵美開辦書店自然因為這是其喜歡的事業，但還有一個原因恐怕也不容忽視，即書店是結交朋友的極好場所。文人之間，志趣相投者往往容易形成圈子，圈子中也必有一、二充滿智慧和風趣的中心人物，而邵洵美正是朋友圈子中這樣一位人緣極好的核心人物。郁達夫在《記曾孟樸先生》一文中說：金屋書店開在邵洵美老家的對面，「我們空下來，要想找幾個人談談天，只須上洵美的書店去就對，因為他那裡是座上客常滿，樽中酒不空的」。邵洵美一生傾力傾心從事文化事業，也熱心結交意氣相投的朋友，雖然彼此之間交情的深淺、熟識的程度各有不同，但他為人豪爽，慷慨瀟灑卻是當時盡人皆知的。1928年，夏衍在上海生活困難，託人將譯稿《北美印象記》介紹給「金屋」，邵洵美熱誠相待，安排出版，並立即預付稿酬五百大洋，解決了夏衍經濟上的燃眉之急；胡也頻被殺害後，沈從文護送丁玲回湖南老家，也是由邵洵美支助路費後才成行的。當時文人間流傳著這樣的一句名言：不管是茶室小酌，還是酒店聚會，只要在座有

邵洵美，最後付帳的就一定是他（參見上海市文史館《上海最早的文藝沙龍——「新雅」》，載1991年2月16日《新民晚報》）。可能有人把這歸結於富家子弟的有錢，但其實恐怕更和他天性率真，生就一副俠義心腸有關。

金屋書店出版了幾十種書，範圍大致包括這麼幾類：1、獅吼社同人的著作，如滕固的《外遇》、章克標的《銀蛇》、黃中的《嫵媚的眼睛》、邵洵美自己的《一朵朵玫瑰》等。2、朋友的作品，如郭子雄的《春夏秋冬》、盧世侯的《世侯畫集》、朱維琪的《奧賽羅》、傅彥長的《十六年之雜碎》、張若谷的《文學生活》等。3、朋友相託之書，如沈端先的《北美印象記》、王任叔的《死線上》、陳白塵的《旋渦》等。這些書均屬文學範疇，多為小說、理論、詩歌和譯著，大都具有唯美色彩，很少有暢銷書。有研究者認為：「從金屋書店的書目看來，邵洵美辦書店，根本不圖經濟利益，只是為自己出書方便，為朋友和朋友的朋友出書方便。有朋友求他，他會豪爽地給予幫助，有些書稿接受下來，書還沒有出他會先付稿酬。金屋書店雖然沒有出版轟動一時或在文化史上有一定地位的書，但也沒有出不堪一讀的書。」（倪墨炎《邵洵美的事業也有其輝煌的時期》，載《文人文事辨》，武漢出版社2000年3月）另一位研究者更乾脆指出：「邵洵美是一位熱衷於書刊藝術的實踐家。他辦金屋書店，把資金全部投入對藝術的追求，捨得花錢，所以賠錢多，關門也快。」（姜德明《〈琵亞詞侶詩畫集〉》，載《書葉叢話——姜德明書話集》下，北京圖書館出版社2004年10月）1929年，邵洵美在其編譯出版的《琵亞詞侶詩畫集》的扉頁上印有這樣一句話：「獻給一切愛詩愛畫的朋友。」這可視為他開辦「金屋」，賠錢出版眾多書刊的心聲。

關於邵洵美在「金屋」時期的活動，邵綃紅在《我的爸爸邵洵美》一書中說：「那時期洵美忙得快活。讀書、寫詩、做文章、編輯《金屋》，也讀別人的好文章，還要會朋友。他朋友的名單愈聚愈長了，交遊的範圍也愈擴愈大。」應該說，這一段時期，邵洵美的生意雖然賠本，金屋書店也最終收盤（1930年底為創辦《時代》而自然結束），但過的日子卻是他最愜意快活的。一應事情都是他喜歡做的，眾多朋友也均為會心之人，而整天忙得腳不著地，正是他嚮往的文人處世，兼濟天下的生活方式。至於金錢上的虧本，他並不在乎，錢本來就是拿來用的，況且蝕掉的銀子還遠遠沒有動搖其根本。

「金屋」之後，邵洵美接辦「時代」，這在很大程度上似乎出於偶然，但從其維繫一生的性格秉性來說，卻又是水到渠成的必然。當1930年張光宇他們找到邵洵美，懇請他接下《時代》畫報續辦下去的時候，邵洵美的心裡可能已經浮現出一幅若隱若現的出版宏圖。他毅然關閉了自己的金屋書店，開始一點一點描繪心中的那張圖紙。經過一番籌畫，1932年初，邵洵美將出賣房產所得的五萬元美金鉅款，向德國訂購了全套影寫版的照相、製版、印刷設備。為了運輸安裝的方便，他在虹口楊樹浦地區靠近公興碼頭的平涼路上租了一排房子，成立了時代印刷廠。為了更好地做事，邵洵美甚至把自己的家從市中心搬到了遠離市區的楊樹浦麥克利克路（今臨潼路），距印刷廠僅隔一條馬路。德國機器運到上海後，經過一番試印，時代印刷廠正式開幕，那是1932年9月1日，這也是我國印刷界正式使用的第一部影寫版印刷設備，代表了當時的最高水準。邵洵美出鉅資購買這套設備也顯示了其一貫的做事準則：要做就儘量做最好的！當時滬上

畫報盛行，印刷圖片都用銅板，紙張要求高，成本也高。而如果用影寫版機器來印，不但畫面網點小，效果好，而且可以用道林紙印，降低成本。這樣一筆帳人人會算，問題在於購買機器的一次性投入太大，而且機器的印刷能力強，如果攬不到足夠的印刷業務，其人工和維護的成本也難以承擔。但做事考慮滴水不漏絕非邵洵美的行事風格，他買進這套德國設備後非常自豪，在廣告上宣稱：「上海時代印刷廠是中國唯一以影寫版印刷為主要營業，技術較任何印刷廠為專門，交貨較任何印刷廠為迅速。」（載1935年8月1日《電通》第6期）《時代》畫報的印刷品質確實更上了一層樓，但精明商人所後怕的印刷業務不足的問題還是難以避免。有一段時間，機器停頓的時間遠比開動轟鳴的時間要長，加上邵洵美講人情，心腸軟，製版印刷的款項時常收不回來。如

墨西哥畫家柯佛洛斯1933年為邵洵美畫像

此這般，營業情況當然不會見好，但邵洵美沒有太在乎這一些，他還是那樣樂觀，那樣整天忙碌。自從接受《時代》畫報，辦起印刷廠，他的雄心愈來愈大，對出版的興趣也愈來愈濃。他創辦第一出版社，出版各種叢書，尤其以其名下的多種刊物引人矚目，「洵美辦刊物是興之所至，突然來個念頭，或是朋友裡有人出個點子，他就會辦份新的雜誌。新開爐灶對他來說並不煩難，反正身邊有的是有才華、有特長、有興致的作家、畫家、攝影家和記者們」（邵綃紅《我的爸爸邵洵美》，上海書店出版社2005年6月）。當時「時代」係號稱有九大刊物，按創刊時間依次為：一、《時代》畫報（1929－1937）。二、《論語》（1932－1937；1946－1949）。三、《十日談》（1933－1934）。四、《時代漫畫》（1934－1937）。五、《人言週刊》（1934－1936）。六、《萬象》畫報（1934－1935）。七、《時代電影》（1934－1937）。八、《聲色畫報》（後改週報，1935－1936）九、《文學時代》（1935－1936）。這些刊物裝幀漂亮，內容豐富，有些在當時堪稱獨樹一幟，起著引領時代潮流的作用。如《時代漫畫》出版時間長達三年半，擁有百人以上的作者隊伍，發行數量達一萬冊，是民國期間中國出版時間最長、影響也最大的漫畫刊物。《時代》畫報出版週期長達九年，基本涵蓋了抗戰爆發以前的整個三十年代，在動盪的現代中國是一個奇蹟，它刊發的幾萬幅照片，幾千篇文章堪稱一個巨大的寶庫，任何領域從事研究的人都能從中發掘出寶藏。《論語》提倡幽默閒適，以「旁觀者」、「超脫派」的立場洞察人間，發表自己見解。作者很多為文壇名家，文章筆調輕鬆，信筆寫來，娓娓而談，富有藝術感染力。由於刊物風格特立獨行，《論語》問世不久即一紙風

時代印刷廠

行，成為一本暢銷雜誌，且歷久而不衰，不但分流出眾多跟風模仿的雜誌，還在文學史上形成了一個文學流派——論語派。邵綃紅在《我的爸爸邵洵美》一書裡說：「洵美作為諸多刊物的主人，每一份他都要關心，尤其在刊物創辦之初，他更是費神，從制定編輯方針到挑選編輯，從組織撰稿陣容到分頭約稿，乃至具體的編務、出版，他都事必躬親，有時連封面設計、廣告詞都參與意見。編輯們常常到他家裡來跟他討論到深夜。」可以想像，邵洵美當年那忙碌的身影，而這也正是他感覺最充實的生活。

邵洵美並不單純以出版物的數量多而滿足，而是追求出版物有新意，對文學藝術有貢獻。他主持的《聲色畫報》、「論語叢書」、「自傳叢書」、「新詩庫」叢書、「時代科

學圖畫叢書」等，都是苦心孤詣、辛勤策劃的出版物，耗費了大量心血。但這樣的結果，往往付出難以得到回報，最終以虧本告終。「時代」1934年創刊《萬象》畫報時充滿豪情，宣稱要「將現代整個尖端文明的姿態，用最精緻的形式，介紹於有精審的鑑別力的讀者」（《編輯隨筆》，載1934年5月20日《萬象》畫報創刊號）。畫報大16開本，有大量彩頁，用三色銅板和彩色橡皮版精印，內容非常豐富，裝幀堪稱豪華。但刊物出版後虧得十分厲害，只出了三期就不得不停刊。「時代」承認過高估計了讀者的「欣賞興趣」和「購買力」，「的確是我們衝鋒太勇敢」（《〈萬象〉停刊啟事》，載1934年11月《論語》第53期）。就這樣，邵洵美一次次衝鋒，一次次失敗，儘管被現實撞得鼻青臉腫，但卻從不懊悔，而且為中國出版界留下了一批精美的出版物。1933年，他曾在一篇文章裡這樣傾心表白自己對文學的真情喜愛：「我喜歡文學，我知道我是一個天生喜歡文學的人，在任何環境之下我總沒有把它冷淡過。即使我在做生意的時候，吃黨飯的時候，一有機會，我就飛過去接近它。有人奇怪我為什麼一天到晚手裡要帶本書，原來他們沒有知道我的苦心。從這個出發點看出去：有許多朋友，起初費了十多年工夫學藝術，結果是丟了油畫板去批公文；還有幾個曾立誓要成為大哲學家的，眼睛一霎竟掛了皮帶在做紀念週。環境使他們對於自己的志向失節，我只有對他們表示憐惜。」他還寫道：自己希望寫本小說，題目叫做《永別》，寫一個極聰明的男子，有自己的事業追求，但因「時代的轉變和機會的來臨，他竟踏進了一個他素所鄙棄的集團裡」。他懊悔，恐慌，但最後名利戰勝了他，於是「他決計和真實的自己永別」（邵洵美《寫不出的文章》，載1933年8月10日《十

日談》第1期）。言為心聲，邵洵美雖然不拘小節，天性率真，但卻有著自己堅定的信念，他沒有像他的許多朋友那樣被名利戰勝，而是決心永遠保持一個「真實的自己」！

今天，人們提起邵洵美，首先就會想到他是一個詩人，其實，他最有功於世的還是出版事業。他辦過那麼多的報刊，有不少都在現代史上留下了重要痕跡。邵洵美手中報刊如林，他自己又是文人，喜歡寫文章，也不善回絕別人的的邀約，我們可以想像得到當年他伏首書案，疾筆奮書的情景。邵洵美自己就曾在一篇文章中交代：「自從去年秋天（注：指1934年）搬到此地，真名假名的文章，將近十五萬字了。」（邵洵美《我的書齋生活》，載1935年5月《時代》畫報第8卷第1期）而這些文章中，居多數的還是散文隨筆。僅就我過眼的作品來看，在「獅吼──金屋」時期，邵洵美活動的圈子還比較單一，關注的問題相對也較狹窄，主要是個人的一些讀書感悟，且多集中在文藝方面；文字講究詞藻美，意在顯示本人才華，炫耀筆底鋒芒，有明顯的雕鑿之感。「時代──論語」時期，邵洵美的活動能量明顯擴大，接觸的人物三教九流，幾乎涉及各個領域；文章的內容也逐漸偏重社會民生，文字並轉而致力於樸實，喜用大白話，清淺如水，明澈見底，但又說理透徹，少有晦澀之感，這大概就是所謂的「絢爛而歸於平淡」吧。然而這種「平淡」又不是淡而無味的，而是經得起再三咀嚼，這就需要有廣博的知識積累、深刻的人生閱歷和深厚的文學功底，以及駕馭文字的高超能力。我甚至遐想，以邵洵美的才能，如果他致力於此，那麼中國文壇上很可能會升起一顆散文巨星。我發現，邵洵美文風的變化和他詩歌創作上詩風的轉變是同步的，其間的微妙關係，有心人不妨作一番探索。

《時代》創刊號

　　在各類文學體裁中，隨筆類作品是最難收集出版、也最易被人忽視的。一般來說，小說、戲劇和詩歌發表比較醒目，外間評論也多，作者本人相對也比較重視，留有各種記述，後人容易收集整理（很多在作者生前就已出版）；而隨筆類作品往往隨興所作，隨感所發，篇幅比較短小，刊出也不夠醒目（有的甚至被當作「報屁股」），事過境遷，容易遺忘。如果署的是筆名，幾十年過去，甚至作者也可能辨認不清，遑論後輩？我們檢視一些作家的文集或全集，可以發現，遺缺最多的就是隨筆短章。但從另一視角來說，正因為隨筆類作品多屬率性而作，很少慎密構思，也不會像一些長篇巨作一樣斟酌再三，反覆修改，追求嚴謹、完整，因此也就可能更真實地反映作者當時真切的思想和個人性格及其語言特色，或者說，這些文字比較可能展現的是一張沒有化妝、未帶面具的真實的臉。從這個意義上來說，我們似乎應該給予這些隨筆文字以更多的關注！

注：此文為《邵洵美作品系列：隨筆卷》序，上海書店出版社2008年1月版

38 圖史互動的嘗試

　　記得還是在整整十年之前，曾應某出版社之邀寫一本關於戲劇史方面的圖志。後雖因故作罷，但稍一涉及，已深知早期話劇圖片的難覓——話劇是動態的表演，而早期膠片感光度很低，照明設備又差，劇人也缺少這方面的意識，故留存下來具有一定品質的話劇劇照和有關活動照片極少。前不久看范伯群教授新出版的《中國現代通俗文學史》（插圖本），對有關圖片文獻的問題更有感觸。范教授的這本大著甫一出版即頗受好評，而他本人為該書寫的後記，卻幾乎沒有提及寫作方面的事。後記題名為《覓照記》，洋洋灑灑上萬言，通篇敘述的是他如何為尋覓適合本書文字的圖片而付出的艱辛過程。據范教授在文中交待，他花了整整二十五年的時間才覓得了目前這樣規模的圖片（三百餘幅），雖然成績喜人，足以自豪，但令人感到缺憾的地方仍然不少。范教授的這篇文字很生動地說明了圖片文獻對於學術研究的重要性，另一方面，他也傳神地寫出了要尋找合適中意的圖片是何等的艱難，有時耗費的工夫可能會遠遠超出正文的寫作，對此我深有同感。

　　作為一種舞台表演藝術，話劇和其他藝術形式相比有著自己的特色。翻開一部話劇史，早期的話劇表演絕少有影像資料保存下來，因此，我們現在還能看到的留存至今的歷史照片就顯得格外珍貴了，他們和文字史料一起合成了我們今天據以研究話劇史的重要文獻。本書以「圖志」命名，它的特點就是圖和文的有機統一。通常就史書而言，圖片使用不外兩種形式，一種是以文字為主，僅少量穿插圖片，主要是為了烘托氣氛，使讀者能感受一些歷史氛圍；另一種則純以圖片為主，文字只起到說明的作用，如坊間出版的多種圖錄就是。我們這本書既名以「圖志」，就是想避開這兩種人們

慣用的模式，試著走一條新路。當然，「圖志」本身並不是一個新名詞，但它和中國話劇史結合在一起，就多少具有了一些新意。

　　我們嘗試以一種較新的思路去寫作，努力營造一種以史帶圖，由圖出史，圖史互動，圖文並重的新的寫史模式，讓本書有異於一般的插圖本或圖錄。概括而言，這本書大約有這樣一些特色：1、全書文字11萬，圖片513幅。據我所知，以這樣圖文篇幅大抵相當，圖文內容緊密結合的圖志形式撰寫話劇史，目前尚無先例。我之所以鄭重其事地首先舉出這一點，是因為在今天這樣一個時代，圖片顯然已不再只是文字的附庸，僅僅起到烘托氣氛，插圖提示的作用。它的地位正在穩固上升，愈來愈受到人們的重視。本書的5百多張圖片是它有別於坊間眾多同類書的一個特點，其中除了照片（有不少是珍貴的歷史原照），我們還視情廣泛使用了書影、報頁、廣告、海報、戲單等相關圖像文獻，力爭為讀者還原一個逼真鮮活的時代。在本書中，如果說圖片部分不是更重要一些的話，起碼它們和文字部分有著平起平坐的份量。2、除了圖志形式本身比較新穎外，我們還盡可能採用了一些方便讀者的做法，比如為避免過於嚴謹的學究氣，我們儘量少用注釋，採取了書邊批註的形式來交代圖文背景和詳敘引文。這樣既能使讀者在閱讀時保持文氣的連貫，又能讓不同需求的讀者有選擇的餘地，同時在形式上也略顯活潑一些。3、考慮到以往著述大多對中國話劇前期歷史的評述相對比較弱化，我們這次有意加重了新劇部分的敘述份量。當然，全書有所失衡的毛病也存在，如早期北方地區的話劇演出，抗戰時期西南、東北地區和抗日根據地的戲劇運動，以及港台地區的相關活動等，反映得都不夠。這除了時間原

因外，主要是因為文獻（特別是圖像文獻）的缺乏。我們不願敷衍拼湊，勉強成文。這些缺憾希望能在以後得到彌補。

2007年6月於上圖1217室

注：此文為《中國近現代話劇圖志》後記，上海科技文獻出版社2008年1月版。

1936年6月中國旅行劇團攝影

39 中國現代電影期刊的
　　整理與研究

　　這本「全目書志」的寫作雖然只耗費了兩年，但選題策劃卻早在1987年，醞釀時間長達二十年。之所以選擇這個項目，是因為我們今天所能看到的老電影，尚不到當年生產公映的十分之一，因而電影歷史的很大部分細節只能依靠這些倖存下來的電影紙質文獻來彰顯傳遞下去，捨此難有他途。

　　中國現代到底出過多少電影雜誌？沒有什麼人能說得清，即使是一些很有名的影刊，學術界光聞其名而未得其詳的也大有所在。當年出版的電影期刊蘊藏了極其豐富的文獻資料，從中不僅可從宏觀上把握現代電影各個發展階段的整體面貌，而且對電影公司、電影事件、電影運動、電影人物和影片等各方面的研究，它們都提供了非常生動的細節，具有很好的參考和啟發作用。研究電影，除了電影拷貝，當年的電影出版物就是最主要的文獻，它們能提供原生態的氛圍和當年原汁原味的點點滴滴，被電影史家和廣大電影人視為最珍貴的原始資料。

　　《中國現代電影期刊全目書志》共收錄1949年前出版的電影雜誌376種，為迄今為止收錄現代影刊品種最多的一本電影史工具書。「全目書志」所收每種期刊均寫有詳細的提要，列舉內容，分析特色，考證出版經過，每種都附相關書影，是填補空白的工程。和以往一些工具書相比，它具有以下一些特點：一、從數量上來說，它收錄的影刊要比以前一般電影史學界估計的二百餘種增加約30%。二、從地域上來說，除了中國大陸和香港出版的影刊以外，它還收錄了印尼、泰國、新加坡、馬來亞等國出版的以往人們不很熟悉的國外華文影刊。三、從種類上來說，它收錄了一些長期被人遺忘和忽略的品種，如綜合性雜誌中的「電影專號」、「電影特輯」和一些不計卷期的公司特刊。四、它釐定弄清了一

些以前一直難以搞清的模糊問題,並糾正了以往一些史書和相關工具書的錯誤。五、本書所收影刊,絕大部分都經過充分調查,親眼過目,做到了心中有數,下筆有言。需要說明的是,「全目書志」雖收錄1949年前出版的電影期刊多達376種,但遺漏也在所難免,主要是港、台地區和抗戰時期東北和西南地區出版的影刊,以後如有條件,將作增補。

毋庸諱言,中國電影史目前的研究狀態並不能令人滿意。首先,和眾多兄弟學科相比,它只是一個小弟弟,很多方面,如電影受眾研究、電影企業研究等等領域,還很少有人涉及,空白點不少。其次,資料缺乏是橫亙在前的一大困難,令很多研究者望而卻步。我們現在能看到的老電影實在太少,而當年出版的很多電影文獻至今也難以尋覓,至於很多學科早已成必備工具的資料彙編、書目研究、論文索引等等,電影史領域做得也很不夠。第三,社會轉型時期急功近利的風氣,也是現實生活中很多人難以擺脫的困擾。在一個追名逐利、日益浮躁的社會環境中,事倍功半、默默無聞的研究工作很少有人願幹。但作為電影藝術的愛好者和享用者,我們不能總做一個冷眼旁觀的人,應該做出自己力所能及的貢獻,這本《中國現代電影期刊全目書志》就是我們奉獻出的一份微薄禮物。我們有理由相信,隨著更多研究項目的完成,一個電影研究新局面的誕生,是可以期待的。

編者 2007年元旦。

注:此文為《中國現代電影期刊全目書志》後記,上海科技文獻出版社
2009年1月版

左上 ┃ 1921年出版的《影戲雜誌》1卷1期封面
右上 ┃ 現代中國出版期數最多的《電聲》
下　 ┃ 現代中國出版時間最長的《青青電影》集錦

40 記憶上海的「城市表情」

一

　　今天上海這座城市的所在區域，在7千多年前還是一片
滄溟。隨著歲月流逝，長江等河流帶來的大量泥土堆積，形
成了濱海平原，我們的先人進駐這片土地，遂開啟了上海這
座城市的文明血脈。從距今約6千年前的馬家浜文化依序演
進，5千年前的崧澤文化、4千年前的良渚文化、3千7百年前
的馬橋文化，一直到西元1291年（元代至元28年）上海正式
設縣，拉開建城的帷幕，上海的文明之源、文明之根清晰可
見，一脈相承。上海6千年的文明史，包括近代城市百年文
明史的延續，熔鑄了文化多元和文化融合的精神；上海的兩
條母親河：黃浦江和蘇州河，正體現了這種海納百川的博大
胸懷。黃浦江通往大海，是海外文化輸入的通道；蘇州河面
向內陸，是本土文化流入的源泉。兩條河流在外白渡橋的交
匯合流，正是中外文化碰撞融合的具體形象，上海由此成為
中國東西方文明的交匯中心。1843年上海開埠後，西方殖民
勢力在帶來侵略掠奪的同時，也引進了西方文明，上海迅速
發展成為中國乃至亞洲最發達的現代城市：這裡曾經是中國
電影的發源地，中國第一支交響樂團的誕生地，西方油畫在
中國最早的傳播地，現代話劇在中國的首演地。這種勇於創
新的氣魄成為上海城市精神中最可貴的精髓。上海的經濟也
在全國發揮著舉足輕重的作用，到1949年上海解放前夕，全
市共開設過68家外國銀行，20多家官僚資本銀行，200多家
私營銀行、錢莊和信託公司，以及幾千家洋行。民族資本的
商業發展到181個行業，民族資本的工業到1947年已發展到
70多個行業，工廠數占全國的約60%，產業工人數占全國總

數約61%。這時的上海已是一個以金融、貿易為主體的多功能的現代城市，躋身於世界著名大都市的行列！

　　新中國成立以後，上海扮演著共和國長子的角色，負重前行，無私貢獻，發揮了民族脊樑的作用。1978年改革開放以來的30年，隨著浦東的開發建設，上海迎來了飛速發展的機遇，正迅速向世界頂尖城市的目標邁進。近年來，中國的GDP先後超越數個G7國家，直逼世界頭號經濟強國——美國，而在全國31個省市自治區的GDP排行榜中，上海的人均GDP以80198元穩獲全國冠軍，而且上海的GDP含金量和城鎮居民人均可支配收入也都名列全國第一。上海的進步發展絕不是老上海的簡單復興，更不是以「國內經濟老大」為自傲，四個中心（國際經濟中心、國際金融中心、國際航運中心、國際貿易中心）目標的提出和確定，為上海的發展指明了方向。我們相信，在不久的將來，一個嶄新的全球城市將在東海之濱崛起！

二

　　按照本套書系的編輯出版計畫，建築被視為重點，特別是作為城市地標性的建築，被放在了非常重要的位置。這和我們的設想不謀而合。觀察、體驗、感悟一個城市，無一例外是從它的外觀開始的，而鱗次櫛比、風格各異的建築，正是這個城市最鮮明的特徵。我們在本書的「外灘」、「南京路」、「民居」等很多章節中對此作了重點敘述。我們認為：上海的近代建築是近代上海城市文化的一個重要組成部分，從某種意義上來說，這些建築不僅僅是一座座鋼筋混凝土結構，而是物化了的社會。在它們的背後，蘊含著豐富的

政治、社會、經濟、文化和技術的內涵。上海的萬國建築，薈萃了世界各國重要的建築樣式——殖民地外廊式、英國古典式、美國文藝復興式、拜占庭式、巴羅克式、哥特復興式、愛奧尼亞式、北歐式、日本式、折衷主義式、現代主義式……形成了世界建築史上罕見的奇觀勝景。人們常說，建築是「凝固的音樂」，其實，從另一方面來說，它又何嘗不是「濃縮的歷史」？上海近代千姿百態、風格迥異的建築群，正是百年來世紀風雲激蕩存留下來的標誌性積澱，它立體地展現了上海灘從一個古老的東南漁鎮迅速演變成一個現代國際通商大埠的歷史進程！

上海的近代建築有著鮮明的特徵和風格，它建立在上海悠久的歷史中形成的地方文化傳統的基礎之上，更與近代一百多年裡上海特殊的城市經歷密不可分。每一個到上海的人，都會被它五光十色、風格迥異的建築魅力所吸引。從十六鋪走進上海老城廂，可以看到建於開埠前中國傳統風格的明清建築，一派古風遺韻；從老城逛到外灘，那一排排臨江的高樓大廈，薈萃了西方建築史上的各種代表風格，有「新古典主義」的滙豐銀行、「折衷主義式」的海關大廈、「文藝復興式」的匯中飯店等等，反映了當時的建築時尚；從外灘折回南京路時又是另一番景象，各類特色專業店小樓古風，四大公司的建築更富有現代化的特色。此外，上海既有高級住宅區中美輪美奐的花園洋房，也有深藏在高樓後面鱗次櫛比、此起彼伏的石庫門里弄住宅。曾有人說，上海是「萬國建築」，雜亂無章，缺少深沉。但如果他瞭解中國的歷史，就會深深地理解上海的兩重性，那種放眼世界，海納百川，得風氣之先而又民族自強的獨特氣質，正是歷史奉獻給上海人民的一份寶貴的文化遺產。從理論上講，上海不僅

在地理上處於東西文化碰撞的邊緣，在思想上也處於儒家文化與商業文化的邊緣，因而它在開埠後逐漸形成了各種文化交融與重疊的「海派文化」，反映在建築上便是多樣風格相容的「海派建築」。這種現象在近代上海的其他藝術類型中也能發現，如戲曲中既有以周信芳、蓋叫天為代表的「南派」京劇，又有以機關佈景為特色的「海派京劇」；在文學上，上海既是「左翼文學」的大本營，又是鴛鴦蝴蝶派文學的活躍場所；就新聞史而言，上海既是晚清維新派報刊大聲鼓呼的地方，又是氾濫成災的通俗小報的滋生地。總而言之，追求時尚，相容並蓄，是近代上海發達的商品經濟社會中一種突出的社會心態，它反映在社會的方方面面，戲劇、文學、美術、音樂無不如此，作為多元文化集中反映的載體——建築，就更得「海派文化」的精髓了。上海的萬國建築已成為這座名城特有的城市景觀，它的每一座高樓後面，幾乎都蘊藏著一個風雲際會的傳奇故事。它們與近代上海的發展與屈辱、繁榮與辛酸、秩序與畸形、錯綜複雜地交織在一起，參與繪就了上海這一國際大都會的歷史風景線，其功過與興衰、地位與影響，留給了後人敘述不盡、咀嚼不絕的深味。

近三十年來，上海城的最大變化之一就是它的建築。這是最直觀感性的印象。以東方明珠、金茂大廈、環球金融中心為代表的摩天大樓高聳雲端，巨廈林立的浦東新城拔地而起，上海已經成為全世界高樓大廈最多、最集中的城市之一。同時，以2010年上海世博會為發展契機，城市規劃、景觀設計等先進理念正在全面進入上海，過去是造一間間房，蓋一幢幢樓，現在則是設計一個區域，規劃一個新城。據統計，截止到2009年末，上海全市的常住人口總數已接近2000

萬人，在這個基數上，城鎮居民人均住房建築面積達到了34平方米。這是一個了不起的飛躍！

交通同樣也是重點，它與建築被人們認為是一座城市的兩翼，只有這對翅膀有力地揮動起來，城市才能風生水起，欣欣向榮。

上海城市的形成、發展和興盛，是與交通的發展進程緊密聯繫、相輔相成的。沒有交通的發展和支撐，便沒有上海這座城市，也不會有上海的繁榮昌盛；而上海城市的形成、發展和繁榮，又促進了上海交通的進一步發展。上海地處長江三角洲，水運條件優越，頗得舟楫之便，因而，在交通運輸方面，相當長的一段時間內維持著「有舟無車」的局面。1846年，英租界在道路碼頭委員會的組織下，首先開始築路，之後，法租界、華界也陸續闢築修建了大量新式道路橋樑。至20世紀初，上海近代市政道路交通建設已初具規模，為陸路交通運輸業創造了必要的交通條件。

小車、榻車、老虎車、馬車和人力車是清末民初上海地區最活躍的五種人力（畜力）車輛，但對上海這樣一個高度繁榮的國際大都市來說，其經濟發展與社會活動的規模都不是人力車、馬車所能適應的。1908年，英商上海電力公司在上海開出第一輛有軌電車，成為上海現代化、社會化、大眾化交通的開始。當年，公共租界開闢了8條電車線路，法租界開闢了3條線路，這些線路的覆蓋面西起徐家匯，東至楊樹浦，橫跨兩個租界和越界築路區域，總長59公里，初步形成了大容量公共客運幹線運輸網的框架。電車作為城市大眾客運工具在上海的出現，使城市客運面貌發生了深刻的變化，並加快了城市近代化客運的發展。隨之而起的是無軌電車、公共汽車、計程車和長途客運的迅速發展。到20世

上 ｜ 1843年上海開埠後，外國人絡繹不絕地來到中國這個最大的城市，觀光的同
　　時把旅遊這種休閒方式也帶到了中國。圖為西人於上海龍華塔下留影
下 ｜ 20世紀30年代的上海大光明電影院

紀20年代，上海已基本形成多樣化的現代陸路交通網絡。據統計，從20世紀初汽車輸入後，上海的汽車數量就開始迅速增加，僅公共租界的汽車，1908年只有119輛，1920年就達到了1899輛，1927年增加到5328輛，到1935年已突破1萬輛大關，達10292輛。抗戰勝利後，根據1947年底上海市所控發的牌照統計，全市各類機動車輛已增至26800輛。這近3萬輛機動車，再加上幾十萬兩人力車、小車、馬車、三輪車以及自行車，構成了十里洋場車水馬龍的繁盛景象。

在汽車運輸業得到長足發展的同時，上海的鐵路和航空事業也開始蹣跚起步，邁出了艱難的步伐。1874年12月，英國殖民主義者不顧清政府的反對，在上海擅自開工興築吳淞鐵路。1876年1月開始鋪軌，6月30日上海至江灣段通車，開始營業。吳淞鐵路是在中國土地上出現的第一條營運鐵路，它全長15公里，至1877年8月，共運送旅客16萬人次。吳淞鐵路的擅自修築，遭到清政府的反對，1877年10月，清政府以28萬5千兩銀贖下鐵路，火車停駛，路軌也被拆除。此舉在一個方面反映了清朝統治者對於國家主權的維護，但在更深層次上，則暴露了清政府拒絕新生事物，維護封建社會秩序的迂腐觀念。在飛速發展的時代面前，這種迂腐觀念註定要碰得頭破血流。由於鐵路是近代交通的重要組成部分，其發展勢頭無法抗拒，因而在1898年，清政府重建了這段鐵路，並改名為淞滬鐵路。1908年和1909年，上海分別建成滬寧、滬杭兩條鐵路單線；1916年建成上海北站到新龍華的鐵路，銜接了滬寧、滬杭兩線。至此，形成了上海鐵路的基本格局。

上海的民用航空業始於1929年，當時的國民政府於是年5月成立滬蓉航空線管理處，7月8日，上海至南京通航。30

年代初，中美、中德合資經營的中國航空公司和歐亞航空公司在上海成立，陸續開闢了上海－成都、上海－廣州、上海－北平等航線。龍華機場是當時「兩航」的主要航空站和基地，也是當時中國最好的一個民用機場。1947年，國民政府對龍華機場進行擴建，增設了航行管理和夜航燈光等設施，使龍華機場成為遠東地區最大的國際機場，「中航」也在這時期開闢了上海－三藩市等國際航線。上海最早的一批航拍照片，就是由中國航空公司和歐亞航空公司於20世紀30年代初拍攝的。

1949年以後，特別是1978年改革開放以來，上海的交通面貌發生了巨大變革，最大的變化是地面道路的延伸、高速公路的開通、高架道路的修建和浦東國際機場的投入運營以及軌道交通的四通八達，它們使上海進入了「立體交通」的時代，並從根本上改變了城市的面貌和人們的生活。

三

我們在規劃本書框架時，充分考慮到上海這座國際大都市在很多方面的特殊性及其在中國現代化進程中產生的重要作用，故在設計具體章節時特意增加了一些以往同類書中鮮有涉及的內容，這裡擇其一二略作介紹。

旅遊

遊山玩水這種休閒方式，雖源遠流長，但中國自古即有「父母在，不遠遊」的悠久傳統。因此，真正意義上群體性、經營性的旅遊活動的展開，是隨著西方文明的進入而逐漸得到認可和推廣的。作為最早開埠而又地理位置優越、經

濟高度發展的城市，上海在這方面無疑走在了全國的前列。我們在本書中特闢「旅遊」一章，引用翔實的文獻史料和豐富的圖片，既介紹了外國旅行公司在中國開展的業務活動，又梳理了近代上海國人轉變觀念，相繼開辦非盈利性社團和專業旅遊機構，在中華大地率先推廣旅遊活動的歷史，還展現了改革開放以來新上海旅遊業繁榮發展的一面。旅遊並非只是遊山玩水，賞景觀物，它在民眾中的推廣與實施，也並不僅僅只是一種生活方式的改變，而更是一種理念的進步。旅遊讓人們走出窄小封閉的圈子，走進自然，走向世界，它對眼界的開闊，體魄的強健，文化的交流，經濟的發展，都是一種強有力的促進劑。如今，民眾的旅遊觀念，旅遊方式正在向多樣化發展，旅遊已然成為廣大市民日常生活密不可分的一部分，其中折射出的正是一個民族自信、自強，融入世界的陽光心態和奮進步伐！

紀念建築

　　所謂紀念建築，一般指以紀念特定人物和事件為目的而建造的碑、塔、墓、像、坊等特殊建築。它們是一座城市歷史文化的名片，也為城市增添了時代氣息。中國歷史上的紀念建築，主要是為宗教和帝王將相服務的，而近代上海湧現的紀念建築，廣泛收取西方雕塑的藝術表現手法，開了與現實、與民眾、與日常生活環境緊密相連的中國現代雕塑藝術之先河。據統計，近代上海在百年間建立的紀念建築超過百件，其中既體現了上海這座國際大都市海納百川的寬闊胸懷，也沉澱了它身為半封建、半殖民地城市的血淚和屈辱！1949年後，大地回春，萬象更新。據最新資料顯示，上海大地上目前矗立的城市雕塑超過了3500件，無論是數量還是品

歐戰紀念碑

質均在全國名列前茅，其中就有不少屬於紀念建築。這些或
隱於林蔭小道，或點綴在廣場、車站、繁華街道，或散置於
公園、綠地等公共空間的作品，在美化城市的同時，也大大
豐富了市民的精神文化生活。撫今追昔，感慨萬千，一部上
海紀念建築的發展歷史，可謂濃縮了中華民族從衰落屈辱走
向自信繁榮的進程！

外國名人與上海

　　國際名流對一座城市的造訪及其產生的影響，是這座
城市值得自豪的精神財富，也是城市發展史上的一個亮點，
應該引起我們的充分重視。近代上海是典型的移民城市，移
民不僅來自全國的各個城市，也來自世界各地。無論就僑民
總數還是國籍數而言，上海在整個中國城市中都獨佔鰲頭；
而且和其他城市相對單一化的外來族群文化影響不同（如香
港主要受英國文化影響，哈爾濱是俄羅斯文化，大連是日本
文化，青島是德國文化），作為世界多國殖民勢力爭相聚集
之地的上海，它所接受的外來文化影響是最綜合性的。其
中，眾多享譽世界各領域的國際名流對上海的講學、造訪及

來訪上海的外國人在禮查飯店門前合影

其隨之而產生的中西文化的交流碰撞，恰恰正是上海這座城市的最鮮明特點，也是上海異於其他城市的獨特之處。據我們統計，從19世紀中晚期到20世紀中期這近百年時間裡，踏上過上海土地的世界各國名人就多如過江之鯽，難以盡數，其中，享有世界聲譽的頂尖國際名流，也起碼在百位以上。他們有的長期講學，有的短暫造訪，有的進行商業演出，有的屢次應邀參觀，如愛因斯坦、馬可尼、羅素、杜威、泰戈爾、毛姆、芥川龍之介、蕭伯納、海菲茲、魯賓斯坦、夏理亞賓、卓別林、范朋克等等。這串響噹噹的名字背後都蘊藏著一段段值得深思回味的往事，它們折射了上海城市傳統中最值得弘揚的精神：尊重科學、崇尚創新、海納百川、兼收

並蓄；尤其在現今多元文化與全球化的氛圍裡，這些西方文化泰斗級人物訪問上海的史跡，自然更應被賦予豐富的文化涵義。國際名流的訪問，對上海乃至全國產生的影響是巨大而又深遠的，有的直接影響到某些重大事件的進程，而更多的則是對一些具體領域和具體人物長久而深刻的思想浸潤。充分發掘出這些史跡，既有利於展示上海曾有的風韻和深沉的文化底蘊，也有利於讓世界更瞭解上海。

此外，今年是2010年上海世博會的舉辦年。作為這座光榮城市的一分子，我們親身參與了從申博到辦博的幾千個日日夜夜。在經歷了最初的狂歡和興奮之後，我們冷靜下來埋首於陳書舊刊之中，試圖從歷史煙雲之中找出一些值得後人深思回味的東西。為此，我們特地在本書中增設「上海和世博」一章，簡明扼要地回顧了上海這座近代崛起的城市，在一百六十年的歷史進程中與世界博覽會的密切關係，其中有榮耀、有屈辱、有振奮、有憤慨，而這正是整個近代中國歷史的濃縮一頁！

四

以往體現一座城市發展的畫冊，在篇章結構方面不外乎兩種框架安排：

時序性的，以時間推移為序，逐步展示。

專題性的，按行業部門分類，按類編排。

我們這本書將努力打破這兩種傳統方法，以公共空間理論為經，時空交錯方法為緯，強調整個城市生活空間的變遷，以此展示上海這座近代崛起的城市一個世紀以來從城市面貌、生活形態到文化理念，中外交流等等方面的發展變化。

　　全書分18章，共收照片約400張，文字6－8萬字。在規
劃具體結構時注意縱橫打通，點面結合，努力做到整體面貌
和局部細節並重，物質形態和思維觀念平衡。其中既有標誌
區域的變革，如外灘、南京路、豫園、蘇州河；也有具體案
例的分析，如外白渡橋、沙遜大廈、蘭心大戲院、跑馬廳；
有生活形態的演變，如旅遊、婚俗、民居、出行；也有中
西文化的交流，如紀念建築、名人訪滬；有整體宏觀面的
展示，如航拍掠影；也有某個特定領域的回顧，如世博與上
海。每個章節既是一個鮮明的橫截面，又非常自然地展示出

參展1933年美國芝加哥世界博覽會的大上海計畫鳥瞰圖

歷史長河的流變，力求形象具體，多層次地表現上海的滄桑變化，而非枯燥乏味的說教。

我們特別注重通過表像去挖掘內蘊。文化研究的一個重要方面，就是通過載體去發掘它們的文化內蘊，而不是僅僅簡單地表述這個載體的表像。比如上海的跑馬廳，我們在強調其賭馬的博彩性質以外，同時也指出它的公共場所的功能。撇開賭馬的博彩性質不論，跑馬究其本質不過是一項體育運動，而當時跑馬廳也絕不僅僅只是開展跑馬一項運動。跑馬廳的產權分屬跑馬總會和上海運動事業基金董事會，跑馬會只擁有外圈跑馬道，內圈跑道及中間大片場地均屬於上海運動事業基金董事會，闢作公共運動場之用。場中先後建有游泳池、板球場、高爾夫球場、棒球場、草地滾球場以及足球場等，經常舉辦各種體育和集會活動，完全稱得上是一個大型的公共娛樂空間。問題在於娛樂主體，跑馬廳在當時基本上是一個專為洋人或有閒階級打造的娛樂空間，一般華人幾無插足之地。從這裡也可以看出，空間的佔有和消費是不同的社會階層最明顯的標誌之一，而空間也因此具有了不同的社會價值和經濟價值，能夠自由出入跑馬廳、外國總會、高級影院等等地方並大方消費，已然成為一些社會階層的炫耀資本和地位象徵。再比如「大光明」，大家都知道它是20世紀30年代中國乃至整個亞洲最豪華的電影院，在突出這點的同時，我們也指出：「大光明」更是當時上海重要的公共活動空間，許多廣受關注的社會活動都被安排在這裡舉行，如貝多芬第九交響樂在中國的首演就選在「大光明」；1936年，中國首次正式組隊參加柏林奧運會，臨行前，上海市長吳鐵城召開會議歡送中國代表團，地點也是在「大光明」。這絕不僅是一種巧合。在當時的上海，「大光明」儼

然已成為一個風格鮮明的文化地標，到那裡去，不只是為了看電影、聽音樂、享受歡樂，更是一種品位和身分的象徵。

五

　　1825年，法國人涅普斯發明了攝影術。從此，人類可以通過一種載體永久地封存回憶，留住任何一個人們願意留住的特定瞬間。大約十餘年後，攝影術傳入神州，中國近代史的進程有幸和人類的這項偉大發明同步，從而得以為後人留下大量歷史場景和足以玩味的真實細節。作為攝影活動最活躍的城市，反映上海發展歷程的照片數量之多、品質之精，是同時期的其他城市所難以相比的，這也為後人研究上海這座城市提供了有利條件。我們以往對城市的記錄，主要是通過文字、史料、口述等來流傳，攝影術的發明正好記錄與見證了上海開埠以來的歷史、文化及其社會風情，並與之相依為命，它們共同曝光並定影了這個充滿魅力的城市！無以數計的一瞬間連接拼綴起來成為了上海的集體記憶。本書凸顯了上海圖書館在歷史照片方面豐富厚重的館藏特色，特別值得一提的是，其中有不少是珍罕的歷史原照，有些還是塵封百年之後第一次撩開神秘面紗公開亮相，既有珍貴的文物和學術價值，也頗具觀賞性。希望我們的工作能為讀者帶來愉悅，也帶來思考。是為序。

2010年3月11日於上圖1233室

注：此文為英文版《上海，一個世紀的故事》序，北京五洲傳播出版社
　　2011年1月版。

41 國際名流的上海蹤跡
——近代上海中外文化交流的一個特殊視角

　　1843年開埠以後，上海迅速發展成為西方文化輸入中國的最大窗口和傳播中心。這裡集中了全國最早、最多的中、外文報刊和翻譯出版機構，也是中國最大的藝術活動中心，電影、美術、音樂、戲劇、舞蹈等等，均占全國的半壁江山。它們在這裡合作競爭、交匯融合，共同譜就了上海文化的開放格局。從19世紀末開始，上海已是整個中國，乃至整個亞洲區域內最繁華、最有影響力的文化大都會，並與倫敦、紐約、巴黎、柏林等城市並駕齊驅，躋身於國際性大都市之列。

　　近代上海是典型的移民城市，移民不僅來自全國的18個行省，也來自世界各地。無論就僑民總數還是國籍數而言，上海在整個中國城市中都獨佔鰲頭；而且和其他城市相對單一化的外來族群文化影響不同（如香港主要受英國文化影響，哈爾濱是俄羅斯文化，大連是日本文化，青島是德國文化），作為世界多國殖民勢力爭相聚集之地的上海，它所接受的外來文化影響是最綜合性的，僅以近代建築為例，既有大量明顯帶有英、德等國新教傳統色彩的，也有法、義等拉丁文化為代表的天主教傳統風格，更有所謂「芝加哥學派」風格的美國現代主義建築，此外，日本風格、猶太風格、俄羅斯風格、北歐風格的建築也比比皆是。所以，當時的上海，堪稱一座融匯多元文化表演的大舞台，不同膚色的族群在這裡和平共處，不同文字的報刊在這裡出版發行，不同國別的貨幣在這裡自由兌換，不同語言的廣播、唱片在這裡錄製播放，不同風格流派的藝術門類在這裡創作演出。這種人口的高度異質化所帶來的文化來源的多元性，釀就出了自由

寬容的文化氛圍，並催生出充滿活力的都市文化形態，上海
也因此成為多元文化的搖籃。

　　這些因素決定了上海具有大量異於其他城市的獨特之
處，而中西文化的頻繁交匯碰撞，恰恰正是上海這座城市的
最鮮明特點。在上海的城市發展歷史上，有一個亮點應該引
起我們的充分重視，這就是上海與世界文化名人的關係——
上海對他們的態度，他們對上海的回應。追溯往事，眾多享
譽世界各領域的國際名流都曾與上海有過淵源，有的長期講
學、有的短暫造訪、有的進行商業演出，有的屢次應邀參
觀，如愛因斯坦、馬可尼、羅素、杜威、泰戈爾、毛姆、芥
川龍之介、蕭伯納、海菲茲、魯賓斯坦、夏理亞賓、卓別
林、范朋克等等。這串響噹噹的名字背後都蘊藏著一段段值
得深思回味的往事。它們折射了上海城市傳統中最值得弘揚
的精神：尊重科學、崇尚創新、海納百川、兼收並蓄。尤其
在現今多元文化與全球化的氛圍裡，這些西方文化泰斗級人
物訪問上海的史跡，自然更應被賦予豐富的文化涵義。充分
發掘這些史跡，既有利於展示上海曾有的風韻和深沉的文化
底蘊，也有利於讓世界更瞭解上海。

　　基於這樣的認識，「國際名流與近代上海」這樣一個具
有挑戰意義的課題，被納入了上海圖書館「上海年華」的項
目框架內。對此，我們進行過充分的論證。在19世紀中晚期
到20世紀中期這近百年時間裡，踏上過上海大地的世界各國
名人多如過江之鯽，難以盡數。其中，享有世界聲譽的國際
名流，據我們統計，也起碼在百位以上。這是上海這座城市
的精神財富，也是一筆值得深入發掘的文化寶藏。但是長期
以來，我們對這項文化遺產卻遠遠不夠重視，僅僅是一份比
較粗略的來訪者名單，也無一家機構能夠拿得出來；至於研

1922年3月8日-12日，第一次世界大戰期間的法軍總司令霞飛元帥造訪上海，上海法租界張燈結綵，公董局甚至將寶昌路更名為霞飛路。圖為江蘇交涉公署宴請霞飛時的留影。

究方面，更幾乎是一片荒蕪之地。2006年，《文匯報》推出「國際科學文化名人與上海」專欄，試圖發掘上海的優秀文化歷史遺存，集中展示上海的城市形象和魅力。但限於文獻的匱乏，從愛因斯坦到卓別林，共發掘了7位大師與上海的因緣關係就無法持續了。幾乎同時，另一家重量級媒體《新民晚報》也以「重繪國際名人上海足跡地圖」為題，推出了兩期專題報導，但在簡略介紹了杜威、羅素、卓別林、馬可尼等13位世界名人造訪上海的歷史後，也因難以為繼而宣告中止。由於基礎史料的不明朗，更多的機構都只能知難而退。我們之所以涉足這一領域，首先當然是這一課題充滿魅力，富於挑戰性。其次，我們有長期的積累儲備，手中握有一份來訪者的基本名單，做到了胸有成竹。最後，上海圖書

好萊塢明星范朋克踏上上海的土地

館在地方歷史文獻開發方面具有悠久傳統，而上圖豐富的館
藏則為課題的研發提供了有力支撐。

　　我們在著手工作之前先進行了務虛，確定了幾條原則。
首先，我們要求在評價歷史人物時要避免簡單化與單向性
的思維，堅持運用綜合的尺度，注意以多元的價值尺規去分
析、解讀、點評處在傳統向近代轉型過程中，處在中西兩種
文化撞擊的背景中的歷史人物的心理、心態、情感與價值觀
及行為模式。其次，在歷史學的三個空間（物理空間、地理
空間、人文空間）中，要特別注意對人文空間的開掘，諸如
當時中國社會的輿論氛圍，各種勢力的力量對比，來訪者的
地位影響，歡迎或反對陣營的不同背景等等，避免將豐滿
的人物置於單一、蒼白的環境氛圍中。第三、對中西兩種文

化，要注意從兩方面去觀察，既要看到兩種文化的衝突與碰撞，也不能忽視兩種文化的融合與共處。在寫作方法上，我們也設想了幾種可能：第一，相關文獻史料都還清晰，但由於時代和理論的局限，對這一人物及其活動和產生的影響，理解不夠，解讀有誤，這就需要有睿智的眼光去重新發現。何謂發現？即隨著人們對某一事物的認識的不斷提高，以新的觀察視角對其進行思考，進行描繪和解釋，使有關這一問題的敘述不斷得到豐富和發展。人類社會就是這樣不斷地發現，不斷地進步。第二，發現新的文獻史料，一經提出足以引人矚目，甚至顛覆以往的結論。有學者認為：一切歷史皆史料。雖然不無偏頗，但也足見史料文獻對於歷史研究的重要。因此要求大家從最基本的史料收集、文獻考證做起，一切憑資料說話，不發空頭言論。第三，以往史料文獻皆在，但卻蕪雜不清；或語焉不詳，或相互矛盾，或來源不明。對此要進行梳理，就像理一團亂麻一樣，從中理出頭緒，理清脈絡，使各節材料各得其所，相互印證，有些錯的，偽的史料則要一一剔去，還歷史以真相。這裡限於篇幅，僅舉一例，國際巨星卓別林1936年曾經在周遊世界途中踏上過上海的土地，其在滬行程滿打滿算只有26個小時，但就是這短短的26個小時，卓別林的行程安排可謂豐富，幾乎是連軸轉，不浪費每一個時辰。卓氏訪華在文化交流史上是一件引人矚目的盛事，當時就有上百篇文章記述卓氏的訪問，這股餘波甚至一直延續到幾十年後，在重視城市記憶的今天，仍有無數篇文章重談這件往事。但遺憾的是，在浩如煙海的文獻中，幾乎每篇文章在基本史實上都存在著或多或少的差錯。由於卓別林特殊顯赫的身分地位，當年絕大多數記者在大部分時間內都難以接近他，再加上卓氏對自己活動的一些可以

理解的保密措施，故很多報導都不免道聽塗說，添油加醋，甚至張冠李戴，指東為西；至於幾十年後的相關記述，更是懶得再去查考，只是找尋下載一些自認為權威的記載轉抄發揮。我們在仔細閱讀中發現，這些記述依據的幾乎都是梅蘭芳的著述。梅氏和卓氏關係密切，又是當年參與接待的親歷者，他在1962年出版的《我的電影生活》一書中詳細回憶了卓別林訪華的具體經過[265]。照例說，以其特殊的身分和經歷，這份回憶的可靠性應無庸置疑。但恰恰就是這篇權威記述，由於梅氏寫作時已事過二十餘年，具體材料也是別人搜集提供，整理成文又出自他人之手，故其中的一些細節，諸如卓氏訪華的時間、參觀活動的地點、某些活動自己是否出席，以及一些過程的互相錯位等等，都與事實相差甚遠。而以後的不少「懷舊」文章，大都以此作為基本文獻的藍本，其錯訛程度當然是可想而知的。類似這樣錯誤，不仔細研讀大量第一手文獻是難以發現的，而我們這次項目的完成，在史料文獻上的自信，正是建立在這樣高強度的仔細研讀，認真辨析上。

國際名流的訪問，對中國產生的影響是巨大而又深遠的，有的直接影響到某些重大事件的進程，而更多的則是對一些具體人物長久而深刻的思想浸潤。如世界男低音之王夏理亞賓1936年對中國進行了訪問演出，事後有很多中國文化名人撰文談到夏氏當年的演出對自己產生的震撼。如日後成為新中國第一代指揮大師的李德倫，當時還讀高中，知道夏理亞賓要來演出，便饒有興趣地去聽了，在他看來，「聽過夏理亞本的獨唱會是生平幸福事」[266]。日後成為名劇作家的

[265] 梅蘭芳：《我的電影生活》，中國電影出版社，1962年版。
[266] 李德倫：《交響人生》，東方出版社，2001年版。

1931年11月，有「世紀神弓」之譽的著名小提琴演奏家亞沙海菲茲訪問上海，在新光大戲院共演出四場，聶耳等音樂人當年曾為之「大開眼界」。這是海菲茲訪問上海時的簽名照片

曹禺，當時還在大學讀書，也湊錢去聽了夏理亞賓的演唱，並一直對此記憶猶新：「他的《船夫曲》唱得深沉，深厚，有力，令人神往。我還從來沒有聽過這麼美妙絕頂的歌唱。西洋音樂給我以很好的影響。」[267]這種震撼具有相當的普遍性。特別是一些享譽世界的大家巨匠親臨獻藝，那種直逼心靈的震撼是很多人終身難忘的。小提琴演奏大師海菲茨1931

[267] 田本相：《曹禺傳》，北京十月文藝出版社，1988年版。

年到上海演出時，聶耳就曾早早到劇院門口等候，並在日記中興奮地寫道：「我崇拜他，我愛他，我心裡一團莫名的熱火在燃燒著。」[268]英國著名詩人奧登的詩風在20世紀30年代的歐洲影響很大，史稱「奧登一代」。這種影響當然也漫延到中國。1938年他訪華5個月，足跡遍及重慶、武漢、上海等地，回去後寫了那本膾炙人口的《戰地行》，其對40年代中國詩壇的重大影響，今天已有很多人在進行研究。至於以黎錦暉為代表的中國流行歌舞，以往還很少注意到外國歌舞對他們的影響，而實際上，1927年中華歌舞專門學校的成立就與鄧肯舞蹈團、丹妮肖恩舞蹈團等當年的訪華演出有著千絲萬縷的關係，黎錦暉自己就承認：開設舞蹈班，排練大型舞劇，「這些進展，是由於在近年內觀摩了『丹尼向』、『鄧肯』等大型舞藝團體的演出」[269]。

「國際名流與近代上海」這個課題歷經兩年，目前已順利完成第一階段的工作，共收錄研究24位國際名流（團體）與近代上海關係的考察報告。每份報告將各成一個獨立系統，每個系統都由四個部分組成：第一部分是一篇研究文章，大約萬字左右，分析解讀其人其作對中國的影響，並回顧介紹其訪華的全過程。第二部分為文獻附錄，選錄當年重要的新聞報導，本人及他人日記、書信、演講、遊記等作品中的相關部分，他人的評述研究等等，目的在於充分還原當年的氛圍。第三部分為參考文獻，旨在給大家提供一份相關專題的重要文獻名錄。第四部分是圖像文獻，包括照片、繪畫、書信手跡，書刊封面、報刊版面等等。上述部分最後將

---

[268] 《聶耳日記》「1931年11月25日」，大象出版社，2004年版。
[269] 黎錦暉：《回憶「中華」和「明月」兩個歌舞團的舞蹈》，載孫繼南《黎錦暉與黎派音樂》一書「附錄」，上海音樂學院出版社，2007年版。

整合在一起，出版紙質文獻，提供上網閱覽，並接受專題諮詢。課題內容也將視情逐步擴充，使之成為一個完善的資料庫。

　　「國際名流與近代上海」這個項目，是我們對歷史文獻進行整理研究並深度開發的一個嘗試。每座城市都有自己的性格，散發著屬於自己的氣質，那是時間、空間的共同累積。我們希望通過對上海歷史這一獨特層面的回顧，在那份積累裡添上我們的一份微薄力量！

1936年訪問上海時的卓別林

附錄：研究課題《國際名流與近代上海》收錄人物（團體）
　　名單

姓名	國籍	身分	訪華時間
凱澤林	俄羅斯	哲學家	1912年初
谷崎潤一郎	日本	作家	1918年10月；1926年1月
毛姆	英國	作家	1919年12月
伯特蘭·羅素	英國	哲學家	1920年10月
芥川龍之介	日本	作家	1921年3月
約瑟夫·霞飛	法國	法國元帥	1922年2月
瑪格麗特·桑格夫人	美國	世界節育事業創始人	1922年4月；1936年3月
杜里舒	德國	哲學家	1922年10月
弗里茲·克萊斯勒	奧地利	小提琴演奏家	1923年4月
伊巴涅斯	西班牙	作家	1924年1月
泰戈爾	印度	詩人	1924年4月
派克赫司特	美國	教育家	1925年7月
丹尼肖恩舞蹈團	美國	舞蹈家	1925年10月
莫斯科鄧肯舞蹈團	蘇聯	舞蹈家	1926年11月
雅克·蒂博	法國	小提琴演奏家	1928年4月
橫光利一	日本	作家	1928年4月；1936年2月
奧尼爾	美國	作家	1928年10月
范朋克	美國	電影演員	1929年12月
華虛朋	美國	教育家	1931年2月
亞沙·海菲茲	美籍猶太裔	小提琴演奏家	1931年11月
阿·魯賓斯坦	美籍波蘭裔	鋼琴演奏家	1935年5月
夏理亞賓	俄羅斯	男低音歌唱家	1936年2月
卓別林	英國	電影演員	1936年3月
奧登	英國	詩人	1938年2月

注：此文為《國際名流與近代上海》後記，上海科技文獻出版社
　　2011年1月版

42 彌補缺憾的文化工程

　　2010年5月16日──6月15日，上海民間文藝家協會和上海歷史博物館聯手，在徐匯區圖書館內舉辦《上海小校場年畫展》，並舉行了兩場專題講座。說來令人難以置信，在小校場年畫於滬上誕生的大約一個半世紀以來，上海本土竟然尚未舉辦過一次小校場年畫專題展覽，也從未出版過一本這樣的專題畫冊，以致即使在專業圈中不知年畫產地還有上海的也大有人在。上海「民協」和「歷博」合力舉辦的這次展覽，以及即將問世的這本《中國木版年畫集成·小校場年畫卷》，可以說是兩項彌補缺憾的文化工程，值得我們為之高興。

　　中國年畫歷史悠久，產地眾多。民間收藏家中，論起楊柳青、楊家埠等著名產地的年畫，藏品有幾百甚至上千幅的不在少數；反觀上海小校場年畫的收藏，雖然其生產、銷售的繁盛期距今不過一百多年，但無論是機構還是個人，能擁有三、五十幅作品的就絕對是鳳毛麟角了；國內外著名文博機構，收藏小校場年畫能超過百幅的，大概也不過區區三、五家而已。我們估計，在全世界範圍內，包括個人和機構，上海小校場年畫的全部存世量很可能也就在一千幅左右，這是中國傳統木版年畫各產地出品中存世量最少的。此外，和國內各年畫產地相比，小校場年畫的研究現狀也很難讓人滿意：上海迄今沒有關於小校場年畫的研究專著問世，散篇的研究論文為數也不多，且少有對第一手原始文獻進行認真發掘的，以致至今也拿不出一份關於小校場年畫店莊和業人的傳承譜系，其繪稿、刻版、刷印、銷售、使用的具體情況更是長期缺少調查。有兩件事令人深思：一、在中國先後分兩次公佈的《中國非物質文化遺產名錄》中，共收錄有518項非物質遺產，其中木版年畫有12項，給了12個編號，即一個

產地一個編號。二、中國郵政部門從2003年開始發行「中國木版年畫係列郵票」，到2010年為止，已經連續8年發行了8套32枚，同時還發行了小全張7枚，小版式8枚，絹質小版張4枚。必須說明的是：這兩項計畫（目錄）中都沒有上海小校場年畫，甚至連後續名單都排不上。這對我們很有感觸。與小校場年畫應具有的地位影響而言，我們目前所做的還遠遠不夠。大家應該齊心合力，集思廣益，共同為上海本土文化的代表，為中國年畫的奇葩——小校場年畫做一些實事！這是值得我們深切關注並為之努力的事業。

這本《中國木版年畫集成‧小校場年畫卷》就是努力的成果之一。在民間文化遺產搶救保護工程中，以馮驥才主席為首的中國民間文藝家協會及其轄下的一批民間文藝家們是積極的宣導者與實踐者。早在上世紀80年代，「中國民協」便組織各省市民間文藝家們開始了民間故事傳說集成、民間歌謠集成以及民間諺語集成的編撰出版工作。進入新世紀後，隨著國家對民族民間文化遺產搶救保護工程的進一步重視，馮主席等有識之士將我國中華農耕文明最驕人的財富之一——木板年畫列入為民間文化普查的第一個專項，中國木版年畫的各個傳統產地也隨之開始立項普查。近代上海在開埠後的城市化發展過程中，迅速超越各地成為全中國最繁華的大都市。這種經濟繁榮，一方面造就了大量新的官紳富商，同時也產生了人數眾多的新興市民階層。他們在物質豐饒之餘，隨之產生對文化藝術產品的必然需求，從而催生出有著強烈地域色彩和時代特色的「海派文化」，上海小校場年畫正是在這一特定歷史情境中崛起和繁盛，並自然產生了諸多和其他各地傳統年畫不同的地方。作為小校場年畫產地的上海，2004年由「民協」出面向中國民間文藝家協會提出

立項普查的請求並得到了批准。工作於2005年開始，其間因遭遇很多困難而一度停頓，2009年年末再度啟動。由於上海這座城市的特殊性，有關小校場年畫的文獻和實物很多都沒有能保存下來，年畫生產中的一些具體流程，如繪稿、刻版、刷印、銷售等等，也都缺乏相應的傳承。和各年畫產地的工作相比，這些都是有所欠缺的。但我們還是盡己所能作了很大努力。我們對小校場年畫的收藏現狀作了認真調查，並一一過眼鑑定，得出了令人信服的統計資料，從而也保證了這本畫冊的錄選年畫無論在數量還是在品質上的權威性；我們還對小校場年畫從崛起、發展到繁盛、衰落的演變軌跡作了比較詳盡的考證和論述，這也是以往所缺乏的。我們的工作得到了上海圖書館、上海歷史博物館、上海美術家協會等單位以及這些單位中的專家學者的大力支持。上海圖書館是收藏小校場年畫最富的機構，它們將豐富的館藏提供給我們進行挑選，從而保證了這本畫冊不致有大的缺憾；上海歷史博物館除了慷慨提供館藏精品外，還拿出了堪稱孤品的小校場年畫原始木版等珍貴文物，使本書在小校場年畫製作工藝與技術的論述方面有了更嚴謹的學術支撐；上海美術家協會則不計任何條件，拿出它們的所有年畫藏品供我們使用。除了機構，民間藏龍臥虎的也大有人在，這是以往我們重視不夠的。安徽合肥石氏長期從事文博藝術工作，上世紀50年代在徽州工作時就開始收藏年畫，迄今藏有上海小校場木版年畫約百幅，堪與國內大機構相媲美。此次全部拿出來讓我們過目，誠為這次普查工作的一大收穫；此外，上海天雅閣的舒先生經商之餘雅好藝術，這次也慷慨提供藏品，讓我們挑選拍攝。他們的遠見卓識和慷慨大方，厚誼感人，讓我們倍感欽佩，謹在此深表感謝。

滬西紳商點燈慶太平

年畫作為一種民間應用藝術，終因時代變遷而成為歷史，但它一旦成為過去，反過來也成為了一種文化，鮮明地表現著某個特定時代大眾的生活方式、審美心理、人生觀念和社會風俗。當我們欣賞著一件件流光溢彩、精彩紛呈的年畫時，我們能從中領悟到什麼？是其中折射出的歷史氛圍、歲月留痕，還是時代風華、社會脈搏？不論怎樣，那該是一種文化，一種品味，一種對往日的追尋，今世的珍惜。正是在這一層面上，年畫永遠不會消失滅絕。

2010年7月於滬上

注：此文為《中國木版年畫集成・上海小校場卷》後記，中華書局2011年
　　1月初版。

閤家歡

43 土山灣，
不僅只是繪畫的搖籃

　　這本書從醞釀到完成已有近三十年的光陰，我也從一個精力充沛的年輕小夥子變成了一個頭髮斑白的中年人。猶記得，1980年夏我剛到徐家匯藏書樓工作時，站在四樓的窗台，還能從遙遠處看到五華傘廠（土山灣畫館遺址）的動靜；而當年藏書樓土生土長的老員工，說起土山灣來仍然充滿了感情，很多細節都清晰如昨。以後，我自己也在日常工作中接觸到了大量和土山灣有關的人和物，聽到了越來越多的有關土山灣的故事。於是，漸漸萌發興趣，開始收集相關的文獻；隨之又驚訝地發現，有關土山灣的專著一本也找不到，相關的文章也少之又少。就在這時，我萌發了要為土山灣寫些東西的願望，在隨後二十餘年的時間裡，只要是和土山灣相關的文獻，我都或抄寫、或複印，然後進行分類，仔細研讀。日月如梭，積累的資料逐漸增多，也有一些文章在報刊上發表。2008年，我在「土山灣文化歷史論壇」上作主題發言：《影像土山灣——歷史鏡頭中的回望》，隨後，作為特約專家，參加了土山灣博物館的籌建。就在這一年，我規劃了自己在土山灣研究方面的今後走向，確定了這本小書的大致框架，並擬定了具體的篇目名稱；也在這一年，我結識了張曉依小姐：她住在徐匯區，曾就讀於上海市第四中學（前崇德女校和啟明女校），通曉英語、法語，對土山灣的一切有著濃厚的興趣。她願意跟我一起研究，我自然非常高興。曉依的青春朝氣，她的外語優勢，對鬢髮花白的我是一個推動，也讓這本書的寫作如虎添翼。我們一起探討，交流資料；也一起參加會議，拜訪健在的土山灣老人。寫作雖然斷斷續續，但始終沒有停頓，按照預定計劃在進行。後來，曉依出國，定居迪拜，我們的商討也隨之移到了網上。從今年4月份開始，我集中精力對書稿進行最後修改，用去了整

20世紀30年代徐家匯全景

整兩個月的時間；然後，又盡可能地去選配相應的照片，也費時兩月——在有關近代中國的研究專題中，土山灣（包括徐家匯）的圖像文獻是較為豐富的，我一直認為這是它的一個特色，不應忽視。筆者相信，土山灣文化土壤豐饒，有關土山灣文化歷史的照片遠遠沒有窮盡，更多、更好的圖像文獻尚有待挖掘。

徐悲鴻先生在上世紀40年代曾撰文指出：「至天主教之入中國，上海徐家匯亦其根據地之一。中西文化之溝通，該處曾有極其珍貴之貢獻。土山灣亦有習畫之所，蓋中國西洋畫之搖籃也。」對土山灣的文化教育作出很高且恰當的評價，這是第一次。近年來，隨著更多文獻的公佈和研究的深入，大家的視野更開闊也更全面，發現土山灣並不僅僅只是如此單一之「搖籃」：它的整個職業教育的模式，即使放到今天，仍有很多值得研究和借鑑的地方；它對中國近代的攝影、印刷、音樂、工藝美術、圖書館博物館，乃至建築、天文、航空等等方面，也都曾產生過相當影響，堪稱中國近代文化的一處重要發源地；它生產物質，也培養人才，其中既有直接從土山灣走出的大家，如攝影之安敬齋、繪畫之徐詠青、印刷之邱之昂、雕塑之張充仁、木雕之徐寶慶等，更有大量受到土山灣陶冶影響而卓然成才之各領域內有大影響者，如美術之徐悲鴻、航空之潘世義、攝影之郎靜山、舞台背景之張聿光、美術教育之周湘、廣告美術之杭稚英等等，可說難以盡數，堪稱中國近代文明進程中的一根標杆。今天，土山灣現象已愈來愈受到各方關注，我們這本小書可能是關於土山灣研究的第一本著作，幼稚不足自難以避免，惟期能拋磚引玉，湧現出更多力作。

清末土山灣慈雲橋

　　現在，這部書稿終於擺在了案前，我也可以鬆口氣，對自己在藏書樓的十五年生涯作出一個交待了。當然，這只是一次暫時歇腳，神秘的土山灣只能說剛剛被揭開了一隻角，未來的道路還很難走，對此我有充分的準備。在本書積累資料的漫長過程中，我原來在藏書樓的同事們幫助甚多，要向他們致以誠摯的感謝——雖然他們有的出國，有的轉業，有的退休，有的已辭別人世，大多無法看到這些我發自內心的話語；本書寫作時，王曼雋女士，黃薇、嚴潔瓊小姐等都付出了辛勤的勞動，對她們的熱情相助，我要表示衷心感謝。此外，我的同事徐錦華參加了「土山灣老人訪談錄」的部分工作，特此說明。最後，我要向三十年來對我的研究始終不渝予以全力支持，而在本書寫作期間溘然病逝的愛妻建伶鞠躬致意：我願將這本小書權充鮮花獻在她的靈前，表達我的深深思念。

2011年8月1日晨於滬南上海花園

注：此文為《遙望土山灣——追尋消逝的文脈》跋，同濟大學出版社2012
　　年1月版。

44 葉靈鳳的一本另類書話

　　葉靈鳳先生不僅藏書多，讀書也雜，在老一輩文人中是出了名的藏書家、愛書家，他的諸多作品中也以書話類文字最受讀者歡迎。姜德明先生就曾經說過：「我有一個偏見，儘管葉靈鳳先生的創造主要是小說，我卻覺得他一生在文學事業上的貢獻還是在於隨筆小品方面。」（《葉靈鳳的散文》）上世紀80年代中，絲韋先生為葉靈鳳選編了厚厚三大冊的《讀書隨筆》，發行後令讀書人喜不勝收，大呼過癮。以後陸續出版的還有陳子善先生輯錄的《葉靈鳳隨筆合集》、小思女士主編的《葉靈鳳書話》等等。這些集子可說基本囊括了葉靈鳳的此類文字，但「漏網之魚」不能說「一條」也沒有，其中之一就是他的《書淫豔異錄》。葉靈鳳讀書向以多、雜而著稱，這裡的「淫」也就是「愛書過溺」之意。讀書一多且雜，難免會有些一般人難以觸及的「奇文異編」過眼，葉靈鳳隨手摘錄整理，以明白曉暢的文字敘述，於是就誕生了他的這本另類書話。

　　《書淫豔異錄》最初發表於上世紀30年代中期上海出版的一份小報——《辛報》上，署名「白門秋生」。葉靈鳳是南京人，「白門」即南京之別稱；至於「秋生」，本就是他筆名之一，因此這個署名明眼人是不難猜測的。上世紀九十年代我曾就此向施蟄存先生求證，他也明確表示：「白門秋生」就是葉靈鳳。《書淫豔異錄》刊發在《辛報》上和姚蘇鳳有著密切關係。葉靈鳳很早就和姚蘇鳳相識，因文學趣味相投，彼此關係很好。1935年9月，姚蘇鳳主編的《小晨報》創刊，葉靈鳳即投以長篇小說《永久的女性》予以支持；1936年2月，文藝雜誌《六藝》創刊，葉靈鳳和姚蘇鳳同為該刊編輯之一。《小晨報》只存在了幾個月，1936年1月即宣告停刊，不久，姚蘇鳳又推出了他主編的另一份新

報，這就是1936年6月1日創刊的《辛報》。該報具有濃郁的海派風格，內容龐雜，天上地下，無所不包，以知識性見長，如《鳥獸蟲魚誌》、《天文趣味講話》等等；他還邀來很多朋友撰稿，如邵洵美的長篇回憶錄《儒林新史》就是在該報上連載的。葉靈鳳這個老朋友當然是姚蘇鳳的重要撰稿對象，而葉靈鳳也不負重望，拿出了一部奇異的書話著作《書淫豔異錄》，所述古今中外之書多達數百種，既新奇又獵豔還具有廣博的知識，非葉靈鳳這樣無所不讀的愛書者不能勝任。《書淫豔異錄》從《辛報》一創刊，即1936年6月1日開始連載，至10月20日止，共刊出106則（90篇），約十餘萬字。這些文章從篇名看似乎都較敏感，如《談猥褻文學》、《守宮砂與貞操帶》、《刺花與色情》、《性的拜物狂》、《關於秘戲》等等，但內容卻很乾淨，只以知識的介紹為主。葉靈鳳自己也很注意這個問題，特地在《小引》中鄭重聲明：「所記雖多豔異猥瑣之事，必出以乾淨筆墨，以科學理論參證之，雖不想衛道，卻也不敢誨淫，至於見仁見智，那要看讀者諸君自己的慧眼了。」應該說，作者是盡可能這樣去做的，不去刻意渲染，重在知識傳輸，書中一些人名、物名和專業名稱等還都附有外文原名，以供讀者參考。但即便如此，葉靈鳳的這部《書淫豔異錄》還是受到了一些人的攻擊，甚至以傳播淫穢的罪名將報社投訴到租界當局。巡捕房為此特發出傳票，將《辛報》方面傳喚到庭。姚蘇鳳甘願接受10元的罰款，結果文章則照登無誤。

據說抗戰期間，葉靈鳳在香港為稻粱謀，也應約寫過一些此類文字，但在內地卻一直未查到線索。2001年夏，筆者代表上海圖書館赴港辦展，順便偷閒到香港中央圖書館看書，蒙李光雄高級館長和潘偉承館長大力相助，慷慨地將他

們善本庫中珍藏的民國期刊提供給筆者閱覽，並允許複印。我驚喜地發現，在1943年4月創刊的香港《大眾週報》上，葉靈鳳確實又發表過幾十則《書淫豔異錄》，內容風格均同於上海《辛報》，這也算解開了筆者多年縈繞心頭的一個疑團。香港中央圖書館所藏《大眾週報》雖不全，但也總算十之有八九，故我所看到的港版《書淫豔異錄》應該算是大致齊全的。

說起疑團，筆者想起了香港名作家黃俊東先生也有一個和葉靈鳳有關的疑團。黃先生在他的著作《獵書小記》中有一篇《性知性識》，專門介紹民國著名藏書家周越然先生的此類書話，他在文中提到：「1940年上海風行出版社所印行的一部《書豔獵奇錄》，著者署名『敬渠後人』，我疑心該書也為周氏所著之書也。」這裡，黃先生的疑問實有誤，筆者正好也看過這本《書豔獵奇錄》，全書共收文40餘篇，實即輯錄自葉靈鳳4年前發表的《書淫豔異錄》，並故弄玄虛地署名「敬渠後人」，還編造了一篇《小引》，內謂「祖敬渠公撰著《野叟曝言》，天下爭以先睹為快」云云，以夏敬渠後代自居。我懷疑這是上海淪為「孤島」期間出版的一本盜版書，因此書封面上除《書豔獵奇錄》這個書名外，還有另一個並列的書名：《凝脂撩香錄》。我想這不可能是葉靈鳳所為，一定是不法書商僅為賺錢的無聊之舉。

葉靈鳳的這本《書淫豔異錄》，福建教育出版社的林冠珍女士好幾年前就有意推出，因種種原因延至今日始得以出版，算是將湮沒已久的這本堪稱奇特的葉氏書話比較完整地呈現給讀者，這是作為編者的我感到欣慰的。如前所述，本書文章實由兩部分組成，即上海《辛報》上的90篇和香港《大眾週報》上的55篇，基本按發表時間排序（一些文章因

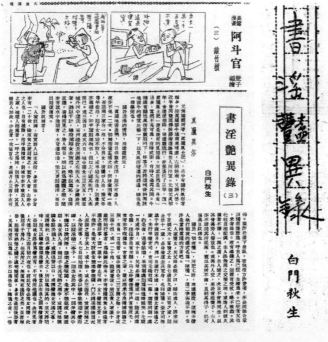

《書淫艷異錄》　白門秋生

內容有延續性而略有調整）；個別篇章的文題或內容略有重
疊，然時隔數年，作者收集的材料及文章的構思都有所不
同，為保留原始面目，本書不作刪減。由於年代久遠，原報
發黃，漫漶之處甚多，極個別字難以辨認，甚至有缺損的地
方，本書處理時，單字的以「 」表示，多字則加「 」說明該
處缺漏多少字。原報由於排版造成的明顯錯字，中文錯字不
改動，正字放在「 」內供讀者參考；英文字母印刷錯誤的，
不一一標明，直接作了修正。文中提到的書名，根據具體語
境，添加了書名號；部分標點符號，則根據現在的規範作了
修改。文稿中明顯的引文，用仿宋體及縮進兩格的形式區別
於正文。本書能和讀者見面，首先要感謝林冠珍女士，沒有
她的認真和執著，至少現在不會有這本書的出版；還應感謝
本書責編蘇碧銓小姐，她在出版技術和規範方面做了大量工
作，使讀者閱讀本書時能夠賞心悅目。最後要感謝子善兄忻
然允作序文，給讀者提供了很好的嚮導。暮然回首，在徐家
匯藏書樓和子善兄相識結交已逾30年矣，時光如夢，友誼如
昔，在這個浮躁的社會我們足感欣慰。

　　除了《書淫豔異錄》，葉靈鳳還寫過《秋燈瑣談》、
《禁書史話》、《炎黃豔乘》、《歡喜佛庵隨筆》等文字。
他曾自白：「我一向對禁書很感到興趣，無論是藉口風化問
題的黃色禁書，或是藉口政治問題的紅色禁書，都使我感到
興趣。我想同輩之中，搜集禁書資料，像我這樣勤懇的人，
大約是沒有幾個的。」（《禁書史話》）他又說：「我覺得
看書就是看書，為了要看這一本書，為了喜歡這一本書，就
不妨揭開來看，這裡面是不該有什麼功利觀念的。這與為了
學問和知識，為了參考什麼才去看一本書，是大大的不同
的。能領會這一種的看書樂趣，我覺得在海闊天空的書的世

界中，才可以任我們飛翔。」（《我的看書趣味》）我想，他已經把自己讀書的理念敘述得很清楚了。關於葉靈鳳的這類書話，向來見仁見智，有不同的看法。杜漸先生在《書癡書話》中有一段話涉及此，筆者覺得頗有意思，謹錄在此作為本文結束：「照我所知，葉靈鳳生前所寫的有關書的文章，還有不少尚未收入這三大冊的《讀書隨筆》中，例如他研究世界性風俗和性文學，就寫了不少十分有趣的文章，也是很有價值的。大概把這些文章收進《讀書隨筆》會有點兒『不雅』吧。我倒是沒有這種潔癖，我覺得葉靈鳳那些文字是寫得樂而不淫，很有意思，能增加我們的知識，也能使讀者倍增樂趣的。希望將來有心人能把他這類隨筆也收集出版就好了。」（《葉靈鳳的〈讀書隨筆〉》）

注：此文為《書淫豔異錄》跋，福建教育出版社2013年1月版。

要歷史01　PC0323

✿ 要有光
FIAT LUX

西風東漸
——晚清民初上海藝文界

作　　者	張　偉
主　　編	蔡登山
責任編輯	蔡曉雯
圖文排版	詹凱倫
封面設計	陳佩蓉

出版策劃	要有光
發 行 人	宋政坤
法律顧問	毛國樑　律師
印製發行	秀威資訊科技股份有限公司
	114台北市內湖區瑞光路76巷65號1樓
	電話：+886-2-2796-3638　傳真：+886-2-2796-1377
	http://www.showwe.com.tw
劃撥帳號	19563868　戶名：秀威資訊科技股份有限公司
	讀者服務信箱：service@showwe.com.tw
展售門市	國家書店（松江門市）
	104台北市中山區松江路209號1樓
	電話：+886-2-2518-0207　傳真：+886-2-2518-0778
網路訂購	秀威網路書店：http://store.showwe.tw
	國家網路書店：http://www.govbooks.com.tw
總 經 銷	聯合發行股份有限公司
	231新北市新店區寶橋路235巷6弄6號4F
	電話：+886-2-2917-8022　傳真：+886-2-2915-6275

出版日期	2013年11月　BOD一版
定　　價	530元

國家圖書館出版品預行編目

西風東漸：晚清民初上海藝文界 / 張偉作. -- 初版. -- 臺
北市：要有光, 2013. 11
　　面；　公分. -- (要歷史；PC0323)
　　ISBN 978-986-89954-3-7 (平裝)

　　1. 言論集

078　　　　　　　　　　　　　　　　　　102019022

讀 者 回 函 卡

感謝您購買本書，為提升服務品質，請填妥以下資料，將讀者回函卡直接寄
回或傳真本公司，收到您的寶貴意見後，我們會收藏記錄及檢討，謝謝！
如您需要了解本公司最新出版書目、購書優惠或企劃活動，歡迎您上網查詢
或下載相關資料：http:// www.showwe.com.tw

您購買的書名：_____

出生日期：_____年_____月_____日

學歷：□高中 (含) 以下　　□大專　　□研究所 (含) 以上

職業：□製造業　□金融業　□資訊業　□軍警　□傳播業　□自由業

　　　□服務業　□公務員　□教職　　□學生　□家管　　□其它____

購書地點：□網路書店　□實體書店　□書展　□郵購　□贈閱　□其他

您從何得知本書的消息？

　□網路書店　□實體書店　□網路搜尋　□電子報　□書訊　□雜誌

　□傳播媒體　□親友推薦　□網站推薦　□部落格　□其他_____

您對本書的評價：(請填代號　1.非常滿意　2.滿意　3.尚可　4.再改進)

　封面設計____　版面編排____　內容____　文／譯筆____　價格____

讀完書後您覺得：

　□很有收穫　□有收穫　□收穫不多　□沒收穫

對我們的建議：_____

_____

_____

_____

11466
台北市內湖區瑞光路 76 巷 65 號 1 樓

秀威資訊科技股份有限公司　　　收

BOD 數位出版事業部

....

（請沿線對折寄回，謝謝！）

姓　　名：＿＿＿＿＿＿＿＿　年齡：＿＿＿＿　性別：□女　□男

郵遞區號：□□□□□

地　　址：＿＿＿＿＿＿＿＿＿＿＿＿＿＿＿＿＿＿＿

聯絡電話：(日) ＿＿＿＿＿＿＿＿＿ (夜) ＿＿＿＿＿＿＿＿＿

E-mail：＿＿＿＿＿＿＿＿＿＿＿＿＿＿＿＿＿＿＿